Privates Grundvermögen im Internationalen Erbschaftsteuerrecht

Europäische Hochschulschriften

Publications Universitaires Européennes
European University Studies

Reihe II
Rechtswissenschaft

Série II Series II
Droit
Law

Bd./Vol. 5393

PETER LANG
Frankfurt am Main · Berlin · Bern · Bruxelles · New York · Oxford · Wien

Florian Reichthalhammer

Privates Grundvermögen im Internationalen Erbschaftsteuerrecht

PETER LANG
Internationaler Verlag der Wissenschaften

Bibliografische Information der Deutschen Nationalbibliothek
Die Deutsche Nationalbibliothek verzeichnet diese Publikation in der Deutschen Nationalbibliografie; detaillierte bibliografische Daten sind im Internet über http://dnb.d-nb.de abrufbar.

Zugl.: Heidelberg, Univ., Diss., 2010

Gedruckt auf alterungsbeständigem,
säurefreiem Papier.

D 16
ISSN 0531-7312
ISBN 978-3-631-62600-9

www.peterlang.de

Vorwort

In den kommenden Jahren und Jahrzehnten wird in Deutschland so viel Vermögen vererbt werden wie nie zuvor. In zunehmend größerem Umfang befindet sich auch Auslandsvermögen, insbesondere im Ausland belegenes Grundvermögen in den Nachlässen deutscher Erblasser. Im Erbfall droht dann nicht nur die Belastung mit deutscher Erbschaftsteuer, sondern auch eine Besteuerung im Ausland. Denn nicht nur der deutsche Fiskus, sondern oftmals auch der ausländische Staat will daran partizipieren, wenn Eigentum von der einen Generation auf die andere übertragen wird.

Klamme Staatskassen machen eine Abkehr von der Besteuerung des im Todesfall übergehenden Vermögens unwahrscheinlich. Das gilt für Deutschland und das Ausland gleichermaßen. Grundvermögen, das außerhalb Deutschlands belegen ist, ist deshalb zumeist dem Zugriff zweier Steuergläubiger ausgesetzt.

Die Voraussetzungen und Rechtsfolgen der Besteuerung im In- und Ausland zu kennen, gewinnt daher mehr und mehr an Bedeutung. Steht die steuerliche Belastung des ausländischen Grundvermögens im Erbfall aus deutscher Sicht und im Verhältnis zum Belegenheitsland fest, eröffnen sich Optimierungsmöglichkeiten – nicht nur für den Steuerpflichtigen, sondern auch für den Gesetzgeber hinsichtlich der Abstimmung und Anpassung der betroffenen Rechtsordnungen.

Diese Arbeit ist zugleich Dissertationsschrift, die im November 2010 der Juristischen Fakultät der Ruprecht-Karls-Universität Heidelberg vorgelegt wurde. Sie wurde für die Veröffentlichung sorgsam aktualisiert und ist auf dem Rechtsstand von Juni 2012.

Mein Dank gebührt zu allererst meinem Doktorvater, Herrn Professor Dr. Ekkehart Reimer, Inhaber des Lehrstuhls für Öffentliches Recht und Prinzipien des Europäischen und Internationalen Steuerrechts und geschäftsführender Direktor des Instituts für Finanz- und Steuerrecht an der Universität Heidelberg, der trotz seiner zahlreichen Verpflichtungen das vorliegende Projekt gefördert und unterstützt hat. Bei Herrn Professor Dr. Andreas Piekenbrock bedanke ich mich für die Erstellung des Zweitgutachtens.

Nicht zuletzt danke ich ganz besonders meinen Eltern und Großeltern für Ihre großzügige materielle und großherzige immaterielle Unterstützung während des Studiums und der Promotion.

München, im Juni 2012 Florian Reichthalhammer

Inhaltsübersicht

Inhaltsverzeichnis

Verzeichnis der Abbildungen und Übersichten

Verzeichnis der Tabellen

Abkürzungsverzeichnis

a.A.	andere Ansicht
a.E.	am Ende
Absch.	Abschnitt
AEAO	Anwednungserlass zur Abgabenordnung
AEAStG	Anwendungserlass zum Außensteuergesetz
Anh.	Anhang
AO	Abgabenordnung
AStG	Außensteuergesetz
a.F.	alte Fassung
a.M.	am Main
Aufl.	Auflage
BB	Der Betriebsberater (Zeitschrift)
BBEV	BeraterBrief Erben und Vermögen (Zeitschrift)
BewG	Bewertungsgesetz
BFH	Bundesfinanzhof
BGB	Bürgerliches Gesetzbuch
BOE	Boletín Oficial del Estado (Spanisches Gesetzblatt)
Buchst.	Buchstabe
bspw.	beispielsweise
BVerfG	Bundesverfassungsgericht
bzw.	beziehungsweise
ca.	circa
DBA	Doppelbesteuerungsabkommen
d.h.	das heißt
DM	Deutsche Mark
DStR	Deutsches Steuerrecht (Zeitschrift)
engl.	englisch, englische Sprache
ErbBstg	Erbfolgebesteuerung (Zeitschrift)
ErbStB	Erbschaft-Steuer-Berater (Zeitschrift)
ErbStG	Erbschaftsteuergesetz
ErbStH	Hinweise zu den Erbschaftsteuer-Richtlinien
ErbStR	Erbschaftsteuer-Richtlinien
ErbStRefG	Erbschaftsteuerreformgesetz
Erl.	Erlass
et. al.	et alii (lat.), und andere
EuGH	Europäischer Gerichtshof
f.	folgende/r (Paragraf bzw. Seite)

ff.	folgende (Paragrafen bzw. Seiten)
F.A.Z.	Frankfurter Allgemeine Zeitung
FinMin.	Finanzministerium
FG	Finanzgericht
Fl.	Florida
Fl. St.	Florida Statutes
GrS	Großer Senat
HFR	Höchstrichterliche Finanzrechtsprechung (Zeitschrift)
i.H.	in Höhe
i.e.S.	im engeren Sinne
i.S.	im Sinne
IStR	Internationales Steuerrecht (Zeitschrift)
IRC	Internal Revenue Code (US-amerikanisches Steuergesetzbuch)
IWB	Internationale Wirtschaftsbriefe (Zeitschrift)
i.w.S.	im weiteren Sinne
lat.	lateinisch
LHL	Ley de Haciendas Locales
LISD	Ley de Impuestos sobre Sucesiones y Donaciones (spanisches Erbschaftsteuergesetz)
m.E.	meines Erachtens
MA	Musterabkommen
Mio.	Million/Millionen
Mrd.	Milliarde/Milliarden
m.w.N.	mit weiteren Nachweisen
o.	ohne
o.A.	ohne Angabe/Autor
OECD	Organisation für wirtschaftliche Zusammenarbeit und Entwicklung
PIStB	Praxis der Internationalen Steuerberatung (Zeitschrift)
rd.	rund
RdW	Österreichisches Recht der Wirtschaft (Zeitschrift)
RFH	Reichsfinanzhof
Rn.	Randnummer
RNotZ	Rheinische Notar-Zeitschrift
rkr.	rechtskräftig
RStBl.	Reichsteuerblatt
S.	Seite/Satz
s.	siehe
Sec.	Section (engl.) für Abschnitt bzw. Paragraf

Secs.	Sections (engl.) für Abschnitte bzw. Paragrafen
Slg.	Sammlung (der Rechtsprechung des Europäischen Gerichtshofes und des Gerichts Erster Instanz)
StAG	Staatsangehörigkeitsgesetz
StuB	Steuern und Bilanzen (Zeitschrift)
u.	und
USA	United States of America (Vereinigte Staaten von Amerika)
UVR	Umsatzsteuer- und Verkehrsteuer-Recht (Zeitschrift)
u.U.	unter Umständen
v.	von, vom
Var.	Variante
VfGH	Österreichischer Verfassungsgerichtshof
vgl.	vergleiche
z.B.	zum Beispiel
ZErb	Zeitschrift für die Steuer- und Erbrechtspraxis
ZEV	Zeitschrift für Erbrecht und Vermögensnachfolge
Ziff.	Ziffer
ZSteu	Zeitschrift für Steuern & Recht
z.T.	zum Teil

1. Kapitel: Auslandsimmobilien im Erbfall als steuerliches Problem

A. Auslandsimmobilien im Erbfall

I. Umfang des von Steuerinländern gehaltenen Auslandsgrundbesitzes

Ob als Zweitwohnung, Ferienhaus, Altersruhesitz oder Urlaubsdomizil – immer mehr Bundesbürger erfüllen sich den Traum von einer Wohnimmobilie im Ausland.

Zwar gibt es kaum Erhebungen über die Investitionen von Privatpersonen im Ausland,[1] für den Auslandsimmobilienmarkt wird jedoch weiterhin ein deutliches Wachstum prognostiziert.[2] Während im Jahr 1998 schätzungsweise ca. 600.000 deutsche Haushalte über eine Wohnimmobilie im Ausland verfügten,[3] waren im Jahr 2007 bereits etwa 1,6 Mio. Deutsche Eigentümer von Auslandsgrundvermögen.[4] Dies bedeutet eine Steigerung auf mehr als das 2,5-Fache in knapp einer Dekade. Für das Jahr 2010 wurde vorhergesagt, dass über zwei Millionen Bundesbürger Eigentümer einer Wohnung oder eines Hauses außerhalb

---

1 Die Zahlungsbilanzstatistik der Deutschen Bundesbank weist unter II. Außenwirtschaftliche Behstandsstatistiken, 9. Vermögensstatus der Bundesrepublik Deutschland gegenüber dem Ausland, a) Gesamtübersicht, unter der Rubrik Aktiva in Spalte 13 nur den Wert des Auslandsgrundbesitzes von deutschen Privatpersonen und Unternehmen zusammen aus. Dieser betrug 2010 rd. 147 Mrd. € und wird für das dritte Quartal 2011 auf ca. 146 Mrd. € prognostiziert. Zum Vergleich lag der Wert im Jahr 2000 bei rd. 56 €. Eine monatlich aktualisierte Zahlungsbilanzstatistik ist abrufbar unter http://www.bundesbank.de/statistik/statistik_veroeffentlichungen_beiheft3.php.

2 So wurde bereits 1998 eine durchschnittliche jährliche Nachfrage nach Auslandsimmobilien von 73.000 Haushalten vorhergesagt; vgl. Auslandsimmobilien – ein Markt mit Zukunft, Empirica-Studie im Auftrag der LBS Bayerische Landesbausparkasse, 1998, unveröffentlicht; *Beyerle, T.*: Ferienimmobilien-Märkte im Überblick, DEGI Deutsche Gesellschaft für Immobilienfonds mbH (Research & Strategie), Juni 2007, unveröffentlicht.

3 Auslandsimmobilien – ein Markt mit Zukunft, Empirica-Studie im Auftrag der LBS Landesbausparkassen, 1998, unveröffentlicht.

4 So eine Schätzung der DEGI vgl. *Beyerle, T.*: Ferienimmobilien-Märkte im Überblick, DEGI Deutsche Gesellschaft für Immobilienfonds mbH (Research & Strategie), Juni 2007, unveröffentlicht.; s. auch *Küpper, M.*: Der große Ferienimmobilien-Kompass, in: Capital, Heft 18, 2007, S. 22.

Deutschlands sein werden.[5] Auch in Zukunft wird die Zahl der privaten Haushalte mit ausländischem Grundbesitz weiter wachsen.[6]

Für eine im Ausland belegene Ferienwohnung zahlen Käufer gegenwärtig durchschnittlich 152.000 €. 1995 lag der Durchschnittskaufpreis für eine Wohnung im Ausland bei 114.000 €. Bei ausländischen Ferienhäusern ist die Entwicklung ähnlich: Aktuell geben die Deutschen durchschnittlich 339.000 € für ein Ferienhaus aus, während der Durchschnittskaufpreis 1995 nur 195.000 € betragen hat.[7]

II. Übertragung auf die nachfolgende Generation

Nimmt die Zahl der Personen zu, die Eigentümer von ausländischem Grundvermögen sind, bleibt es nicht aus, dass auch immer mehr Auslandsimmobilien in den Nachlass deutscher Erblasser fallen.

Zwar sank das Durchschnittsalter der Käufer von privatem Grundvermögen im Ausland innerhalb der letzten zehn Jahre von 54 auf 45 Jahre,[8] und auch die durchschnittliche Lebenserwartung ist gestiegen,[9] dennoch wird es früher oder später zu einer Übertragung auf die nachfolgende Generation kommen, sei es durch eine lebzeitige Übertragung oder im Erbfall.

III. Steuerliche Fragen des internationalen Erbfalls

Selbst wenn die beteiligten Personen, also Erblasser und Erben, allesamt Steuerinländer sind, begründet allein die Belegenheit eines Vermögensgegenstandes

5 *Küpper, M.*: Der große Ferienimmobilien-Kompass, in: Capital, Heft 18, 2007, S. 22.

6 So konnten sich im Jahr 2010 nach einer Umfrage des Baufinanzierers BHW 24 % der Bundesbürger vorstellen, in den kommenden Jahren ein eigenes Haus oder Apartment als Feriendomizil zu erwerben, s. *Bergmann, M./Osadnik, S./et. al.*: Der große Ferienimmobilien-Kompass, Sommerschlussverkauf Ferienimmobilien, in: Capital, Heft 10, 2010, S. 29.

7 *Beyerle, T.*: Ferienimmobilien-Märkte im Überblick, DEGI Deutsche Gesellschaft für Immobilienfonds mbH (Research & Strategie), Juni 2007, unveröffentlicht.

8 Nach einer Querschnittsanalyse der DEGI lag das Durchschnittsalter des Erwerbers 1995 bei 54,2 Jahren, 2007 bei 44,9 Jahren. Vgl. *Beyerle, T.*: Ferienimmobilien-Märkte im Überblick, DEGI Deutsche Gesellschaft für Immobilienfonds mbH (Research & Strategie), Juni 2007, unveröffentlicht.

9 Die Lebenserwartung von Frauen liegt aktuell bei 82,4 Jahren; die von Männern bei 77,2 Jahren, vgl. Statistisches Bundesamt, Statistisches Jahrbuch für die Bundesrepublik Deutschland 2010, Wiesbaden, 2010, S. 682.

des Erblassers außerhalb der Bundesrepublik einen grenzüberschreitenden Steuersachverhalt.[10]

Der Erbe steht vor der Schwierigkeit, dass nicht nur die deutsche Erbschaftsteuerordnung betroffen ist, sondern er sieht sich u.U. auch steuerlichen Ansprüchen eines fremden Rechtskreises ausgesetzt. Neben den deutschen Fiskus tritt ein ausländischer Steuergläubiger, der zusätzlich Erbschaft- oder Nachlasssteuer sowie sonstige Steuern aus Anlass des Eigentumsübergangs der Immobilie von Todes wegen erheben kann. Macht jener von seinem Besteuerungsrecht Gebrauch, ist eine doppelte Besteuerung vorprogrammiert. Auch wenn uni- bzw. bilaterale Maßnahmen eine zwei- oder mehrfache steuerliche Erfassung ein und desselben Nachlassgegenstandes zu verhindern versuchen, ist in der Regel die Belastung ausländischen Grundbesitzes weit höher als dann, wenn nur inländisches Vermögen übertragen wird.[11] Hier gilt es, Maßnahmen der Steueroptimierung zu finden und nutzbar zu machen.

Aufgrund einer mindestens dreifachen Anknüpfungsmöglichkeit zum Ausland ist der internationale Erbschaftsteuerfall besonders komplex. Es sind wenigstens zwei Personen beteiligt, nämlich der Erblasser und ein Erbe als dessen Rechtsnachfolger. Diese können jeweils auf die unterschiedlichste Art und Weise über eine Verbindung zu einer ausländischen Steuerordnung verfügen, sei es durch einen Wohnsitz oder einen gewöhnlichen Aufenthalt im Ausland, sei es durch eine ausländische Staatsangehörigkeit oder sonstige Anknüpfungspunkte. Neben einer subjektiven Anknüpfung liefert als dritte Möglichkeit die tatsächliche oder juristische Belegenheit eines Nachlassgegenstandes außerhalb der Bundesrepublik einen Berührungspunkt mit dem Ausland.[12] Ein solcher ist im Fall einer außerhalb Deutschlands belegenen Wohnimmobilie immer gegeben. Gehört eine Auslandsimmobilie zum Nachlass, ist daher stets die Dimension eines internationalen Besteuerungssachverhalts eröffnet. Es sind die Besonderheiten eines grenzüberschreitenden Erbschaftsteuerfalls zu beachten. Insbeson-

10 Als „grenzüberschreitend" werden diejenigen steuerlich erheblichen Sachverhalte bezeichnet, die Beziehungen zu den Gebieten oder den Rechtsordnungen mehr als eines Staates aufweisen und für die daher mehr als ein Staat als Steuergläubiger in Betracht kommt. S. *Vogel, K.*, Internationales Steuerrecht, in: DStZ 1997, S. 269.

11 Nach der Beseitigung der Bewertungsunterschiede zwischen in- und ausländischem Grundbesitz durch das ErbStRefG v. 24.12.2008 (s. hierzu näher S. 14) liegt dies im Wesentlichen an den Schwächen der sog. Anrechnungsmethode (s. unten ab S. 35).

12 Über eine entsprechende Definition des Inlandsvermögens kann die rechtliche Qualifikation von der tatsächlichen Belegenheit eines Nachlassgegenstandes abweichen. Für erbschaftsteuerliche Zwecke definiert § 2 Abs. 1 Nr. 3 i.V.m. § 121 BewG das Inlandsvermögen.

dere ist das Internationale Erbschaftsteuerrecht der beteiligten Hoheitsordnungen betroffen.[13]

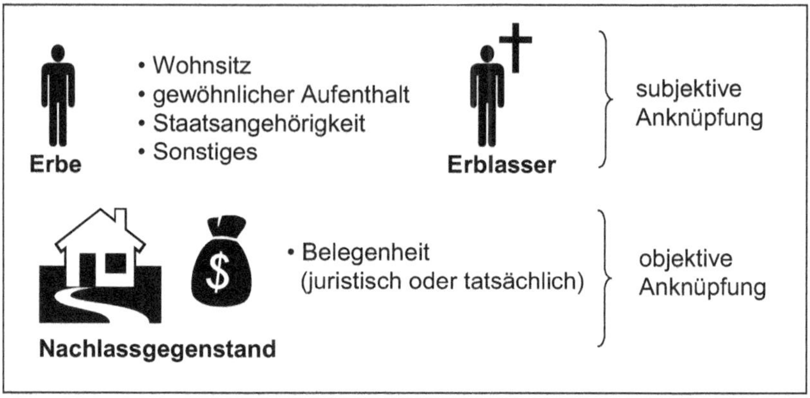

Abbildung 1: Anknüpfungspunkte zum Ausland im internationalen Erbschaftsteuerfall

B. Auslandsimmobilien, Erbfall und die steuerlichen Folgen

I. Private Auslandsimmobilien – Abgrenzung des Besteuerungsgegenstands

Gegenstand der Untersuchung sind im Privatvermögen gehaltene Auslandsimmobilien. Dieser privat genutzte Grundbesitz besteht im Wesentlichen aus Wohnimmobilien. Es handelt sich in der Hauptsache um Zweitwohnsitze im Ausland, die vornehmlich Urlaubs- oder Erholungszwecken dienen und für die erwerbswirtschaftliche Zwecke höchstens eine untergeordnete Rolle spielen. Der Schwerpunkt liegt damit im Bereich von eigengenutzten Ferienwohnungen und Ferienhäusern. Obwohl es sich auch aus Sicht eines nicht in Deutschland Ansässigen bei deutschem Grundvermögen – von seiner Warte aus – um Auslandsimmobilien handelt, ist Gegenstand der Betrachtung allein jener Grundbesitz, der außerhalb der Bundesrepublik Deutschland belegen ist und der damit aus Inlandsicht unter den Begriff der Auslandsimmobilie fällt.

13 Zum Begriff des internationalen Erbschaftsteuerrechts s. unten S. 10.

Die Arbeit differenziert dabei nicht nach dem Wer der betroffenen Auslandsimmobilien. Neben „einfachem" Auslandsgrundvermögen, das sich wertmäßig an den durchschnittlichen Kaufpreisen orientiert, sind auch Immobilien im Hochpreissegment Untersuchungsgegenstand. Bei „Luxusimmobilien" ist die erbschaftsteuerliche Belastung aufgrund der hohen Werte deutlich größer als im Bereich durchschnittlicher Immobilien. Entsprechend größer ist das Potential, mit Hilfe von steuerlichen Optimierungsmitteln Steuern zu sparen.

Auch wenn ausländischer Grundbesitz im Mittelpunkt der Betrachtung steht, verfügt der Erblasser in aller Regel neben einer Auslandsimmobilie über weitere Vermögensgegenstände im Inland, so dass sowohl in- als auch ausländisches Vermögen in den Nachlass fällt. Es handelt sich daher in den meisten Fällen um einen sog. Mischerwerb.[14]

II. Erbfall – Bestimmung der Besteuerungssituation

Ausgangspunkt der Betrachtung bildet die Besteuerungssituation im Erbfall. Erfasst werden sollen daher alle steuerlichen Belastungen, die aufgrund des unentgeltlichen Eigentumsübergangs von Todes wegen entstehen. Gemeint sind damit zum einen die Erbschaftsteuern im engeren Sinne, also all jene höchst unterschiedlich ausgestalteten Steuern, die auf den ungeteilten Nachlass oder beim Erwerber auf den Erbanfall erhoben werden, zum anderen aber auch alle übrigen hoheitlichen Belastungen, die den Tod einer Person als Anlass der Steuererhebung nehmen.[15] Diese Erbschaftsteuern im weiteren Sinne umfassen etwa Steuern auf den Wertzuwachs oder Registersteuern.[16]

In vielen Steuerordnungen werden die Erbschaftsteuern von einer Steuer auf lebzeitige Übertragungen flankiert, um Umgehungen zu verhindern. Die Schenkung als dem Erbfall vorgelagerte Besteuerungssituation findet im Bereich der Gestaltungsmöglichkeiten Berücksichtigung.[17]

14 Es ist daher zu berücksichtigen, dass der Erwerber neben dem ausländischen Grundbesitz um weitere Vermögensgegenstände bereichert ist, was sich auf den progressiven Erbschaftsteuertarif im Rahmen unbeschränkter Erbschaftsteuerpflicht im Inland auswirkt.

15 Man spricht insofern auch von Erbschaftsteuern im internationalen Rechtssinn; vgl. *Reich, T.*: Grundzüge des deutschen internationalen Erbschaftsteuerrechts, in: *Süß, R./Haas, U. (Hrsg.),* Erbrecht in Europa, Angelbachtal, 2004, S. 215-259, § 4, Rn. 11.

16 Zu den übrigen Steuern aus Anlass der Eigentumsübertragung von Todes wegen s. S. 29.

17 Hinweise zur vorweggenommenen Erbfolge finden sich im Rahmen einer zeitlichen Optimierung ab S. 169.

III. Übertragung einer Auslandsimmobile zwischen Steuerinländern

Da nur aus deutscher Sicht ausländisches Grundvermögen Gegenstand der Betrachtung sein soll,[18] beschränkt sich die Untersuchung auf den erbschaftsteuerlichen Outbound-Fall. Um eine „Outbound-Situation" handelt es sich, wenn durch den Erwerb einer ausländischen Immobilie erbschaftsteuerliches Besteuerungssubstrat ins Ausland verlagert wurde.[19]

Im erbschaftsteuerlichen Outbound-Fall ergeben sich folgende Konstellationen:

- Die Auslandsimmobilie eines Steuerinländers geht auf einen Steuerinländer über.
- Die Auslandsimmobilie eines Steuerinländers geht auf einen Steuerausländer über.
- Die Auslandsimmobilie eines Steuerausländers geht auf einen Steuerinländer über.

Allen drei Konstellationen ist gemeinsam, dass, da das deutsche Erbschaftsteuerrecht sowohl an die Person des Erblassers als auch die des Erben anknüpft,[20] im Inland der gesamte Erwerb von Todes wegen (unbeschränkt) der Erbschaftsteuer unterliegt, während im Ausland eine Erbschaftsteuerpflicht zumindest hinsichtlich des dort belegenen Grundvermögens bestehen kann.[21]

Auch wenn sich die Fälle insoweit sehr ähnlich sind, konzentriert sich die Betrachtung innerhalb der Outbound-Konstellation auf den Fall, dass ein Steuerinländer eine Auslandsimmobilie an einen anderen Steuerinländer vererbt. Denn diese Situation dürfte den häufigsten Besteuerungsfall des Erwerbs einer privaten Auslandsimmobilie von Todes wegen widerspiegeln.

---

18 Zur Abgrenzung des Untersuchungsgegenstandes s. oben S. 4.

19 Das Begriffspaar „Outbound" und „Inbound" bezeichnet im Allgemeinen die Zielrichtung einer Investition. Im Outbound-Fall wird eine Einkunftsquelle bzw. Besteuerungssubstrat vom Inland in das Ausland verlagert. Vgl. *Haase, F.,* Internationales und Europäisches Steuerrecht, 3. Aufl., Heidelberg, 2011, Rn. 10 bzw. Fn. 15.

20 Zur unbeschränkten Steuerpflicht nach deutschem Erbschaftsteuerrecht s. unten S. 12.

21 Ob tatsächlich eine Erbschaftsteuer oder eine Steuer aus Anlass der Übertragung einer Immobilie von Todes wegen anfällt, hängt von der Steuersituation im Belegenheitsland ab.

C. Steuerliche Belastung und steuerliche Optimierung

Das Ziel der Untersuchung ist zweigeteilt: Zunächst sollen die steuerlichen Belastungen im Erbfall festgestellt werden,[22] während in einem zweiten Schritt nach Optimierungsmaßnahmen gesucht wird, die die steuerlichen Belastungen möglichst minimieren.[23]

I. Steuerliche Belastung im Erbfall

Den ersten Teil der Betrachtung bildet eine Untersuchung der steuerlichen Belastungen im Erbfall, wenn private Auslandsimmobilien zum Nachlass eines Steuerinländers gehören und diese im Erbfall auf einen anderen Steuerinländer übergehen. Ziel ist es, die steuerlichen Folgen eines solchen grenzüberschreitenden Sachverhalts im In- und Ausland zu beleuchten.

Im deutsch-ausländischen Erbfall ist neben einer Analyse der erbschaftsteuerlichen Behandlung von Auslandsimmobilien im deutschen Erbschaftsteuerrecht eine Ermittlung der Belastungsfaktoren und des erbschaftsteuerlichen Belastungsumfangs im Belegenheitsland des ausländischen Grundbesitzes notwendig. Erst wenn feststeht, ob und ggf. in welchem Umfang auch das Ausland auf den Nachlassgegenstand zugreift, wird man der Dimension eines internationalen Erbschaftsteuerfalls gerecht.

Übt auch die ausländische Steuerordnung ein Besteuerungsrecht aus, ist die Problematik der Doppelbesteuerung eröffnet.[24] Durch eine Belastung sowohl in Deutschland als auch im Belegenheitsland kann es bei Übertragung des Grundvermögens auf die nachfolgende Generation oder auf die gewillkürten Erben zu einer Gefährdung der Auslandsimmobilie in ihrem wirtschaftlichen Bestand kommen. Inwiefern uni- bzw. bilaterale Maßnahmen einer doppelten Besteuerung im In- und Ausland entgegenwirken, ist ebenfalls Teil der Betrachtung.[25] Erst unter Berücksichtigung derartiger Mechanismen tritt die effektive Erbschaftsteuerbelastung zu Tage.

---

22 S. unten 2. Kapitel: Auslandsimmobilien im Erbfall – Steuerliche Belastungen, ab S. 9.

23 S. unten 4. Kapitel: Auslandsimmobilien – Steuerliche Optimierung für den Erbfall, ab S. 133.

24 Zur Problematik der Doppelbesteuerung s. unten ab S. 32.

25 Zu den Doppelbesteuerungsabkommen auf dem Gebiet des Erbschaftsteuerrechts s. unten ab S. 40.

Um dies praktisch zu veranschaulichen, wird in einer Fallstudie, die Immobilien in Spanien, Italien und den USA in den Blick nimmt, umfassend die steuerliche Belastung von Durchschnitts- und Luxusimmobilien untersucht.[26]

II. Steuerliche Optimierung für den Erbfall

Ist der Besteuerungsumfang festgestellt, soll danach gefragt werden, welche Möglichkeiten es gibt, die Steuerlast im Erbfall – insbesondere die Mehrbelastung, die dadurch entsteht, dass eine Auslandsimmobilie zum Nachlass gehört – zu minimieren oder gänzlich zu vermeiden.[27] Ausgehend von alternativen Handlungs- und Gestaltungsmöglichkeiten werden Mittel und Strategien aufgezeigt, die sicherstellen, dass der ausländische Grundbesitz möglichst ungeschmälert auf die Erben übergehen kann. Die dargestellten Maßnahmen zur steuerlichen Optimierung betreffen sowohl planerische als auch gestalterische Aspekte.[28] Im Rahmen einer erbschaftsteuerlichen Erwerbsplanung bieten sich Optimierungsmöglichkeiten, die zeitlich in das Stadium vor Erwerb einer Auslandsimmobilie fallen, etwa die Wahl des Belegenheitsortes einer Ferienwohnung oder eines Ferienhauses unter erbschaftsteuerlichen Gesichtspunkten oder die Vorteilhaftigkeit besonderer Erwerbsmodalitäten.[29] Ist eine Auslandsimmobilie bereits vorhanden, rückt die erbschaftsteuerliche Erbfolgegestaltung in den Mittelpunkt. Hier geht es um gestalterische Steueroptimierung, gerichtet auf den Todesfall. D.h., es sollen Veränderungen des Status quo unter räumlichen, personellen, zeitlichen, sachlichen oder sonstigen Gesichtspunkte vorgenommen werden, die zu einer niedrigeren steuerlichen Belastung führen.[30]

26 S. unten Kapitel 3: Durchschnitts- und Luxusimmobilien – Analyse der steuerlichen Belastung im Erbfall (Fallstudie), ab S. 47.

27 Die Ziele einer erbschaftsteuerlichen Optimierung sind dargestellt ab S. 135.

28 Zur Unterscheidung zwischen beiden Formen der Steueroptimierung im Bereich der Erbschaftsteuern s. unten S. 133.

29 Mittel der Erbschaftsteuerplanung findet sich ab S. 140.

30 Eine Darstellung der Erbschaftsteuergestaltung erfolgt ab S. 153.

2. Kapitel: Auslandsimmobilien im Erbfall – Steuerliche Belastungen

Immer wenn eine Auslandsimmobilie zum Nachlass eines Steuerinländers gehört, ist – auch wenn ein anderer Steuerinländer zu seinem Erben berufen ist – die internationale Dimension des Erbschaftsteuerfalls eröffnet. Neben der deutschen Rechtsordnung ist zumindest aufgrund der Belegenheit der Immobilie außerhalb der Bundesrepublik auch eine ausländische Steuerhoheit betroffen. Die Tatsache, dass sich das Grundvermögen auf seinem Hoheitsgebiet befindet, stellt einen Anknüpfungspunkt an den ausländischen Staat dar, der nach den allgemeinen Regeln des Völkerrechts genügt, um eine Besteuerungskompetenz zu begründen.[31]

Ziel ist es daher im Folgenden, die steuerlichen Auswirkungen eines solchen grenzüberschreitenden Sachverhalts, wenn eine Auslandsimmobilie unter Steuerinländern vererbt wird, im In- und Ausland zu beleuchten.

Zunächst erfolgt eine Analyse der erbschaftsteuerlichen Behandlung von Auslandsimmobilien im deutschen (Internationalen) Erbschaftsteuerrecht. Anschließend werden die möglichen erbschaftsteuerlichen Belastungsfaktoren und der mögliche Belastungsumfang im Staat der Belegenheit des ausländischen Grundbesitzes dargestellt.[32] Greift auch das Ausland auf den Nachlass zu, stellt sich die Problematik einer Doppelbesteuerung, auf die im dritten Teil dieses Kapitels eingegangen wird. Neben den Ursachen einer Doppelbesteuerung wird insbesondere aufgezeigt, inwiefern uni- bzw. bilaterale Maßnahmen einer solchen doppelten Besteuerung im In- und Ausland entgegenwirken.[33] Unter Berücksichtigung dieser Ausgleichsmechanismen ergibt sich die effektive steuerliche Gesamtbelastung, die bei erbweisem Übergang ausländischen Grundbesitzes im Inland und am Belegenheitsort entstehen kann.

A. Steuerliche Belastung im Inland

Zunächst ist die erbschaftsteuerliche Situation in Deutschland von Interesse. Denn Ausgangspunkt ist nach den oben gesetzten Prämissen[34] ein „deutscher“ Erbfall. Ein Steuerinländer verstirbt und wird von einem anderen Steuerinländer beerbt. Der Rechtsnachfolger erwirbt das Vermögen des Erblassers. Insoweit

---

31 Zu den völkerrechtlichen Grenzen des internationalen Erbschaftsteuerrechts s. S. 18.

32 S. unten S. 18.

33 S. hierzu S. 35.

34 S. oben S. 4.

ergeben sich keine Besonderheiten. Allerdings hinterlässt der Erblasser auch Auslandsvermögen in Form einer Immobilie, die sich außerhalb Deutschlands befindet.

I. Anwendungsbereich des deutschen (Internationalen) Erbschaftsteuerrechts

1. Zum Begriff des internationalen Erbschaftsteuerrechts

Im Zusammenhang mit der Besteuerung von Auslandsvermögenserwerben von Todes wegen fällt immer wieder der Begriff des „Internationalen Erbschaftsteuerrechts".

Unter dem Oberbegriff des „Internationalen Steuerrechts" versteht man ganz allgemein die Gesamtheit der Rechtsvorschriften, die sich auf Auslandssachverhalte, insbesondere grenzüberschreitende Vorgänge beziehen.[35] Entsprechend lässt sich das Internationale Erbschaftsteuerrecht definieren. Es sind damit jene erbschaftsteuerlichen Normen angesprochen, die auslandsbezogene Sachverhalte erfassen. Als deutsches Internationales Erbschaftsteuerrecht bezeichnet man daher den Teil des deutschen Erbschaftsteuerrechts, der sich mit Erbfällen mit Auslandsberührung beschäftigt. Es wird also untersucht, unter welchen Voraussetzungen und mit welchen Folgen ein grenzüberschreitender Sachverhalt erbschaftsteuerliche Wirkungen im Inland entfaltet.[36]

Rechtsquelle des Internationalen Erbschaftsteuerrechts ist primär das nationale Steuerrecht.[37] Daneben steht sekundär das einschlägige Steuervölkerrecht soweit zwischen den beteiligten Staaten Doppelbesteuerungsabkommen auf dem Gebiet der Erbschaftsteuern geschlossen wurden.[38]

Da es an einer einheitlichen Kodifikation der die Materie umfassenden Normen fehlt, gibt es keine übergeordnete systematische Konzeption. Weder aus dem Überbegriff des Internationalen Steuerrechts noch aus dem Unterbegriff des Internationalen Erbschaftsteuerrechts lassen sich daher Prinzipien oder Orientierungsmaßstäbe für die Anwendung der in Betracht kommenden Normen ablei-

35 Zum Begriff des „Internationalen Steuerrechts" s. Schaumburg, H., Internationales Steuerrecht, 3. Aufl., Köln, 2011, Rn. 1.1 ff.

36 *Schindhelm, M.,* Erbfälle mit Auslandsberührung im deutschen Erbschaftsteuerrecht – Grundzüge des deutschen Internationalen Erbschaftsteuerrecht, Hamburg, 1997, S. 11 f.

37 Hierbei handelt es sich vor allem um die im ErbStG und im AStG enthaltenen Normen. s. auch *Arlt, B.,* Internationale Erbschaft- und Schenkungsteuerplanung, Herne/Berlin, 2001, S. 43.

38 S. unten S. 40.

ten. Dem Internationalen Erbschaftsteuerrecht als reinem Ordnungsbegriff kommt daher nur Bedeutung für die Verständigung zu.[39]

Ein grenzüberschreitender Erbfall ist daher erbschaftsteuerlich jeweils für jeden der betroffenen Staaten getrennt unter Beachtung aller nationalen Normen der beteiligten Steuerordnungen zu lösen. Außer im Fall des Bestehens eines Doppelbesteuerungsabkommens stehen die einzelnen Besteuerungshoheiten grundsätzlich nebeneinander und üben ihr jeweiliges Besteuerungsrecht unabhängig voneinander aus. Kommt es infolgedessen zu einer Doppelbesteuerung, können nationale Vorschriften eingreifen, die dies zu vermeiden oder zu beseitigen suchen.[40]

Ist eine Auslandsimmobilie Teil eines Nachlasses, handelt es sich zwar stets um einen grenzüberschreitenden Sachverhalt, so dass das deutsche „Internationale Erbschaftsteuerrecht" betroffen ist, dennoch sind für die Frage nach dem Besteuerungsumfang Deutschlands allein innerstaatlichen Normen – unter Beachtung eines Doppelbesteuerungsabkommens (DBA), falls ein solches mit dem Belegenheitsland auf dem Gebiet der Erbschaftsteuer besteht – maßgeblich.

2. Steuerpflichtiger Vorgang: Erwerb von Todes wegen

In ihrer wichtigsten Ausprägung[41] unterwirft die deutsche Erbschaftsteuer Vermögenserwerbe von Todes wegen einer Besteuerung.[42] Fällt einer Person infolge eines Erbfalls unentgeltlich Vermögen zu, handelt es sich um einen erbschaftsteuerpflichtigen Vorgang. Insoweit ist der erbweise Übergang einer Auslandsimmobilie erfasst.

Die im Erbschaftsteuergesetz integrierte Schenkungsteuer ist eine vorweggenommene Erbschaftsteuer, welche die Steuer auf den Erbanfall zur Vermeidung von Umgehungen sinnvollerweise flankiert.[43] Dementsprechend gelten die Vorschriften des ErbStG für Schenkungen unter Lebenden sinngemäß.[44] Die Schenkungsteuer soll jedoch erst im Rahmen der Erbschaftsteueroptimierung Berücksichtigung finden.[45]

---

39 Zum „Internationalen Steuerrecht" s. Schaumburg, H., Internationales Steuerrecht, 3. Aufl., Köln, 2011, Rn. 1.5.

40 S. unten S. 35.

41 *Weinmann, N.,* in: Moench ErbStG, Einführung, Rn. 1.

42 Vgl. § 1 Abs. 1 Nr. 1 i.V.m. § 3 ErbStG.

43 *Tipke, K./Lang, J.,* Steuerrecht, 20. völlig überarbeitete Aufl., Köln, 2010, § 13, Rn. 105.

44 Vgl. § 11 Abs. 2 ErbStG.

45 S. unten S. 169.

3. Das Universalitätsprinzip der unbeschränkten Erbschaftsteuerpflicht

Sind der Erblasser oder der Erwerber Steuerinländer, so tritt nach § 2 Abs. 1 Nr. 1 ErbStG eine unbeschränkte Steuerpflicht für den *gesamten* Vermögensanfall ein.[46] Der deutsche Fiskus greift damit auf das weltweite Vermögen zu und unterwirft den Vermögensanfall unabhängig davon, wo sich die einzelnen Nachlassgegenstände befinden, einer Besteuerung.[47] Im Rahmen der unbeschränkten Erbschaftsteuerpflicht gilt damit das sogenannte Weltvermögens- bzw. Universalitätsprinzip.[48] Der Übergang einer Auslandsimmobilie von Todes wegen ist daher in Deutschland erbschaftsteuerpflichtig.

Voraussetzung eines lokal unbegrenzten erbschaftsteuerlichen Zugriffs auf das Weltvermögen ist allerdings die Steuerinländereigenschaft von Erblasser *oder* Erwerber. Natürliche Personen gelten nach § 2 Abs. 1 Satz 2 Buchst. a ErbStG als Inländer, wenn sie in Deutschland einen Wohnsitz (nach § 8 AO) oder ihren gewöhnlichen Aufenthalt (nach § 9 AO) haben.[49] Auf die Staatsangehörigkeit kommt es insoweit nicht an.

Sind sowohl der Erblasser als auch der Erbe Steuerinländer, ist somit das gesamte Nachlassvermögen einschließlich des Grundbesitzes im Ausland erbschaftsteuerverstrickt.

II. Ausländischer Grundbesitz in der Bemessungsgrundlage

Bemessungsgrundlage der Erbschaftsteuer ist nach § 10 Abs. 1 Satz 1 ErbStG der steuerliche Erwerb, d.h. die steuerpflichtige Bereicherung des Erwerbers. Da der unbeschränkt steuerpflichtige Erbe nicht nur durch die Nachlassgegenstände, die sich im Inland befinden, bereichert ist, sondern da auch Auslandsvermögen, das von Todes wegen auf ihn übergeht, seine Leistungsfähigkeit erhöht, ist in-

46 Auch wenn das Gesetz die Begrifflichkeit nicht selbst verwendet, so ist im Erbschaftsteuerrecht, wie im Einkommensteuerrecht auch, zwischen der unbeschränkten, der beschränkten und der erweitert beschränkten Steuerpflicht natürlicher Personen zu unterscheiden.

47 Ausnahmen greifen nur im Falle einer Freistellung in einem Doppelbesteuerungsabkommen.

48 *Ebeling, J.* in: Kapp/Ebeling ErbStG, § 2, Rn. 2.

49 Wann dies jeweils der Fall ist, wird im Rahmen der „Wohnsitzverlagerung“ als erbschaftsteuerliches Optimierungsinstrument erläutert; s. unten S. 154.

soweit der steuerliche Wert des gesamten Vermögensanfalls entscheidend.[50] Auch der ausländische Grundbesitz ist somit Teil der Bemessungsgrundlage. Da das deutsche Erbschaftsteuerrecht dem sog. Nettoprinzip folgt, ergibt sich die steuerpflichtige Bereicherung im Fall des Erwerbs von Todes wegen erst durch Abzug der Nachlassverbindlichkeiten.[51]

Entscheidend dafür, mit welchem Wert im Ausland belegenes Grundvermögen in die Bemessungsgrundlage einfließt, ist folglich der steuerliche Wertansatz für die Immobilie und die Abziehbarkeit von Verbindlichkeiten, die in Zusammenhang mit dieser stehen.

1. Bewertung von ausländischem Grundvermögen

Das ErbStG enthält keine eigenen Bewertungsvorschriften. § 12 Abs. 1 ErbStG verweist grundsätzlich auf die allgemeinen Normen des Bewertungsgesetzes. Da die besonderen Bewertungsvorschriften des BewG nur für inländisches Vermögen gelten,[52] ist ausländisches Vermögen grundsätzlich mit dem gemeinen Wert bzw. dem zeitnahen Verkehrswert in die Bemessungsgrundlage einzubeziehen.[53]

Für ausländischen Grundbesitz verweist § 12 Abs. 7 ErbStG auf § 31 Abs. 1 BewG. Danach ist für die Bewertung ausländischen Grundvermögens der Erste Teil des BewG, insbesondere § 9 BewG anzuwenden. Der Bewertung der Auslandsimmobilie ist damit der gemeine Wert zugrunde zu legen. Nach § 9 Abs. 2 BewG handelt es sich insoweit um den Verkehrswert, d.h. um den Wert, „der im gewöhnlichen Geschäftsverkehr nach der Beschaffenheit des Wirtschaftsgutes bei einer Veräußerung zu erzielen wäre."[54] Bei der Bewertung von ausländischem Grundbesitz sind nach § 31 Abs. 2 S. 1 BewG Bestandteile und Zubehör zu berücksichtigen.[55]

---

50 Die Tatsache, dass Vermögen unabhängig von der Belegenheit die Leistungsfähigkeit des Begünstigten steigert, rechtfertigt es, im Rahmen der unbeschränkten Steuerpflicht auch auf Vermögen zuzugreifen, das sich im Ausland befindet.

51 § 10 Abs. 1 Satz 2 ErbStG.

52 Für inländischen Grundbesitz nach § 19 Abs. 1 BewG verweist § 12 Abs. 3 ErbStG auf § 151 Abs. 1 S. 1 Nr. 1 BewG. Über § 156 Abs. 3 BewG gelten für wirtschaftliche Einheiten des Grundvermögens die §§ 176 ff. BewG.

53 *Arlt, B.*, Internationale Erbschaft- und Schenkungsteuerplanung, Herne/Berlin, 2001, S. 63.

54 § 9 Abs. 2 Satz 1 ErbStG.

55 Diese Begriffe sind im Sinne des bürgerlichen Rechts zu interpretieren; s. *Halaczinsky, R.* in: Rössler/Troll BewG, § 31, Rn. 13 f.

Durch den durch das Erbschaftsteuerreformgesetz vom 24.12.2008[56] eingetretenen Paradigmenwechsel, wonach der gemeine Wert den generellen Bewertungsmaßstab im Erbschaftsteuerrecht bildet, wurden die bis dahin bestehenden deutlichen Bewertungsunterschiede zwischen in- und ausländischem Grundbesitz beseitigt.[57] Der Wert von bebauten Grundstücken im Inland war bis zum 31.12.2008 nach § 146 Abs. 2 S. 1 BewG a.F. zu bestimmen. Danach kam ein vereinfachtes Ertragswertverfahren zur Anwendung, dessen Ergebnis im Durchschnitt ca. 50 % des Kaufpreises – also des gemeinen Wertes – erreichte.[58] Die Bewertung des ausländischen Grundvermögens mit dem vollen Verkehrswert führte daher in vielen Fällen zu einer höheren Erbschaftsteuerbelastung als die Bereicherung durch inländischen Immobilienbesitz. Diese unterschiedliche Bewertung in- und ausländischer Immobilien verstieß gegen Europarecht.[59] Durch die Reform wurde auch die insoweit bestehende Europarechtswidrigkeit beseitigt.

Die Ermittlung des Wertes von Auslandsgrundvermögen erfolgt verfahrensrechtlich im Rahmen der Erbschaftsteuerveranlagung. Die Finanzbehörden sind dabei im Wesentlichen auf die Angaben des Steuerpflichtigen angewiesen. Einen wichtigen Anhaltspunkt bilden die Werte, die für das ausländische Grundvermögen im Ausland aus steuerlichen, insbesondere aus erbschaftsteuerlichem

---

56 Gesetz zur Reform des Erbschaftsteuer- und Bewertungsrechts (ErbStRfG), s. BGBl. I 2008, 3018.

57 Nach der Entscheidung des BVerfG v. 7.11.2006 hat sich die Bewertung einheitlich am gemeinen Wert als dem maßgeblichen Bewertungsziel auszurichten; BVerfG Beschluss v. 7.11.2006 – 1 BvL 10/02, BVerfGE 117, S. 1 – Leitsatz 2. a). Der Gesetzgeber war gehalten bis zum 31.12.2008 eine entsprechende Neuregelung zu schaffen. Dieser Verpflichtung kam er mit dem ErbStRfG v. 24.12.2008 nach.

58 BTDrucks. 13/5952, S. 28; BVerfG Beschluss v. 7.11.2006 – 1 BvL 10/02, BVerfGE 117, S. 1 (48) m.w.N.

59 EuGH Urteil v. 17.1.2008 – Rs. C-256/06, Jäger, Slg. 2008, I-00123 für land- und forstwirtschaftliches Vermögen; *Petritz, M.*: ErbStG: Der EuGH und die Generalanwältin zur Bewertung von ausländischem Vermögen - Die Rs Jäger und Bauer, in: RdW 2008, S. 174 ff.; *Schnitger, A.*: Geltung der Grundfreiheiten des EG-Vertrages im deutschen internationalen Erbschaftsteuerrecht, in: FR 2004, S. 185 (191); *Schönwetter, V./Bareis, P.*: Die Erbschaftsbesteuerung im Lichte des Verfassungs- und Europarechts, in: StuB 2007, S. 144 (148); *Hamdan, M./Quernheim, B.*: Ist die unterschiedliche Bewertung von in- und ausländischem Grundbesitz im Erbschaft- und Schenkungsteuerrecht europarechtskonform?, in: ZErb 2005, S. 394 ff.

Anlass ermittelt werden.[60] Zu einer Übernahme eines solchen Wertes besteht allerdings keine Verpflichtung.[61]

Für die Wertermittlung ist nach § 11 ErbStG grundsätzlich der Zeitpunkt der Steuerentstehung entscheidend, der sich bei Erwerben von Todes wegen gem. § 9 Nr. 1 ErbStG nach dem Todeszeitpunkt des Erblassers bestimmt. Wertänderungen, die nach diesem Stichtag eintreten, können nicht mehr berücksichtigt werden. Sie können allenfalls Anlass für Billigkeitsmaßnahmen nach § 163 AO sein.

2. Abziehbare Belastungen

Das deutsche Erbschaftsteuerecht folgt, wie bereits erwähnt, dem sog. Netto- oder Bereicherungsprinzip.[62] Daher wird auch bei Erwerb von ausländischem Grundvermögen ausschließlich die Bereicherung im wirtschaftlichen Sinn besteuert. Im Rahmen der unbeschränkten Erbschaftsteuerpflicht dürfen bei Vermögensübertragungen von Todes wegen nach § 10 Abs. 5 ErbStG sämtliche vom Erblasser herrührende Schulden als Nachlassverbindlichkeiten abgezogen werden. Der Besteuerung unterliegt damit nur der Nettovermögenszuwachs.

Ob eine Verbindlichkeit mit in- oder ausländischem Vermögen verknüpft ist, hat für die Abziehbarkeit grundsätzlich keine Bedeutung. Nur für Verbindlichkeiten, die in wirtschaftlichen Zusammenhang mit Vermögensgegenständen stehen, die nicht der Besteuerung nach dem ErbStG unterstehen, bestimmt § 10 Abs. 6 ErbStG ein Abzugsverbot, um ungerechtfertigte Minderungen zu verhindern.[63] Da im Rahmen der unbeschränkten Steuerpflicht Auslandsimmobilien grundsätzlich einer erbschaftsteuerlichen Belastung in Deutschland unterliegen, sind grundsätzlich alle Verbindlichkeiten, die mit einer Auslandsimmobilie in wirtschaftlichem Zusammenhang stehen, abziehbar und mindern daher die Bemessungsgrundlage.[64] Besonderheiten können sich allerdings aus den Dop-

60 Zur Umrechnung von Werten in Fremdwährung in Euro s. S. 86.

61 *Arlt, B.*, Internationale Erbschaft- und Schenkungsteuerplanung, Herne/Berlin, 2001, S. 63 f.

62 *Gebel, D.* in: Troll/Gebel/Jülicher ErbStG, § 10, Rn. 105.

63 Ein wirtschaftlicher Zusammenhang zwischen einem Vermögensgegenstand und einer Verbindlichkeit besteht, wenn die Entstehung der Schuld ursächlich und unmittelbar auf Vorgängen beruht, die den jeweiligen Vermögensgegenstand betreffen. Der Zusammenhang darf nicht erst nach dem Bewertungsstichtag durch die Vermögensübertragung herbeigeführt worden sein. Vgl. etwa RFH Urteil v. 10.7.1941 – III 70/41, RStBl. 1941, 731; BFH Urteil v. 28.9.1962, BStBl. III 1962, 535.

64 Belastungen, die in ausländischen Währungen fakturiert sind, werden mit dem Wert angesetzt, der sich nach der Umrechnung mit dem am Bewertungsstichtag amtlich fest-

pelbesteuerungsabkommen ergeben. Die in diesen völkerrechtlichen Verträgen enthaltenen Bestimmungen über den Schuldenabzug sind vorrangig zu beachten. Kommt es nach dem DBA zu einer Freistellung, d.h. verzichtet Deutschland auf sein Besteuerungsrecht, sind die Verbindlichkeiten, die in wirtschaftlichem Zusammenhang mit Vermögensgegenständen stehen, die nicht der Besteuerung unterliegen, auch nicht abziehbar.[65]

Auch wenn § 10 Abs. 8 ErbStG die Abzugsfähigkeit der vom Erwerber zu entrichtenden eigenen Erbschaftsteuer ausschließt, ist umstritten, ob nicht die eigene *ausländische* Erbschaftsteuerschuld des Erben als Nachlassverbindlichkeit abgezogen werden kann.[66] Einigkeit besteht demgegenüber darin, dass ausländische Steuern, die nicht nach § 21 ErbStG anrechenbar sind, aber aus Anlass des Todes noch in der Person des Erblassers entstehen, als Nachlassverbindlichkeit abziehbar sind.[67] Nach der Rechtsprechung ist etwa der Abzug einer dem Einkommensteuerrecht zugeordneten ausländischen Wertzuwachssteuer als Nachlassverbindlichkeit zulässig.[68]

III. Steuerbefreiungen, Freibeträge und Steuertarif

Geht im Rahmen unbeschränkter Erbschaftsteuerpflicht Vermögen des Erblassers auf einen oder mehrere Begünstigte über und umfasst dieses auch ausländischen Grundbesitz, handelt es sich um einen erbschaftsteuerlichen Sachverhalt, für den grundsätzlich die gleichen Besteuerungsmodalitäten gelten, wie dies für Erwerbe der Fall ist, die ausschließlich aus Inlandsvermögen bestehen.

So gelten die sachlichen Steuerbefreiungen nach § 13 ErbStG, die persönlichen Freibeträge nach § 16 ErbStG und die Versorgungsfreibeträge nach § 17 ErbStG, sowie die Steuerfreiheit des Ausgleichsanspruchs im ehelichen Güterstand der Zugewinngemeinschaft gem. § 5 ErbStG bei unbeschränkter Steuerpflicht grundsätzlich auch bei Erwerb von ausländischem Vermögen. Jedoch sind ausdrückliche gesetzliche Ausnahmen zu beachten. Ein Beispiel hierfür,

gesetzten Devisenbriefkurs ergibt. Vgl. *Arlt, B.*, Internationale Erbschaft- und Schenkungsteuerplanung, Herne/Berlin, 2001, S. 79.

65 *Ebeling, J.* in: Kapp/Ebeling ErbStG, § 10, Rn. 167.

66 Eine solche Abzugsmöglichkeit vertritt *Meincke, J.* in: Meincke ErbStG, § 10, Rn. 59; zustimmend: *Schuck, S.* in: Viskorf/Knobel/Schuck, § 10 ErbStG, Rn. 155; a.A.: *Gebel, D.* in: Troll/Gebel/Jülicher ErbStG, § 10, Rn. 268; *Ebeling, J.* in: Kapp/Ebeling ErbStG, § 10, Rn. 177.

67 *Gebel, D.* in: Troll/Gebel/Jülicher ErbStG, § 10, Rn. 105; *Ebeling, J.* in: Kapp/Ebeling ErbStG, § 10, Rn. 177.

68 So jedenfalls für die kanadische capital gains tax, BFH Urteil v. 26.4.1995 – II R 13/92, BStBl. II 1995, 540.

das allerdings die Schenkungsteuer betrifft, ist § 13 Abs. 1 Nr. 4a ErbStG, der die lebzeitige Zuwendung des Eigentums oder Miteigentums am sog. Familienheim zwischen Eheleuten steuerfrei stellt. Voraussetzung für diese sachliche Steuerbefreiung ist, dass das Haus oder die Wohnung zu eigenen Wohnzwecken genutzt wird und sich im Inland oder im europäischen Ausland befindet.[69] Wenden sich Ehegatten unentgeltlich im übrigen Ausland belegenen Grundbesitz zu, den sie selbst bewohnen, greift die Befreiung des § 13 Abs. 1 Nr. 4a ErbStG nicht.

Auch hinsichtlich des Erbschaftsteuertarifs spielt die Belegenheit der Erwerbsgegenstände keine Rolle. So gilt der Steuersatz nach § 19 ErbStG für den gesamten Vermögensanfall, unabhängig davon, ob die einzelnen Vermögensgegenstände im In- oder Ausland belegen sind. Die tarifmäßige Erbschaftsteuerbelastung hängt somit von der Steuerklasse, in die der Erwerber fällt, und von der Höhe des Gesamterwerbs ab.

IV. Fazit: Steuerliche Belastung einer Auslandsimmobilie im Inland

Erwirbt ein Steuerinländer von Todes wegen das Vermögen eines anderen Steuerinländers, ist dieser unentgeltliche Vermögensübergang hinsichtlich des gesamten Vermögensanfalls beim Begünstigten unbeschränkt erbschaftsteuerpflichtig. Es gilt das sog. Universalitätsprinzip, so dass auch im Ausland belegene Nachlassgegenstände erfasst werden. Eine Auslandsimmobilie wird damit in dieser Konstellation von der deutschen Erbschaftsteuerpflicht erfasst. Sie fließt mit dem gemeinen Wert, d.h. mit ihrem Verkehrswert in die Bemessungsgrundlage ein. Alle wirtschaftlich mit dem ausländischen Grundvermögen in Zusammenhang stehenden Belastungen sind abzugsfähig. Der Gesamterwerb, worin der ausländische Grundbesitz mit seinem Nettowert enthalten ist, unterliegt nach Abzug etwaiger Freibeträge dem Erbschaftsteuertarif. Wurde auf diese Weise die erbschaftsteuerliche Belastung für die Bereicherung in ihrer Gesamtheit ermittelt, ergibt sich die Höhe der Steuer, die auf die Auslandsimmobilie entfällt,

---

69 § 13 Abs. 1 Nr. 4a ErbStG wurde durch das ErbStRefG v. 24.12.2008 zur Herstellung einer Europarechtskonformität auf im EU-Ausland belegene Immobilien erweitert. Zu den bis dahin bestehenden europarechtlichen Bedenken s. *Busch, M.*: Deutsches Erbschaftsteuerrecht im Lichte der europäischen Grundfreiheiten - Teil I: Untersuchung der Vereinbarkeit der persönlichen Freibeträge der §§ 16 und 17 ErbStG sowie der sachlichen Steuerbefreiung des § 13 Nr. 4a ErbStG, in: IStR 2002, S. 448 (452 f.); *Dautzenberg, N./Brüggemann, A.*: EG-Vertrag und deutsche Erbschaftsteuer, in: BB 1997, S. 123 ff.

durch eine entsprechende Aufteilung im Verhältnis des Werts des Auslandsgrundbesitzes zum Wert des gesamten Vermögensanfalls.

B. Steuerliche Belastung im Ausland

Aus der Tatsache, dass ein Teil des Nachlasses – nämlich die Auslandsimmobilie – außerhalb der Bundesrepublik Deutschland belegen ist, ergibt sich die internationale Dimension des Erbschaftsteuerfalls. Die Belegenheit auf einem ausländischen Hoheitsgebiet stellt einen Berührungspunkt zum betreffenden Staat her, wodurch dessen Besteuerungshoheit eröffnet ist. Unter welchen Voraussetzungen und in welchem Umfang der Belegenheitsstaat von einem Besteuerungsrecht im Rahmen der Vererbung einer Immobilie, die sich auf seinem Staatsgebiet befindet, Gebrauch macht, soll nachfolgend untersucht werden. Hierbei sollen nicht nur ausländische Erbschaftsteuern, sondern auch sonstige Steuern, die die Übertragung des Grundbesitzes von Todes wegen zum Anlass einer Besteuerung nehmen, Berücksichtigung finden.

I. Völkerrechtliche Grenzen der internationalen Erbschaftsbesteuerung

Nach den allgemeinen Regeln des Völkerrechts[70] besteht für jeden Staat das Verbot, die Steuerpflicht aufgrund seiner Steuergesetze ohne jegliche räumliche oder persönliche Schranke auszudehnen (sog. genuine link).[71] Es können also nur solche Sachverhalte einseitig von einem Staat geregelt werden, die eine tatsächliche Anknüpfung und damit einen Bezugspunkt zu diesem aufweisen. Grundsätzlich bestimmt und begrenzt das Staatsgebiet die räumliche, auf der anderen Seite das Staatsvolk die personale Kompetenzsphäre eines Staates. Die staatliche Gesetzgebungshoheit umfasst damit alle im Staatsgebiet tatsächlich anwesenden Personen und Gegenstände, aber auch alle dem Staatsvolk zugehörigen Personen unabhängig von ihrer Anwesenheit inner- oder außerhalb des

70 Art. 25 GG räumt den „allgemeinen Regeln des Völkerrechts" den Charakter innerstaatlichen Rechts und den Vorrang vor den Gesetzen ein. Die Bestimmung bewirkt, dass diese Regeln ohne ein Transformationsgesetz, also unmittelbar, Eingang in die deutsche Rechtsordnung finden und dem deutschen innerstaatlichen Recht – nicht dem Verfassungsrecht – im Range vorgehen. Vgl. BVerfG Urteil v. 26.3.1957 – 2 BvG 1/55, BVerfGE 6, 309; BFH Urteil v. 18.12.1963 – I 230/61 S, BStBl. III 1964, 253 (256).

71 *Schaumburg, H.,* Internationales Steuerrecht, völlig überarbeitete 3. Aufl., Köln, 2011, Rn. 2.5.

Staatsgebietes. Dieses völkergewohnheitsrechtliche Anknüpfungsgebot statuiert eine sinnvolle, der Steuermaterie wesensgemäße Verknüpfung zwischen dem besteuernden Staat und dem zugrunde liegenden Sachverhalt.[72] Für das Erbschaftsteuerrecht bedeutet dies, dass mindestens eine der beteiligten Personen (Erblasser oder Erwerber) oder jedenfalls der betroffene Nachlassgegenstand einen Bezugspunkt zum normgebenden Staat aufweisen muss, damit ein erbschaftsteuerlicher Sachverhalt dessen Besteuerungskompetenz unterliegt. Eine effektive Einschränkung des Steueranspruchs lässt sich hieraus für das Erbschaftsteuerrecht jedoch kaum herleiten.[73]

Vielmehr verbietet das Völkerrecht es nicht, dass das deutsche (Internationale) Erbschaftsteuerrecht im Rahmen der unbeschränkten Erbschaftsteuerpflicht eine Besteuerung des weltweiten Vermögensanfalls aufgrund der Anknüpfung an die Steuerinländereigenschaft vorsieht, da diese ihrerseits auf einem Wohnsitz oder einem gewöhnlichen Aufenthalt im Inland fußt. Andererseits erlauben es die allgemeinen völkerrechtlichen Regeln einem ausländischen Staat gleichzeitig, die bloße Belegenheit eines Gegenstandes auf seinem Staatsgebiet zum Anlass zu nehmen, seinerseits eine Belastung mit Erbschaftsteuer vorzunehmen. Da sich daher aus dem Völkergewohnheitsrecht keine höhenmäßige Begrenzung der Besteuerung von Erbschaften ableiten lässt, ist eine Besteuerung selbst dann, wenn sich die Belastung aufgrund des Steuerzugriffs durch zwei Staaten kumuliert, nicht völkerrechtswidrig.[74]

II. Grundzüge ausländischer Erbschaftsteuerordnungen

Um die steuerliche Gesamtbelastung ermitteln zu können, wenn ein im Ausland belegenes Grundvermögen vererbt wird, ist es daher unerlässlich, sich mit der steuerlichen Situation im jeweiligen Belegenheitsland auseinanderzusetzen. Die Untersuchung der Struktur des Erbschaftsteuersystems im jeweils betroffenen Staat bildet daher den Gegenstand der folgenden Erörterung. Sind alle Belastungsfaktoren festgestellt, lassen sich auf dieser Basis erste Tendenzen erkennen, die Anhaltspunkte für erbschaftsteuerliche Optimierung liefern.[75]

72 *Burmester, G.*: Zur Jurisdiktionshoheit der Staaten im Steuerrecht, in: JZ 1993, S. 698 (702).

73 *Schindhelm, M.*: Grundfragen des Internationalen Erbschaftsteuerrechts, in: ZEV 1997, S. 8 (9).

74 *Schindhelm, M.*: Grundfragen des Internationalen Erbschaftsteuerrechts, in: ZEV 1997, S. 8 (9).

75 Zu den erbschaftsteuerlichen Optimierungsmaßnahmen s. unten S. 133.

Angesichts der Vielfalt und der Komplexität ausländischer Erbschaftsteuerordnungen beschränken sich die nachfolgenden Untersuchungen jedoch auf eine grundsätzliche systematisierende Darstellung. Besondere Beachtung finden dabei die Besonderheiten für Steuerinländer mit deutscher Staatsangehörigkeit, die eine Immobilie im Ausland erben bzw. vererben.[76]

1. Ausländische Erbschaftsteuersysteme

a) Verzicht auf Besteuerung von Erbschaften

Einige Staaten kennen überhaupt keine Erbschaftsteuer,[77] bzw. haben diese abgeschafft. Eine Abschaffung der Erbschaft- und Schenkungsteuer ist in den letzten Jahren in Portugal,[78] Schweden,[79] der Slowakei,[80] Singapur[81] und Russland zu verzeichnen.[82] Auch Österreich hat die Erbschaftsteuer zum 31.7.2008 ersatzlos auslaufen lassen.[83]

b) Erbschaftsteuerliche Systeme

Die meisten Staaten in Europa und viele wichtige Industrieländer[84] besteuern allerdings weiterhin den unentgeltlichen Vermögensübergang aus Anlass des

76 Im Anhang (s. S. 191 ff.) findet sich eine Darstellung der Erb- bzw. Nachlasssteuerregelungen und anderer im Zusammenhang bei Übertragung von Grundbesitz von Todes wegen erhobener Steuern für Spanien, Italien und USA.

77 Dies sind z.B. die Isle of Man, die britischen Kanalinseln Jersey, Guernsey, Sark und Alderney, sowie die Bahamas, Cayman Islands und der Schweizer Kanton Schwyz. Vgl. etwa die Übersicht bei *Merten, H.-L.,* Steueroasen, Regensburg, 2008, S. 400.

78 Portugal hat die Erbschaftsteuer zum 31.12.2003 abgeschafft; *Jülicher, M.* in: Troll/Gebel/Jülicher ErbStG, § 21, Rn. 123.

79 Die Erbschaft- und Schenkungsteuer wurde in Schweden mit Wirkung ab 1.1.2005 abgeschafft; *o.A.* in: Steuerberater Handbuch Europa, Fach C, Schweden, Rn. 60.

80 In der Slowakischen Republik wurde die Erbschaft- und Schenkungsteuer zum 1.1.2004 abgeschafft; *Jülicher, M.* in: Troll/Gebel/Jülicher ErbStG, § 21, Rn. 128.

81 Die Nachlassbesteuerung in Singapur trat Anfang 2008 außer Kraft; *Hein, C.*: "Mit einem Koffer voller Geld...", in: F.A.Z. v. 23.2.2008, S. 15.

82 Die Russische Föderation hat die Erbschaft- und Schenkungsteuer zum 1.1.2006 abgeschafft; *o.A.* in: Steuerberater Handbuch Europa, Fach C, Russland, Rn. 25.

83 Mit Beschluss des Österreichischen Verfassungsgerichtshofs vom 7.3.2007 (VfGH G 54/06 ua) wurde die österreichische Erbschaftsteuer insgesamt für verfassungswidrig erklärt. Mit Beschluss vom 17.6.2007 (VfGH G 23/07) wurde dies auch für die Schenkungsteuer entschieden. Da die Verfassungswidrigkeit nicht behoben wurde, lief die Erbschaftsteuer zum 31.7.2008 aus.

84 Vgl. *Noll, B./Wassermeyer, W./Jülicher, M.* in: *Flick, H./Piltz, D. (Hrsg.),* Der internationale Erbfall, 2. Aufl., München, 2008, Teil 3 – Länderdarstellungen, Rn. 1201 ff.

Todes. Betrachtet man die Erbschaftsteuerordnungen in Europa[85] und weltweit, so stellt man fest, dass die Besteuerung eines solchen Sachverhalts systematisch sehr verschiedenartig ausgestaltet sein kann. Dabei existieren drei Besteuerungssysteme:[86] Nachlasssteuern, Erbanfallsteuern und Wertzuwachssteuern.[87]

α) Nachlasssteuern

In einem Nachlasssteuersystem, wie es insbesondere im anglo-amerikanischen Rechtskreis verbreitet ist, erfolgt eine Art Abschlussbesteuerung des Erblasservermögens, indem der Nachlass einer Person einer letztmaligen Vermögenssteuer unterworfen wird, die dann aber vom Begünstigten bzw. aus dem Nachlassvermögen zu entrichten ist. Als Bemessungsgrundlage dient der gesamte, ungeteilte Nachlass im Zeitpunkt des Erbfalls. Da es zum Steuerabzug kommt, bevor der Nachlass auf die Begünstigten aufgeteilt wird, werden die persönlichen Verhältnisse der Erwerber regelmäßig nicht berücksichtigt.[88]Nachlasssteuern auf das ungeteilte Vermögen des Erblassers erheben u.a. die USA,[89] Großbritannien[90] und einige wenige Schweizer Kantone (Graubünden,[91] Solothurn[92] und Neuenburg[93]).

ß) Erbanfallsteuern

Ist die Erbschaftsteuer hingegen als Erbanfallsteuer konzipiert, wie es in den meisten (kontinental-europäischen) Staaten der Fall ist, knüpft die Steuerpflicht an die Bereicherung des Begünstigten durch den Erwerb von Todes wegen an. Diese Form der Erbschaftsteuer differenziert die Höhe der Steuer regelmäßig

85 Vgl. *o.A.* in: Steuerberater Handbuch Europa, Teil C, Länderberichte.

86 *Jülicher, M.*: Erbschaft- und Schenkungsteuerrecht im internationalen Kurzüberblick, in: ZErb 2004, S. 14 f.

87 Die Wertzuwachssteuern werden im Rahmen der „übrigen Steuern aus Anlass der Eigentumsübertragung von Todes wegen" erläutert, s. unten S. 29.

88 *Rädler, A./Raupach, A.*, Deutsche Steuern bei Auslandsbeziehungen, München, 1966, S. 514.

89 Zum Nachlasssteuersystem der USA s. Anhang ab S. 213.

90 Vgl. etwa *Kau, M.*: Erbschaft- und Schenkungsteuerrecht in Großbritannien, in: UVR 2005, S. 85 ff.

91 Zur Erbschaftsteuer im Kanton Graubünden s. *Hindersmann, M./Myßen, M.*, Die Erbschafts- und Schenkungssteuern der Schweizer Kantone, Köln, 2003, S. 481 ff.

92 Im Kanton Solothurn erfolgt eine kombinierte Besteuerung von Todesfällen mit Nachlass- und Erbanfallsteuer; s. *Hindersmann, M./Myßen, M.*, Die Erbschafts- und Schenkungssteuern der Schweizer Kantone, Köln, 2003, S. 605 ff.

93 Zur Erhebung einer Nachlasssteuer im Kanton Neuenberg s. *Hindersmann, M./Myßen, M.*, Die Erbschafts- und Schenkungssteuern der Schweizer Kantone, Köln, 2003, S. 639 ff.

nach dem Umfang des Vermögenserwerbs und dem Verwandtschaftsverhältnis zwischen dem Erblasser und dem Erben.[94] Insoweit ist der Vermögensübergang auf den Erben, der dessen Leistungsfähigkeit erhöht, Besteuerungsanlass. Hierin liegt gleichzeitig die steuerrechtstheoretische Rechtfertigung der Erbschaftsteuer: Da der Erwerb von Vermögensgegenständen unabhängig davon, wo sie belegen sind, zur Steigerung der wirtschaftlichen Leistungsfähigkeit des Begünstigten beiträgt, ist im Rahmen der unbeschränkten Erbschaftsteuerpflicht auch die Erfassung des Erwerbs von ausländischem Vermögen gerechtfertigt.[95]

Das System der Erbanfallsteuer wirkt sich gegenüber der Nachlasssteuer vor allem dann vorteilhaft aus, wenn mehrere Erwerber vorhanden sind und der Nachlass zur Ermittlung der Steuer anteilig auf die einzelnen Erwerber verteilt wird.[96]

Auch das geltende deutsche Erbschaftsteuerrecht folgt in systematischer Hinsicht einer Erbanfallsteuer mit der Schenkungsteuer als Ergänzungstatbestand zur Vermeidung von Umgehungen. Der Konzeption einer Nachlasssteuer ist der Gesetzgeber nicht gefolgt. Eine solche existierte in Deutschland lediglich in den Jahren 1919 bis 1922.[97]

2. Anknüpfungspunkte der Erbschaftsteuern

Da, wie bereits erläutert, nach den allgemeinen Regeln des Völkerrechts für jeden Staat das Verbot besteht, die Steuerpflicht aufgrund seiner Steuergesetze ohne jegliche räumliche oder persönliche Schranke auszudehnen, können nur solche Sachverhalte einer Besteuerung unterworfen werden, die einen tatsächlichen Anknüpfungspunkt und damit einen Bezug zum regelnden Staat aufweisen.[98] Während manche Staaten verhältnismäßig geringfügige Anknüpfungspunkte genügen lassen, um eine Erbschaftsteuerpflicht zu begründen, üben andere in dieser Beziehung eine weitaus größere Zurückhaltung. Man unterscheidet grundsätzlich subjektive, d.h. in der Person der Beteiligten (Erblasser und Erwerber) begründete, und objektive, mit den Nachlassgegenständen zusammenhängende Anknüpfungspunkte.

94 *Schindhelm, M.,* Erbfälle mit Auslandsberührung im deutschen Erbschaftsteuerrecht – Grundzüge des deutschen Internationalen Erbschaftsteuerrecht, Hamburg, 1997, S. 12 f.

95 *Schindhelm, M.*: Grundfragen des Internationalen Erbschaftsteuerrechts, in: ZEV 1997, S. 8 (10).

96 *Brüggemann, G./Claßen, R.,* Erbschaftsteuerrecht, 3. Aufl., Köln, 2004, S. 10.

97 Das Erbschaftsteuergesetz v. 10.9.1919 (RGBl. 1919, 1543) enthielt eine Ergänzung der Erbanfallsteuer durch eine Nachlasssteuer. Vgl. *Gebel, D.* in: Troll/Gebel/Jülicher ErbStG, Einführung, Rn. 65 ff.

98 S. oben S. 18.

a) Subjektive Anknüpfungspunkte

Unter subjektiven Anknüpfungspunkten der Erbschaftsteuer versteht man solche, die aus der Person des Erblassers oder des Erwerbers herrühren. Nur wenige Staaten verzichten vollständig auf eine subjektive Anknüpfung.[99] In den meisten Staaten kommt es ausschließlich auf den Erblasser an.[100] Manche Staaten beschränken sich auf die Person des Erben.[101] Vereinzelt wird sowohl auf den Erblasser und oder den Erwerber abgestellt.[102]

Die Erwerberbesteuerung wird von vielen Staaten deshalb praktiziert, um den steuerlich motivierten Wegzug des älteren Erblasser kurz vor seinem Tod uninteressant zu machen, wenn nicht auch potentielle Erwerber gewillt sind, mit wegzuziehen.[103]

Auch erscheint im Rahmen der Erbanfallsteuer, deren Belastung mit einer Erhöhung der Leistungsfähigkeit seitens des Erwerbers begründet wird, eine subjektive Anknüpfung an die Verhältnisse des Erblassers systemfremd und nicht gerechtfertigt. Da es auf die Bereicherung des Begünstigten ankommt, die durch die Erbschaftsteuer in gewissem Maße abgeschöpft werden soll, ist es nicht einzusehen, warum die Verhältnisse beim Erblasser maßgeblich sein sollen. Die spanischen und japanischen Steuerordnungen sind hier konsequent, indem sie allein auf die Ansässigkeit des Erben abstellen und damit dem Prinzip der Erbanfallsteuer nicht zuwiderlaufen.[104]

Steht fest, auf welche der beteiligten Personen es ankommt, ist jedoch noch nichts darüber ausgesagt, von welcher Art die Beziehung zwischen dem bzw. den relevanten Beteiligten und dem besteuernden Saat sein muss. Diese Verbindung kann sehr unterschiedlich ausgestaltet sein. Bezugspunkt kann etwa ein

99 Bspw. in Russland und Portugal wurde bis zur Abschaffung der Erbschaftsteuer jeweils auf eine subjektive Anknüpfung verzichtet; *Schindhelm, M.*: Grundfragen des Internationalen Erbschaftsteuerrechts, in: ZEV 1997, S. 8 (10).

100 Vgl. *Noll, B./Wassermeyer, W./Jülicher, M.* in: *Flick, H./Piltz, D. (Hrsg.),* Der internationale Erbfall, 2. Aufl., München, 2008, Teil 3 – Länderdarstellungen, Rn. 1201 ff.

101 Bspw. in Japan besteht eine unbeschränkte Erbschaftsteuerpflicht nur, wenn der Erbe sein Domizil im Inland hatte; *Jülicher, M.* in: Troll/Gebel/Jülicher ErbStG, § 21, Rn. 107.

102 Dies ist etwa in Deutschland bzw. in Österreich (bis 31.7.2008) der Fall. Für Österreich s. *Djanani, C./Brähler, G./Hartmann, T.*: Österreich als Zielland der deutschen Erbschaftsteuerplanung, in: SWI 2004, S. 555 ff.

103 *Jülicher, M.*: Erbschaft- und Schenkungsteuerrecht im internationalen Kurzüberblick, in: ZErb 2004, S. 14 (15).

104 *Schindhelm, M.*: Grundfragen des Internationalen Erbschaftsteuerrechts, in: ZEV 1997, S. 8 (10).

„Wohnsitz“[105], ein „Domizil“[106] oder der „gewöhnliche Aufenthalt“[107] im Inland sein. Zuweilen genügt aber auch die jeweilige Staatsangehörigkeit,[108] der Schwerpunkt der Vermögensinteressen[109] im besteuernden Staat oder ein sonstiges Kriterium.[110]

Aber selbst wenn ein subjektiver Anknüpfungspunkt zum Zeitpunkt des Erbfalls nicht mehr gegeben ist, erfolgt zum Schutz vor Steuerflucht teilweise eine Ausdehnung. So kann es genügen, dass innerhalb eines bestimmten Zeitraums vor Wegzug ein subjektives Anknüpfungsmerkmal erfüllt wurde, um die (unbeschränkte) Erbschaftsteuerpflicht aufrechtzuerhalten.[111]

b) Objektive Anknüpfungspunkte

Unabhängig von einem subjektiven Kriterium kann aber auch ein objektiver Anknüpfungspunkt genügen. Im Falle eines solchen wird auf die Beziehung des Nachlassgegenstandes zum Hoheitsgebiet des besteuernden Staates abgestellt. Erfasst werden im Inland belegene Vermögensgegenstände. Die inländische Belegenheit eines Vermögensgegenstandes ergibt sich nach den Situsregeln der betroffenen nationalen Steuerrechtsordnungen. Der Umfang der Nachlassgegenstände, die zum Inlandsvermögen gerechnet werden, ist sehr unterschiedlich. Zum Teil werden sämtliche inländische Güter erfasst;[112] während in anderen

105 Die Kriterien für das Bestehen eines Wohnsitzes weichen international stark voneinander ab. Hierbei können sowohl objektive als auch subjektive Kriterien eine Rolle spielen. Für Deutschland vgl. § 8 AO.

106 Der Begriff des Domizils („domicile“) als Anknüpfungskriterium findet sich vor allem im anglo-amerikanischen Rechtskreis. Hierunter wird zumeist in etwa der langfristige Mittelpunkt der Lebensinteressen gesehen. Vgl. für die USA, Anhang S. 213.

107 Vgl. für Deutschland § 8 AO.

108 In Deutschland oder Frankreich hingegen, ist die Staatsangehörigkeit unerheblich. Für Frankreich s. *Jülicher, M.* in: *Flick, H./Piltz, D. (Hrsg.),* Der internationale Erbfall, 2. Aufl., München, 2008, Rn. 1686.

109 So gilt etwa nach belgischem Recht als „Reichseinwohner“, wessen Hauptteil des Vermögens sich in Belgien befand („siège de sa fortune“); s. *Jülicher, M.* in: *Flick, H./Piltz, D. (Hrsg.),* Der internationale Erbfall, 2. Aufl., München, 2008, Rn. 1656.

110 So kann es bspw. in Dänemark darauf ankommen, ob die Erben einen Erbschein beantragt haben; *Jülicher, M.* in: *Flick, H./Piltz, D. (Hrsg.),* Der internationale Erbfall, 2. Aufl., München, 2008, Rn. 1664.

111 In Deutschland besteht etwa nach § 2 Abs. 1 Nr. 1 Buchst. b EStG für einen deutschen Staatsangehörigen für die Dauer von fünf Jahren nach dessen Wegzug eine unbeschränkte Erbschaftsteuerpflicht fort; s. näher unten Wohnsitzverlagerung, ab S. 154.

112 So z.B. in Großbritannien; *Jülicher, M.* in: Troll/Gebel/Jülicher ErbStG, § 21, Rn. 102.

Staaten nur auf bestimmte inländische Güter[113] oder sogar nur auf das unbewegliche inländische Vermögen abgestellt wird.[114]

Anders als bei immateriellen Vermögensgegenständen wie z.B. Patenten oder Forderungen ist bei unbeweglichem Vermögen die Lokalisierung des Ortes der Belegenheit problemlos möglich. Vor allem bei Immobilien sind unterschiedliche Ansichten über die Belegenheit kaum denkbar. Es besteht daher eine weitgehend einheitliche Beurteilung durch die unterschiedlichen Rechtsordnungen.[115]

3. Erbschaftsteuerpflicht im Ausland

Fast alle ausländischen Erbschaftsteuerordnungen unterscheiden ebenso wie das deutsche ErbStG[116] zwischen unbeschränkter und beschränkter Erbschaftsteuerpflicht. Der Umfang des Besteuerungszugriffs ist hierbei zumeist von der Intensität der Verbindung zum besteuernden Staat abhängig. Im Rahmen einer unbeschränkten Steuerpflicht, die sich regelmäßig auf ein subjektives Anknüpfungsmerkmal gründet, umfassen die nationalen Besteuerungsansprüche des jeweiligen Staates grundsätzlich die Übertragung sämtlicher Vermögensgegenstände unabhängig von deren Belegenheit. Es greift das sog. Universalitäts- bzw. Weltvermögensprinzip.[117] Allerdings nehmen einige Staaten, z.B. Luxemburg[118] und Norwegen,[119] trotz „unbeschränkter" Erbschaftsteuerpflicht bestimmte ausländische Vermögensgüter von der Besteuerung aus. Wird hingegen auf ein objektives Kriterium, d.h. auf die Belegenheit eines Nachlassgutes auf dem Staatsgebiet einer Steuerordnung abgestellt, ist der Besteuerungszugriff auf diese Gegenstände begrenzt. Es kommt lediglich zu einer „beschränkten" Erbschaftsteuerpflicht hinsichtlich der Vermögensteile, die aus Sicht des Belegenheitslandes

113 So definiert § 121 BewG nur bestimmte Gegenstände als deutsches Inlandsvermögen.

114 Dies ist etwa in Belgien der Fall; *Callens, B./Kransfeld, F.*, Die Belgischen Steuern, 5. Aufl., Köln, 2005, S. 99; *Grote, R.*, Die Besteuerung deutsch-belgischer Erb- und Schenkungsfälle, Köln, 1999, S. 10 f.

115 *Arlt, B.*, Internationale Erbschaft- und Schenkungsteuerplanung, Herne/Berlin, 2001, S. 7.

116 Jedoch werden diese Begriffe nicht ausdrücklich im Gesetz verwendet; s. *Rädler, A./Raupach, A.*, Deutsche Steuern bei Auslandsbeziehungen, München, 1966, S. 514.

117 S. schon oben S. 12.

118 So nimmt Luxemburg im Ausland belegenes Grundvermögen von der Besteuerung aus; *o.A.* in: Steuerberater Handbuch Europa, Fach C, Luxemburg, Rn. 45.

119 Grundbesitz und Betriebsstättenvermögen ist in Norwegen von vorneherein von der Bemessungsgrundlage bei unbeschränkter Steuerpflicht ausgenommen, wenn im Ausland eine Erbschaftsteuer erhoben wird; *Jülicher, M.* in: Troll/Gebel/Jülicher ErbStG, § 21, Rn. 120.

als Inlandsvermögens gelten. Nur in wenigen Staaten besteht ausschließlich diese Form der Territorialbesteuerung.[120] Die meisten Staaten ergänzen vielmehr auf diese Weise die unbeschränkte Erbschaftsteuerpflicht.[121]

Im Einzelfall ist es nicht auszuschließen, dass neben Deutschland auch der Staat der Belegenheit der Auslandsimmobilie ein unbeschränktes Besteuerungsrecht ausübt, da bestimmte subjektive Anknüpfungsmerkmale verwirklicht werden. Dies ist problematisch, da in diesem Fall der gesamte Nachlass bzw. der gesamte Erwerb sowohl im In- als auch im Ausland und damit doppelt steuerverstrickt wäre.[122] Unter den gesetzten Prämissen, dass ausländischer Grundbesitz von Todes wegen von einem Steuerinländer auf einen anderen Steuerinländer übergeht und sich eine Beziehung zum Ausland nur aus der Belegenheit der Immobilie außerhalb der Bundesrepublik Deutschland ergibt, besteht in der Regel jedoch nur eine beschränkte Steuerpflicht im Ausland. Hiervon ist in nahezu allen Fällen unbewegliches Vermögen erfasst, so dass eine Auslandsimmobilie auch am Ort der Belegenheit einer Besteuerung unterliegt.

4. Bewertungsgrundsätze

In den meisten ausländischen Steuerrechtsordnungen orientiert sich die Bewertung von dort belegenem Vermögen am Markt- bzw. Verkehrswert zum Übergangszeitpunkt. Dem Problem, dass ein solcher Wert ohne einen tatsächlichen Verkauf des Nachlassgegenstandes nur sehr schwer zu ermitteln ist, begegnen die einzelnen Steuerordnungen unterschiedlich. Für Immobilien werden vielfach besonders ermittelte Grundstückswerte angesetzt, die sich beispielsweise an Katasterwerten orientieren.[123] Auf diese Weise wird Grundbesitz in einigen Staaten mit einem deutlich niedrigeren Steuerwert als dem tatsächlichen Wert in die steuerliche Bemessungsgrundlage einbezogen.[124]

---

120 So bspw. im Fürstentum Monaco; *Jülicher, M.* in: Troll/Gebel/Jülicher ErbStG, § 21, Rn. 117.

121 *Jülicher, M.*: Erbschaft- und Schenkungsteuerrecht im internationalen Kurzüberblick, in: ZErb 2004, S. 14 (16).

122 Hier gilt es die Besonderheiten der ausländischen (Erbschaft-)Steuerordnung zu beachten, um eine doppelte unbeschränkte Erbschaftsteuerpflicht zu vermeiden. Wie leicht ein solcher Fall eintreten kann und welche erheblichen Konsequenzen hinsichtlich des Besteuerungsumfangs entstehen können, verdeutlich das Beispiel auf S. 186.

123 S. bspw. für Spanien, Angang, ab S. 191.

124 *Arlt, B.*, Internationale Erbschaft- und Schenkungsteuerplanung, Herne/Berlin, 2001, S. 90 f.; *Jülicher, M.*: Erbschaft- und Schenkungsteuerrecht im internationalen Kurzüberblick, in: ZErb 2004, S. 14 (16 f.).

Die Bewertung von Immobilien kann auch davon abhängen, ob diese im Inland oder im Ausland belegen sind.[125] Es ergeben sich dann z.T. erhebliche Unterschiede, wie es bei der Grundstücksbewertung im deutschen Erbschaftsteuerrecht bis 31.12.2008 der Fall war.[126] Allerdings sind die Verhandlungsspielräume mit den Finanzbehörden im Ausland bei der Bewertung vielfach größer als bei den in Deutschland stark typisierten Verfahren.[127]

5. Schuldenabzug

Keine Rechtsordnung versagt – soweit ersichtlich – generell den Abzug von Schulden des Erblassers.[128] Unterliegt die Vermögensübertragung im Ausland nur der beschränkten Steuerpflicht, kann der Schuldenabzug dort allerdings auf unterschiedliche Art und Weise geregelt sein. Es gibt sogar Erbschaftsteuerrechtsordnungen, die das Nettoprinzip auf den Nachlass von Inländern beschränken. War der Erblasser Ausländer, wird jeder Schuldenabzug verweigert, so dass zu einer Bruttobesteuerung kommt.[129] In anderen Staaten wird der Schuldenabzug proportional nach dem Verhältnis des Inlandvermögens zum Gesamterwerb oder entsprechend der Relation der gesamten Nachlassschulden zum Gesamtnachlass gewährt. In manchen Erbschaftsteuerordnungen ist eine wirtschaftliche Beziehung zum inländischen Vermögen, eine Besicherung mit inländischen Vermögenswerten oder die Ansässigkeit des Gläubigers im Inland erforderlich.[130]

6. Besteuerungsmodalitäten

Hinsichtlich Steuerbefreiungen, Freibeträgen, Ermäßigungen, Vergünstigungen und der Ausgestaltung der Steuerklassen und Steuersätze bestehen in den verschiedenen Steuerrechtsordnungen erhebliche Unterschiede.[131] Insbesondere ist

125 *Schindhelm, M.*: Grundfragen des Internationalen Erbschaftsteuerrechts, in: ZEV 1997, S. 8 (11).

126 S. oben S. 14.

127 *Jülicher, M.*: Erbschaft- und Schenkungsteuerrecht im internationalen Kurzüberblick, in: ZErb 2004, S. 14 (17).

128 *Schindhelm, M.*: Grundfragen des Internationalen Erbschaftsteuerrechts, in: ZEV 1997, S. 8 (11 f.).

129 Dies ist etwa in Belgien (s. *Grote, R.*, Die Besteuerung deutsch-belgischer Erb- und Schenkungsfälle, Köln, 1999, S. 10 f.) und in Luxemburg (s. *Jülicher, M.* in: Troll/Gebel/Jülicher ErbStG, § 21, Rn. 115) der Fall.

130 *Piltz, D.*: Schuldenabzug bei internationalen Erbfällen, in: ZEV 1998, S. 461 f.

131 *Arlt, B.*, Internationale Erbschaft- und Schenkungsteuerplanung, Herne/Berlin, 2001, S. 90 f.

zu beachten, dass im Rahmen einer beschränkten Steuerpflicht gewisse Erleichterungen nicht oder nur eingeschränkt gelten können.

Auch wenn in den einzelnen Erbschaftsteuerordnungen generell – allerdings in sehr unterschiedlicher Höhe – Freibeträge gewährt werden oder Erbschaften zwischen nahen Angehörigen bzw. zwischen Ehegatten gänzlich von einer Besteuerung freigestellt werden, können bei beschränkter Steuerpflicht die subjektiven Steuerbefreiungen, etwa persönliche Freibeträge, auf ein Minimum reduziert sein[132] – wie es bspw. in Deutschland der Fall ist.[133] Auch können Ehegattenfreibeträge, die manchmal nur bei beiderseitigem Wohnsitz (bzw. „domicile") der Beteiligten im Inland in Anspruch genommen werden können, (nahezu) vollständig entfallen.[134]

Für Immobilien besteht auch im Ausland häufig eine sachliche Steuerbefreiung für das sog. Familienheim, wenn dieses auf nahe Verwandte übergeht. Zumeist gilt dies nur im Todesfall und nicht bei Übertragungen unter Lebenden.[135] Vielfach muss es sich jedoch um ein aus Sicht des ausländischen Staates inländisches Familienheim handeln, das den Hauptwohnsitz darstellt, so dass oftmals reine Ferienimmobilien nicht steuerbefreit sind.[136]

Auch die ausländischen Erbschaftsteuertarife weichen erheblich voneinander ab, so dass es zu einer höchst unterschiedlichen Steuerlast kommt. Jedoch variieren die meisten Staaten, die eine Erbanfallsteuer erheben, den Steuersatz nach der Höhe des Erwerbs und nach dem Näheverhältnis zwischen Erblasser und Begünstigtem. So fallen Ehegatten und Kinder regelmäßig in eine günstigere Steuerklasse als Nichtverwandte (so z.B. auch der nichteheliche Partner), die in der Regel am stärksten belastet werden.[137]

Aufgrund der extrem unterschiedlichen Ausgestaltung der Erbschaftsbesteuerung der einzelnen Steuerrechtsordnungen lässt sich die steuerliche Belastung einer außerhalb Deutschlands belegenen Immobilie im Erbfall nur im konkreten Einzelfall hinreichend bestimmen. Es empfiehlt sich daher – auch schon vor Er-

---

132 *Jülicher, M.*: Erbschaft- und Schenkungsteuerrecht im internationalen Kurzüberblick, in: ZErb 2004, S. 14 (16).

133 Vgl. § 16 Abs. 2 ErbStG.

134 Dies ist z.B. in Großbritannien der Fall; vgl. *Jülicher, M.* in: Troll/Gebel/Jülicher ErbStG, § 21, Rn. 102.

135 Im Gegensatz zu Deutschland, wo alleinseit 1.1.2009 neben lebzeitigen Überlassungen nach § 13 Abs. 1 Nr. 4a ErbStG durch den durch das ErbStRefG v. 24.12.2008 eingefügten § 13 Abs. 1 Nr. 4b auch Erwerbe von Todes wegen steuerbefreit sind.

136 *Jülicher, M.*: Erbschaft- und Schenkungsteuerrecht im internationalen Kurzüberblick, in: ZErb 2004, S. 14 (17).

137 *Jülicher, M.*: Erbschaft- und Schenkungsteuerrecht im internationalen Kurzüberblick, in: ZErb 2004, S. 14 (18).

werb einer Auslandsimmobilie – eine intensive Auseinandersetzung mit der erbschaftsteuerlichen Situation vor Ort. Steht der erbschaftsteuerliche Belastungsumfang fest, können Optimierungsmaßnahmen ergriffen werden, die auf eine Reduzierung der Steuerlast zielen.[138] Auf diese Weise kann es vermieden werden, dem bzw. den Erben eine „böse Überraschung" in Form einer hohen Erbschaftsteuerforderung aus dem Ausland zu hinterlassen.

III. Übrige Steuern aus Anlass der Eigentumsübertragung von Todes wegen

Neben oder anstelle einer Erbschaftsteuer i.e.S., die entweder als Erbanfall- oder als Nachlasssteuer ausgestaltet sein kann, nehmen manche Staaten die Übertragung einer Immobilie von Todes wegen zum Anlass für die Erhebung weiterer Steuern. Dies kann in vielfältiger Form geschehen. Häufig ist eine Besteuerung in Gestalt einer Wertzuwachssteuer oder verdeckt durch sog. Registergebühren vorgesehen, die allerdings den Charakter einer Steuer aufweisen.

Besonders nachteilig wirkt sich diese Art der Besteuerung in einem deutsch-ausländischen Erbfall deshalb aus, da eine Anrechnung derartiger Steuern nach § 21 ErbStG zumeist mangels einer Vergleichbarkeit mit der deutschen Erbschaftsteuer nicht in Frage kommt. Da insoweit eine Anrechnung nicht zulässig ist, ist die Gesamtbelastung teilweise größer, als dies bei Erhebung einer Erbschaftsteuer mit einem höheren Tarif – allerdings mit Anrechnungsmöglichkeit – der Fall wäre.[139]

1. Wertzuwachssteuer

Im Gegensatz zu einer Nachlass- bzw. Erbanfallsteuer erfasst eine Wertzuwachssteuer nicht die Vermögenssubstanz insgesamt, sondern nur die beim Erblasser bis zu dessen Tod eingetretene (fiktive) Steigerung eines Vermögensgegenstandes in seinem Wert.[140] Insoweit wird der Erbfall als Gewinnrealisierungsvorgang verstanden. Deshalb ist diese Form der Besteuerung, die auch als „capital gains tax" bezeichnet wird, i.d.R. mit der deutschen Erbschaftsteuer nicht vergleichbar, was sich auf die Anrechnungsmöglichkeit nach § 21 ErbStG auswirkt, die nur gewährt wird, wenn die vom ausländischen Staat erhobene

138 Zu den Optimierungsmaßnahmen s. unten ab S. 133.

139 *Jülicher, M.* in: Troll/Gebel/Jülicher ErbStG, § 21, Rn. 21.

140 *Jülicher, M.*: Erbschaft- und Schenkungsteuerrecht im internationalen Kurzüberblick, in: ZErb 2004, S. 14.

Steuer der deutschen Erbschaftsteuer entspricht.[141] Eine solche Wertzuwachssteuer gibt es z.B. in Kanada,[142] Australien[143] und Neuseeland,[144] aber auch in Israel.[145] Vielfach dient die Erhebung einer Wertzuwachssteuer als Ersatz für eine abgeschaffte Erbschaftsteuer. In Ländern wie Spanien jedoch existiert die kommunale Wertzuwachssteuer unabhängig und zusätzlich zur Erhebung einer Erbschaftsteuer.[146]

2. Registergebühren

Einzelne ausländische Staaten erheben anstelle oder zusätzlich zu einer Erbschaftsteuer Registergebühren für die Umschreibung des Eigentümers einer Immobilie. Erfasst sind damit auch Übertragungen von Grundbesitz aus Anlass des Todes des Voreigentümers. Da die Registergebühren ihrer Höhe nach deutlich von nach dem bloßen Verwaltungsaufwand erhobenen Umschreibegebühren abweichen und auch – untypisch für rein aufwandsorientierte Verwaltungsgebühren – Befreiungen bei engem persönlichem Näheverhältnis des Empfängers zum vorherigen Vermögensinhaber vorsehen, liegt die Annahme nahe, dass es sich – gemessen an der deutschen Typologie der öffentlichen Abgaben – um Verkehrssteuern handelt.[147]

In Portugal existiert diese Art der Besteuerung unter der Bezeichnung „Stempelsteuer" (Imposto do Selo). Steuerpflichtig sind entgeltliche und unentgeltliche Übertragungen von Grundstücken an Dritte und damit auch Eigentümerwechsel von Todes wegen. Übertragungen durch Erbgang innerhalb der engsten Familie, also auf den Ehegatten oder auf direkte Verwandte in auf- und absteigender Linie, sind jedoch hinsichtlich der Steuer i.H.v. 10 % des Übertragungswertes befreit. Allerdings fällt eine Abgabe i.H.v. 0,8 % des Einheitswertes der Immobilie an.[148] Ein weiteres Beispiel sind die in Italien erhobenen Hy-

141 Zu den Voraussetzungen einer Anrechenbarkeit ausländischer Steuern auf die deutsche Erbschaftsteuer, s. unten ab S. 35.

142 *Wilde, H.*, Das kanadische „Erbschaftsteuerrecht", Köln, 1997, S. 29 ff.

143 *Neumann, T.*, Internationale Erbfälle Deutschland – Australien, Köln, 2006, S. 53 ff.

144 *Rohde, K.*, Die Besteuerung deutsch-neuseeländischer Erb- und Schenkungsfälle, Köln, 2001, S. 75 ff.

145 *Avni, A./Katz, Z./Seligman, G.* in: International Tax Summaries, Israel, S. I-75.

146 Zur kommunalen Wertzuwachssteuer in Spanien („Plusvalia Municipial") s. Anhang S. 204.

147 *Jülicher, M.* in: Troll/Gebel/Jülicher ErbStG, § 21, Rn. 26.

148 *Stieb, S.* in: Mennel/Förster - Steuern in Europa, USA, Kanada und Japan, Länderbericht Portugal, Rn. 220 ff. u. 313 ff.

pothekar- und Katastersteuern, die in der Summe 3 % des Katasterwertes der Immobilie betragen.[149]

IV. Fazit: Steuerliche Belastung einer Auslandsimmobilie im Belegenheitsland

Nicht alle, aber viele ausländische Steuerordnungen erheben Erbschaftsteuern, sei es in Form einer Nachlass- oder einer Erbanfallsteuer. Auch wenn keine subjektiven Anknüpfungspunkte zum jeweiligen Staat bestehen, genügt oftmals die tatsächliche Belegenheit des Nachlassgegenstandes auf dem Territorium dieses Staates, um zumindest im Rahmen einer beschränkten Erbschaftsteuerpflicht eine Besteuerung auf den Übergang der Immobilie auszulösen. Die Ausgestaltung ist in den einzelnen Erbschaftsteuerordnungen so unterschiedlich, dass keine generelle Aussage über den Belastungsumfang gemacht werden kann. Vielmehr hängt es vom konkreten Einzelfall ab, in welcher Höhe auch eine Erbschaftsteuer im Ausland anfällt. Insbesondere kommt es auf den Wert des Grundvermögens, der auf verschiedene Art und Weise ermittelt wird, auf die Gewährung eines entsprechenden Schuldenabzugs und auf den Steuertarif, der sich nach dem Näheverhältnis der Begünstigten zum Erblasser bestimmt, an. Anstelle oder zusätzlich zu einer solchen Erbschaftsteuer i.e.S. werden in einzelnen Steuerordnungen weitere Abgaben aus Anlass der Eigentumsübertragung von Todes wegen erhoben. Diese Wertzuwachssteuern oder Registergebühren verteuern den Erwerb z.T. erheblich.

Die Unterschiede zwischen den ausländischen Steuerrechtsordnungen haben außerdem zur Folge, dass aus erbschaftsteuerlicher Sicht keine allgemein gültigen Empfehlungen für die Planung einer optimalen Vermögensnachfolge in Fällen, in denen ausländisches Immobilienvermögen in den Nachlass fällt, gegeben werden können.[150] Vielmehr hat für jeden Einzelfall eine gesonderte Betrachtung zu erfolgen. Diese Einzelanalyse ist für jeden Staat durchzuführen, dessen Steuerrechtsordnung aufgrund subjektive oder objektiver Anknüpfung betroffen ist.

Da insbesondere völkerrechtliche Grenzen einer steuerlichen Erfassung auch im Belegenheitsland nicht entgegenstehen, ist eine Belastung der Auslandsimmobilie mit deutscher Erbschaftsteuer und ausländischen Erbschaft- bzw. sonstigen Steuern aus Anlass der Eigentumsübertragung von Todes wegen vorpro-

149 S. Anhang S. 211.

150 *Arlt, B.*, Internationale Erbschaft- und Schenkungsteuerplanung, Herne/Berlin, 2001, S. 95.

grammiert. Erheben zwei Staaten einen Besteuerungsanspruch auf ein und denselben Nachlassgegenstand, ist die Problematik der Doppelbesteuerung eröffnet.

C. Doppelbesteuerung als „Bedrohung“ für die Auslandsimmobilie

I. Doppelbesteuerung als Folge der steuerlichen Belastungen im In- und Ausland

Da in den einzelnen Ländern sehr unterschiedlich strukturierte Erbschaftsteuersysteme bestehen, kann es mangels genügender Anpassung und Verzahnung zu einer übermäßigen wirtschaftlichen Belastung des Vermögens beim Erbgang kommen. Da auch die bestehenden Ausgleichsmechanismen bei grenzüberschreitenden Steuererhebungen vielfach nicht genügen, besteht im Einzelfall, insbesondere bei größerem Vermögen, die Gefahr, dass eine Steuerlast anfällt, die einen beträchtlichen Teil des Erbes aufzehrt. Im Extremfall erzwingt dies nicht nur die Veräußerung der Auslandsimmobilie, sondern bedroht u.U. auch deren wirtschaftlichen Wert. Dies ist insbesondere dann der Fall, wenn das ausländische Erbschaftsteuerrecht Tarife kennt, die in manchen Konstellationen konfiskatorische Wirkung entfalten können.[151]

II. Begriff der Doppelbesteuerung

Unter „Doppelbesteuerung“ (im weiteren Sinne) werden die verschiedenartigen Erscheinungsformen der Mehrfachbelastung mit Abgaben zusammengefasst.[152] Insoweit ist der Begriff der Doppelbesteuerung nicht eindeutig.[153] Dies liegt auch daran, dass dem Begriff primär deskriptive Funktion zukommt.[154]

Rechtslehre und Rechtspraxis unterscheiden jedoch zwischen (rechtlicher) Doppelbesteuerung[155] und (wirtschaftlicher) Doppelbelastung.[156] Als Abgren-

151 Bspw. in Spanien kann der Spitzensteuersatz bis zu 81,6 % betragen, s. unten S. 63.

152 *Kluge, V.*, Das Internationale Steuerrecht, 4. Aufl., München, 2000, S. 23, Absch. B, Rn. 20.

153 *Schaumburg, H.*, Internationales Steuerrecht, völlig überarbeitete 3. Aufl., Köln, 2011, Rn. 12.1.

154 *Vogel, K.*, Internationales Steuerrecht, in: DStZ 1997, S. 269 (276).

155 Insofern ist zwischen dem übergeordneten Begriff der Doppelbesteuerung i.w.S. und der hier gemeinten Doppelbesteuerung i.e.S. zu unterscheiden.

zungskriterium kann u.a. die Tatsache dienen, ob nur einer oder mehrere Hoheitsträger beteiligt sind. Doppelbelastung bedeutet dann die konkurrierende steuerliche Mehrbelastung durch ein und dieselbe Abgabengewalt, während man unter rechtlicher Doppelbesteuerung die von verschiedenen Abgabengewalten ausgehende Besteuerung versteht.[157]

Grenzt man nach den beteiligten Steuerpflichtigen ab, versteht man unter einer (rechtlichen) Doppelbesteuerung die Besteuerung desselben Gegenstandes bei einem Steuersubjekt (Steuersubjektidentität) in zwei Staaten durch vergleichbare Steuern. Als wirtschaftliche Doppelbelastung bezeichnet man hingegen dann die Besteuerung desselben Steuergegenstandes bei zwei verschiedenen Steuersubjekten in einem oder zwei Staaten.[158] Keine internationale Doppelbesteuerung, sondern nur eine innerstaatliche Doppelbesteuerung durch verschiedene Steuerarten liegt vor, wenn ein und derselbe Vorgang z.B. mit Einkommen- und Erbschaftsteuer belastet ist.[159]

Die heute weit überwiegende Auffassung legt dem Begriff der rechtlichen Doppelbesteuerung fünf Kriterien zugrunde. Nach dieser Definition sei eine solche „die Erhebung vergleichbarer Steuern" – „in zwei (oder mehreren) Staaten" – „von dem selben Steuerpflichtigen" – „für den selben Steuergegenstand" – „und den selben Zeitraum".[160]

Einer Doppelbesteuerung liegen also grenzüberschreitende Sachverhalte zugrunde, die dazu führen, dass der Steuerpflichtige bzw. der Steuergegenstand in mehreren Staaten steuerpflichtig wird, wodurch in aller Regel eine steuerliche Mehrbelastung verursacht wird.[161] Für das Internationale Erbschaftsteuerrecht bedeutet dies eine Besteuerung der gleichen Nachlassgüter durch mehrere Staaten mit Erbschaftsteuern (i.w.S.).[162]

---

156 Nach dem Sprachgebrauch der wirtschaftlichen Praxis liegt eine Doppelbesteuerung vor, wenn ein und dasselbe Steuerobjekt mehr als einmal besteuert wird. Auch *Tipke, K./Lang, J.*, Steuerrecht, 20. völlig überarbeitete Aufl., Köln, 2010, § 7, Rn. 42, lehnen eine solche Differenzierung ab.

157 *Schaumburg, H.,* Internationales Steuerrecht, völlig überarbeitete 3. Aufl., Köln, 2011, Rn. 12.1.

158 Kritisch zum Merkmal „Steuersubjektidentität" s. *Vogel, K.,* Internationales Steuerrecht, in: DStZ 1997, S. 269 (276).

159 *Tipke, K./Lang, J.,* Steuerrecht, 20. völlig überarbeitete Aufl., Köln, 2010, § 7 Rn. 41.

160 Musterkommentar zum OECD-Musterabkommen A.1., abgedruckt in: Debatin/Wassermeyer Doppelbesteuerung, Band I: Kommentierung des OECD-MA.

161 *Schaumburg, H.,* Internationales Steuerrecht, völlig überarbeitete und erweiterte 2. Aufl., Köln, 1998, S. 587, Rn. 12.4.

162 *Schindhelm, M.*: Grundfragen des Internationalen Erbschaftsteuerrechts, in: ZEV 1997, S. 8 (12); zum Begriff der Doppelbesteuerung s. auch *Höninger, M.,* Internationale

III. Ursache der Doppelbesteuerung

Hauptursache einer Doppelbesteuerung ist die unterschiedliche und teilweise exzessive Kompetenzbegründung der einzelnen Steuerrechtsordnungen.[163] So kommt es zu einer Doppelbesteuerung aufgrund der verschiedenen Anknüpfungspunkte der Erbschaftsteuerrechtsordnungen,[164] wenn subjektive und objektive Berührungspunkte zum besteuernden Staat aufeinander treffen. Dies ist etwa der Fall, wenn einerseits der Wohnsitzstaat (des Erblassers oder Erwerber) und andererseits der Belegenheitsstaat des Nachlassgegenstandes ein Besteuerungsrecht ausüben. Aber auch wenn mehrere subjektive Anknüpfungspunkte erfüllt werden, kann dies zu einer Doppelbesteuerung führen. Beispiele hierfür sind eine Besteuerung des einen Staates aufgrund der Verbindung zum Erblasser und eines anderen Staates aufgrund der Verbindung zum Erben, ein Zusammentreffen von Wohnsitzbesteuerung und Besteuerung nach der Nationalität und der o.g. Fall echter Doppelansässigkeit bei mehreren steuerlichen Wohnsitzen. Aber auch objektbezogene Anknüpfungspunkte können Ursache für eine doppelte Steuerverstrickung sein. Eine solche liegt beispielsweise vor, wenn ein Nachlassgegenstand wegen seiner Belegenheit von mehreren Staaten in Anspruch genommen wird. Dies ist allerdings bei unbeweglichem Vermögen kaum vorstellbar. Nicht zuletzt führen auch Maßnahmen zur Vermeidung der Steuerflucht zu einer Doppelbesteuerung. Hier ist die Doppelbesteuerung nicht nur Nebenfolge, sondern sie ist die Konsequenz der erweiterten Steuerpflicht. Denn für den Fall einer Wohnsitzverlagerung soll weiterhin unbeschränkte Erbschaftsteuerpflicht bestehen, obwohl eine solche i.d.R. bereits in dem Land, in das verzogen wurde, begründet wurde.[165]

Wenn die beteiligten Personen (Erblasser und Erwerber) ausschließlich in Deutschland Steuerinländer sind und auch keine ausländische Staatsangehörigkeit besitzen, ist Ursache der Doppelbesteuerung allein die Belegenheit des Nachlassgegenstandes im Ausland. Dieser objektive Anknüpfungspunkt zu einem ausländischen Staat eröffnet dessen Besteuerungskompetenz. Erhebt neben

Doppelbesteuerung im Erbschaft- und Schenkungsteuerrecht, Frankfurt a.M., 2003, S. 6 ff.

163 Daneben kann es auch zu einer mit der Doppelbesteuerung vergleichbaren, ökonomisch aber ebenso misslichen Lage kommen, wenn bestimmte Schulden in keinem der beteiligten Staaten abgezogen werden können. Aber auch die Anwendung unterschiedlicher zivilrechtlicher Normen kann Ursache sein, z.B. wenn in einem Staat eine Gesellschaft als transparent angesehen wird, in einem anderen Staat aber nicht.

164 Zu den möglichen Anknüpfungspunkten der Erbschaftsteuern s. bereits oben S. 22.

165 *Schindhelm, M.*: Grundfragen des Internationalen Erbschaftsteuerrechts, in: ZEV 1997, S. 8 (12 f.).

Deutschland auch der Belegenheitsstaat eine Erbschaftsteuer oder eine sonstige Steuer aus Anlass der Übertragung der Immobilie von Todes wegen, unterliegt im Rahmen dieses grenzüberschreitenden Sachverhalts die Auslandsimmobilie einer Doppelbesteuerung.

IV. Maßnahmen zur Vermeidung der Doppelbesteuerung

Im Bereich der Erbschaftsteuer ist das Problem der Doppelbesteuerung nur höchst unvollkommen gelöst.[166] Soweit nicht eines der wenigen bestehenden Doppelbesteuerungsabkommen greift,[167] stehen (subsidiär) im ErbStG unilaterale Regelungen zur Vermeidung der Doppelbesteuerung zur Verfügung.

1. Unilaterale Maßnahmen zur Vermeidung der Doppelbesteuerung im ErbStG

Die sog. Vermeidungsnormen des ErbStG regeln unilaterale Maßnahmen zur Vermeidung oder Beseitigung von Doppelbesteuerung. Auf der Ebene des nationalen Erbschaftsteuerrechts geschieht dies zum einen durch Anwendung der Befreiungsmethode (§ 19 Abs. 2 ErbStG), die regelmäßig nur im Verhältnis zu Abkommensstaaten greift, und zum anderen mittels der Anrechnungsmethode (§ 21 ErbStG). Ein der Regelung des § 34c Abs. 5 EStG vergleichbarer Erlass oder eine Pauschalisierung der Steuer ist nicht vorgesehen.[168]

a) Anrechnung ausländischer Erbschaftsteuer (§ 21 ErbStG)

Um Überschneidungen im internationalen Besteuerungsbereich zu verhindern, zu beseitigen oder abzumildern,[169] sieht § 21 Abs. 1 bis 3 ErbStG eine Anrechnung ausländischer Erbschaftsteuern auf die deutsche Erbschaftsteuer vor. Es handelt sich im Gegensatz zu den bilateralen Doppelbesteuerungsabkommen um

---

166 Zu den völkerrechtliche Grenzen der internationalen Erbschaftsbesteuerung s. oben, S. 18.

167 Zu den Doppelbesteuerungsabkommen auf dem Gebiet der Nachlass-, Erbschaft- und Schenkungsteuer s. unten 2.

168 Arlt, B.: Vermeidung der Doppelbesteuerung bei internationalen Erbfällen und Schenkungen als Problem der Erbschaftsteuerplanung, in: Grotherr, S. (Hrsg.), Handbuch der internationalen Steuerplanung, 3. Aufl., Herne/Berlin, 2011, S. 1931 ff.; *Wassermeyer, W.* in: *Flick, H./Piltz, D. (Hrsg.),* Der internationale Erbfall, 2. Aufl., München, 2008, Rn. 1350 ff. Auch ist die Praxis im Hinblick auf Billigkeitserlasse nach § 163 AO im Erbschaft- und Schenkungsteuerrecht äußerst restriktiv.

169 *Ebeling, J.* in: Kapp/Ebeling ErbStG, § 21, Rn. 1.

eine unilaterale Maßnahme zur Vermeidung der Doppelbesteuerung als Teil des sog. (deutschen) Internationalen Erbschaftsteuerrechts.[170] Ein völliger Ausschluss der mehrfachen Belastung kann jedoch wegen verschiedener Einschränkungen der Anrechenbarkeit nicht in jedem Fall erreicht werden.[171]

Die Anrechnung erfolgt zu Lasten des deutschen Fiskus, indem von der deutschen Erbschaftsteuer eine auf das Auslandsvermögen entfallende vergleichbare ausländische Steuer abgezogen wird.

Die Anrechnung der in einem ausländischen Staat auf das dort belegene Vermögen zu entrichtenden Steuer ist jedoch auf die in Deutschland erhobene Erbschaftsteuer begrenzt.[172] Übersteigt die im Ausland gezahlte Steuer die deutsche Erbschaftsteuerschuld, erfolgt insoweit keine Erstattung des Betrages, der über der deutschen Erbschaftsteuer liegt. Die in Deutschland zu entrichtende Steuer ist damit der Anrechnungshöchstbetrag.[173] Konsequenz hiervon ist, dass sich stets das höhere Steuerniveau, sei es dasjenige des Inlands oder dasjenige des Auslands, durchsetzt. Denn durch den Mechanismus der Anrechnung der ausländischen Steuer anstelle einer Freistellung des von der ausländischen Besteuerung betroffenen Vermögens wird zum einen ein niedrigeres ausländisches Steuerniveau auf das deutsche Erbschaftsteuerniveau angehoben, während zum anderen ein höheres ausländisches Steuerniveau, da kein Erstattungsanspruch besteht, nicht abgesenkt werden kann.[174] Bei einem sog. Mischerwerb von Inlands- und Auslandsvermögen wird zur Ermittlung des Anrechnungshöchstbetrages eine Verhältnisrechnung angewendet und zwar nach § 21 Abs. 1 S. 2 ErbStG nach folgender Formel:

$$\text{Höchstbetrag} = \frac{\text{deutsche Erbschaftsteuer} \times \text{steuerpflichtiges Auslandsvermögen}}{\text{steuerpflichtiges Gesamtvermögen}}$$

Abbildung 2: Formel zur Berechnung des maximal anrechenbaren Betrages ausländischer Steuern auf die deutsche Erbschaftsteuerschuld (Höchstbetragsbegrenzung)

170 Zum Begriff des Internationalen Erbschaftsteuerrechts S. oben S. 10.

171 *Weinmann, N.* in: Moench ErbStG, § 21, Rz. 1; *Jülicher M.* in: Troll/Gebel/Jülicher ErbStG, § 21, Rn. 3.

172 § 21 Abs. 1 S. 1 a.E. ErbStG.

173 Diese Beschränkung der Anrechenbarkeit ausländischer Erbschaftsteuer wird als Höchstbetragsbegrenzung bezeichnet. In nahezu allen Staaten besteht eine solche Begrenzung bei der Anrechnung. Vgl. *Jülicher, M.*: Anrechnung ausländischer Erbschaft- und Schenkungsteuer nach § 21 ErbStG, in: Steueranwaltsmagazin 2006, S. 73 (75).

174 *Jülicher, M.* in: Troll/Gebel/Jülicher ErbStG, § 21, Rn. 2.

Diese Beschränkung der Anrechnungsmöglichkeit ist für jeden Staat, in dem sich Nachlassvermögen befindet, getrennt zu berechnen (sog. „per-country-limitation“), so dass ein niedrigeres Erbschaftsteuerniveau eines ausländischen Staates nicht mit einem höheren Erbschaftsteuerniveau eines anderen Staates verrechnet werden kann.[175]

Da aufgrund der Höchstbetragsbegrenzung die Anrechnung beschränkt ist und keine Erstattung erfolgt, kommt es, wenn das ausländische Steuerniveau höher ist als das deutsche, zu einem sog. Anrechnungsüberhang. Dieser Teil der ausländischen Steuerschuld, der die deutsche Erbschaftsteuerbelastung des Auslandsvermögens übersteigt, wirkt sich definitiv belastend aus, d.h. es entsteht effektiv eine Zusatzbelastung. Das ausländische Steuerniveau kommt somit voll zum Tragen.[176]

Die Anrechnung ist auf ausländische Steuern beschränkt, die sich auf Auslandsvermögen beziehen. Nach § 21 Abs. 2 Nr. 1 ErbStG gehören zum Auslandsvermögen alle Vermögensgegenstände der in § 121 BewG genannten Art. Es ist dabei nur eine Anrechnung von Steuern auf ausländisches Vermögen möglich, welches bei Belegenheit im Inland Inlandsvermögen im Sinne des § 121 BewG wäre. Für ausländische Steuern auf Grundvermögen, das in § 121 Nr. 2 BewG genannt ist, ist die Anrechnung daher grundsätzlich eröffnet.

Nach § 21 Abs. 1 S. 1 ErbStG steht die Anrechnung ausländischer Erbschaftsteuer unter der Voraussetzung, dass in Deutschland unbeschränkte Erbschaftsteuerpflicht nach § 2 Abs. 1 Nr. 1 ErbStG besteht, mit dem ausländischen Staat kein Doppelbesteuerungsabkommen auf dem Gebiet der Erbschaftsteuer geschlossen wurde, die im Ausland zu zahlende Steuer der deutschen Erbschaftsteuer entspricht und ein Antrag auf Anrechnung gestellt wurde.

Naturgemäß kommt eine Anrechnung ausländischer Erbschaftsteuer nur in Betracht, wenn die ausländische Erbschaftsteuer einen Besteuerungssachverhalt betrifft, der dem deutschen Erbschaftsteuerrecht entspricht.[177] Um dieser sog. Entsprechungsklausel zu genügen, muss der im Ausland belegene Teil des Erwerbs im jeweiligen Land mit einer Steuer belastet worden sein, die mit der deutschen Erbschaftsteuer vergleichbar ist. Dies ist der Fall, wenn die ausländische Steuerpflicht durch den Tod einer Person ausgelöst wird und die ausländische Steuer die gleiche Vermögenssubstanz wie die inländische Erbschaftsteuer

175 *Jülicher, M.*: Anrechnung ausländischer Erbschaft- und Schenkungsteuer nach § 21 ErbStG, in: Steueranwaltsmagazin 2006, S. 73 (75).

176 *Jülicher, M.*: Die einseitige Anrechnung ausländischer Erbschaftsteuer nach § 21 ErbStG, in: PIStB 2000, S. 168 (173).

177 *Ebeling, J.* in: Kapp/Ebeling ErbStG, § 21, Rz. 1; BFH Urteil v. 12.5.1970 – II 52/64, BStBl. II 1972, 462.

belastet.[178] Erfasst sind daher auch im Ausland vom ungeteilten Nachlass erhobene Nachlasssteuern.[179] Zu beachten ist, dass die Erbschaftsteuer teilweise lediglich formal in einen anderen sachlichen Steuerbereich eingegliedert ist. Ein Beispiel hierfür bietet die Republik Südafrika, wo die Erbschaftsteuer im Einkommensteuergesetz kodifiziert ist.[180] Es ergeben sich dann hinsichtlich einer Anrechenbarkeit nach § 21 ErbStG keine Besonderheiten.[181]

Problematisch ist jedoch die Behandlung von sog. Wertzuwachssteuern, die in einigen Staaten neben oder anstelle einer Erbschaftsteuer erhoben werden.[182] Sie werden nicht zur Anrechnung zugelassen, da sie nicht die Bereicherung des Erben oder – als Steuer auf den Nachlass – den Wert des Nachlasses erfassen, sondern eine Veräußerung der Vermögensgegenstände fingieren und den fiktiven Verkaufsgewinn besteuern.[183] Jedoch besteht u.U. eine Abzugsmöglichkeit von der deutschen Bemessungsgrundlage als Erblasserschuld gem. § 10 Abs. 5 ErbStG.[184]

Beispiel: Der zuletzt in München wohnhafte Erblasser E verstirbt mit einem Gesamtnachlassvermögen von 1.000.000 € (netto). Seine Ehefrau F ist seine Alleinrbin. Zum Nachlass gehört ein Ferienhaus in Spanien mit einem Verkehrswert von 339.000 €. E und F haben jeweils nur die Sommermonate in Spanien verbracht (nicht mehr als 183 Tage).

F ist damit in Spanien gem. Art. 7 LISD beschränkt und in Deutschland gem. § 2 Abs. 1 ErbStG unbeschränkt erbschaftsteuerpflichtig.

In Deutschland beläuft sich die Bereicherung bei einem Nachlass von 1.000.000 € (unter Berücksichtigung eines Freibetrags für Ehegatten von 500.000 € und eines Versorgungsfreibetrages von 256.000 €) auf 244.000 €. Der Tarif beträgt 11 %, so dass sich eine Gesamterbschaftsteuerlast von 26.840 € ergibt.

In Spanien wird nur das aus spanischer Sicht inländische Vermögen herangezogen, also das Ferienhaus mit einem Verkehrswert von 339.000 €. Nach Abzug eines Freibetrags von 15.956,87 € ergibt sich eine Bereicherung i.H.v. 323.043,13 €. Für 239.389,13 € fällt eine Steuer von 40.011,04 € an. Der Restbetrag von 83.654,00 € wird einem Tarif i.H.v. 25,50 % unterworfen, so dass sich aus dem Restbetrag eine Steuer von 21.331,77 € ergibt. In der Summe beträgt die spanische Erbschaftsteuer

178 *Jülicher, M.* in: Troll/Gebel/Jülicher ErbStG, § 21, Rz. 18.

179 BFH Urteil v. 21.4.1982 – II R 148/79, BStBl. II 1982, 597; v. 6.3.1990 – II R 32/86, BStBl. II 1990, 786. Zur Anrechnung ausländischer Nachlasssteuer s. auch R E 21 ErbStR 2011.

180 *Jülicher, M.* in: Troll/Gebel/Jülicher ErbStG, § 21, Rn. 21.

181 Zur Anrechnung ausländischer Steuern auf die deutsche Erbschaftsteuer s. unten ab S. 35.

182 Zur kanadische Wertzuwachssteuer („capital gains tax") s. BFH Urteil v. 26.4.1995 – II R 13/92, BStBl. II 1992, 540. Zur spanischen Wertzuwachssteuer s. Anhang S. 204.

183 Vgl. H 82 ErbStH.

184 Vgl. hierzu die Ausführungen zur spanischen Wertzuwachssteuer S. 204.

damit 61.342,81 € für das Ferienhaus. Dies entspricht bezogen auf den Wert der Immobilie einer Belastung von rd. 18 %.

Anrechnung: Da ein Fall der unbeschränkten Erbschaftsteuerpflicht nach § 2 Abs. 1 Nr. 1 ErbStG vorliegt und ein Doppelbesteuerungsabkommen auf dem Gebiet der Erbschaft- und Schenkungsteuer von der Bundesrepublik Deutschland mit dem Königreich Spanien nicht geschlossen wurde, kommt auf Antrag der F eine Anrechnung gem. § 21 ErbStG als einseitige innerstaatliche Maßnahme zur Vermeidung der Doppelbesteuerung zur Anwendung.

Die spanische Erbschaftsteuer entsteht nach Art. 3 LISD mit dem Erbfall und es wird der angefallene Vermögenszuwachs bzw. die Bereicherung (vgl. Art. 9 LISD) besteuert. Sie entspricht daher auch der deutschen Erbschaftsteuer.

Das Ferienhaus gehört nach § 21 Abs. 2 Nr. 1 ErbStG i.V.m. § 121 BewG zum Auslandsvermögen. Nach § 21 ErbStG kann die in Spanien gezahlte Erbschaftsteuer auf den in Deutschland zu erhebenden Erbschaftsteuerbetrag angerechnet werden. Es dürfen aber nicht einfach 61.342,81 € von der deutschen Erbschaftsteuerschuld i.H.v. 26.840 € abgezogen werden, sondern eine Anrechnung ist nach § 21 Abs. 1 Satz 1 ErbStG nur insoweit möglich, als das Auslandsvermögen auch der deutschen Erbschaftsteuer unterliegt. Vorliegend handelt es sich um einen sog. Mischerwerb, da sich sowohl ausländisches als auch inländisches Vermögen i.S.d. § 21 Abs. 2 ErbStG im Nachlass befindet. Bei einem solchen wird durch eine Verhältnisrechnung der Höchstbetrag der anrechenbaren ausländischen Steuer ermittelt.[185] Zu fragen ist danach, welcher Teil der deutschen Erbschaftsteuer auf den Auslandsvermögensanteil, der angerechnet werden soll, entfällt.

Vorliegend ist für einen Gesamtnachlass im Wert von 1.000.000 € eine deutsche Erbschaftsteuer von 26.840 € zu zahlen. Das Auslandsvermögen hat einen Wert von 339.000 €. Damit beträgt der Anteil der deutschen Erbschaftsteuer am Auslandsvermögen 26.840 € x 339.000 €/1.000.000 € = 9.098,76 €. Von diesem Betrag kann die spanische Erbschaftsteuer abgezogen werden. Ein über diesen Höchstbetrag hinausgehender Abzug ist nicht möglich. Ein Betrag von 52.244,05 € (61.342,81 € - 9.098,76 €) bleibt damit unausgeglichen. Dieser entspricht dem Mehr an Erbschaftsteuer, das Spanien erhebt. Es setzt sich damit – bezogen auf das Ferienhaus – das höhere spanische Erbschaftsteuerniveau durch.

b) Freistellungsmethode, § 19 Abs. 2 ErbStG

Neben dem Anrechnungsverfahren nach § 21 ErbStG präzisiert § 19 Abs. 2 ErbStG eine erbschaftsteuerliche Freistellung. Danach verzichtet Deutschland als abkommensrechtlicher Wohnsitzstaat des Erblassers aufgrund eines DBA (mit Freistellungsmethode) bei einem Teil des Nachlassvermögens auf die Ausübung eines Besteuerungsrechts. Da insofern ein Doppelbesteuerungsabkommen, das der Freistellungsmethode folgt, Anwendungsvoraussetzung ist, kommt der Norm – anders als § 21 Abs. 1 bis 3 ErbStG – keine eigenständige Bedeutung zu. Überdies ist eine Freistellung ohnehin nur im DBA mit der Schweiz –

185 *Jülicher, M.* in: Troll/Gebel/Jülicher ErbStG, § 21, Rn. 57.

und auch nur bei unbeweglichem Vermögen eines schweizerischen Staatsangehörigen – vorgesehen, so dass nur ein äußerst geringer Anwendungsbereich verbleibt.[186] Kommt es zu dem unerwünschten Ergebnis, dass der nicht freigestellte Teile des Gesamterwerbes aufgrund des freigestellten Teiles in eine niedrigere Progressionsstufe fällt, enthält § 19 Abs. 4 ErbStG einen Progressionsvorbehalt. Danach ist der im Inland steuerpflichtige Resterwerb ohne das freigestellte Vermögen nach dem Steuersatz zu besteuern, der für den gesamten Erwerb einschließlich des freigestellten Vermögens gelten würde.[187]

2. Doppelbesteuerungsabkommen

Anders als im Bereich der Steuern vom Einkommen und Vermögen haben sowohl die Bundesrepublik Deutschland als auch andere Staaten nur sehr wenige Doppelbesteuerungsabkommen auf dem Gebiet der Erbschaft- und Schenkungsteuern abgeschlossen, obwohl es auch ein OECD-Musterabkommen zur Vermeidung der Doppelbesteuerung auf dem Gebiet der Nachlass-, Erbschaft- und Schenkungsteuer gibt.[188] Es stammt aus dem Jahre 1966 und wurde 1982 überarbeitet.

a) Die von der Bundesrepublik Deutschland abgeschlossen ErbSt-DBA

Derzeit hat die Bundesrepublik Deutschland nur die folgenden Doppelbesteuerungsabkommen auf dem Gebiet der Erbschaftsteuer abgeschlossen:[189]

- Dänemark vom 22.11.1995 (BStBl. I 1996, 1219),
- Frankreich vom 12.10.2006 (BStBl. I 2009, 1258),
- Griechenland vom 18.11./1.12.1910 (RGBl. 1912, 173),[190]

186 *Wassermeyer, W.* in: *Flick, H./Piltz, D. (Hrsg.),* Der internationale Erbfall, 2. Aufl., München, 2008, Rn. 1350.

187 *Jülicher, M.* in: Troll/Gebel/Jülicher ErbStG, § 19, Rn. 16.

188 Der Text des MA ist abgedruckt in: Debatin/Wassermeyer Doppelbesteuerung, Band I: Kommentierung des OECD-MA.

189 Vgl. Übersicht zum Stand der Doppelbesteuerungsabkommen und der Doppelbesteuerungsverhandlungen am 1.1.2012 in BStBl. I 2012, 108 (112). Das Abkommen mit der Republik Österreich vom 4.10.1954/15.10.2003 wurde von der Bundesrepublik Deutschland zum 31.12.2007 gekündigt, da Österreich die Erbschaftsteuer zum 31.07.2008 abgeschafft hatte. Für einen Übergangszeitraum bis zum 1.8.2008 galt das bisherige DBA fort. Nachdem Israel mit Wirkung vom 1.4.1981 die Erbschaftsteuer abgeschafft hat, hat das mit Israel geschlossene DBA vom 29.5.1980 (BGBl. II 1985, 394) keine Bedeutung mehr. Das Abkommen ist nur rückwirkend auf Nachlässe von Personen anzuwenden, die zwischen dem 1.1.1968 und dem 31.3.1981 verstorben sind (Änderungsprotokoll vom 20.1.1984, BGBl. II 1985, 404).

- Schweden vom 14.7.1992 (BStBl. I 1994, 422),
- Schweiz vom 30.11.1978 (BStBl. I 1980, 243),
- USA vom 3.12.1980/14.12.1998 (BStBl. I 1982, 765; BStBl. I 2001, 110).

190 Die Vereinbarung mit Griechenland vom 18.11. bzw. 1.12.1910 ist insoweit unvollständig, als sie sich nur auf die Besteuerung des beweglichen Nachlassvermögens bezieht.

b) Übersicht über den Inhalt der von der Bundesrepublik Deutschland abgeschlossenen erbschaftsteuerlichen DBA[191]

	Dänemark	Frankreich	Schweden	Schweiz	USA
sachlicher Geltungsbereich	Erbschaft- und Schenkungsteuer	Erbschaft- und Schenkungsteuer	Erbschaft- und Schenkungsteuer	Erbschaftsteuer und Schenkung von Geschäftsbetreiben	Erbschaft- und Schenkungsteuer
persönlicher Geltungsbereich	Ansässigkeit des Erblassers bzw. Schenkers in einem oder beiden Vertragsstaaten Nachwirkende 5-Jahres-Regel als Ansässigkeitsfiktion	Ansässigkeit des Erblassers bzw. Schenkers in einem oder beiden Vertragsstaaten Nachwirkende 5-Jahres-Regel als Ansässigkeitsfiktion	Ansässigkeit des Erblassers bzw. Schenkers in einem oder beiden Vertragsstaaten Nachwirkende 5-Jahres-Regel als Ansässigkeitsfiktion	Wohnsitz des Erblassers in einem oder beiden Vertragsstaaten Sonderregeln zugunsten Deutschlands bei Doppelwohnsitz und Wegzugsfällen sowie inländischen Erwerben	Wohnsitz des Erblassers bzw. Schenkers in einem oder beiden Vertragsstaaten Nachwirkung von 5 Jahren bei Auswanderung eigener Staatsangehöriger
Besteuerungs-regeln	vorrangiges Besteuerungsrecht des Belegenheitsstaates für unbewegliches Vermögen				
Vermeidung der Doppelbesteuerung	Anrechnung	Anrechnung	Anrechnung	Freistellung seitens der Schweiz, grundsätzlich Anrechnung in Deutschland; soweit Erblasser Schweizer Staatsangehöriger: Freistellung mit Progressionsvorbehalt	Anrechnung

Übersicht 1: Die von Deutschland geschlossenen Doppelbesteuerungsabkommen auf dem Gebiet der Erbschaft- und Schenkungsteuern

191 Vgl. auch *Hensel, C.,* in: Steuerberater Handbuch Europa, Fach F, B. Vergleichende Übersicht, II. Synopse der Steuern von Nachlässen, Erbschaften und Schenkungen, S. 1 ff.; *Pohl, D.,*: in: *Hörger, H./Stephan, R./Pohl, D. (Hrsg.),* Unternehmens- und Vermögensnachfolge, 2. Aufl., Stuttgart, 2002, Rn. 470.

c) Grundsätzliches zu den erbschaftsteuerlichen DBA

Das primäre Ziel der Doppelbesteuerungsabkommen ist die Vermeidung der Doppelbesteuerung von erworbenem ausländischem Vermögen bei der Kollision der Besteuerungsrechte verschiedener Staaten. Überdies soll eine Steuerumgehung verhindert werden. Jedoch spielen auch andere Aspekte eine Rolle. So wurde in den neueren DBA mit Dänemark, Schweden und Frankreich eine nachwirkende Besteuerung entsprechend § 2 Abs. 1 Nr. 1 Buchst. b ErbStG für den Fall einer Auswanderung vereinbart. Insoweit handelt es sich nicht um Regelungen zur Verhinderung einer Steuervermeidung, sondern es soll dem Steuerpflichtigen ermöglicht werden, Lebensplanung, Vorsorge, Vermögensanlage und Testament nur für einen dauerhaften Wegzug über einen bestimmten Zeitraum (i.d.R. fünf Jahre) hinaus an den Verhältnissen des Zuzugsstaates ausrichten zu müssen. Bei nur kurzfristiger Ansässigkeit bleibt das primäre Besteuerungsrecht des ursprünglichen Heimatstaates aufrechterhalten.[192] Dagegen sind die Sonderregelungen im DBA mit der Schweiz konkret gegen eine Steuervermeidung gerichtet, da die von den einzelnen Kantonen erhobenen Erbschaftsteuern in der Regel günstiger sind.[193]

Die DBA enthalten steuerliche „Kollisionsnormen“.[194] Es werden jedoch keine eigenen inhaltlichen Regelungen bezüglich der eigentlichen erbschaftsteuerlichen Behandlung getroffen. Diese ergibt sich aus dem jeweiligen nationalen Erbschaftsteuerrecht. In den DBA ist vielmehr festgelegt, welcher Staat wann ein Besteuerungsrecht ausüben darf.

Zentraler Anknüpfungspunkt für das primäre Besteuerungsrecht eines Staates ist der Wohnsitz bzw. die Ansässigkeit des Erblassers.[195] Soweit die Bundesrepublik Deutschland ihre unbeschränkte Erbschaftsteuerpflicht nur darauf stützt, dass der Erwerber seinen Wohnsitz oder gewöhnlichen Aufenthalt im Inland hat, greift das jeweilige DBA nicht.[196] Da diese subjektiven Anknüpfungspunkte zum Hoheitsgebiet eines Staates jeweils nach den nationalen Erbschafts-

---

192 *Krabbe, H.*: Das deutsch-dänische Steuerabkommen vom 22. November 1995, in: IStR 1997, S. 161 (164 f.).

193 Zur Besteuerung von Erbschaften in den einzelnen schweizerischen Kantonen s. *Hindersmann, M./Myßen, M.*, Die Erbschafts- und Schenkungssteuern der Schweizer Kantone, Köln, 2003, S. 267 ff.

194 Da es nicht darum geht, welchen Staates Recht anzuwenden ist, unterscheidet sich der Begriff allerdings wesentlich vom Kollisionsrecht des „Internationalen Privatrechts“; s. *Wassermeyer, F.* in: Debatin/Wassermeyer Doppelbesteuerung, Band I: Kommentierung des OECD-MA, Vor Art.1, Rn. 7.

195 Vgl. Art. 4 Abs. 1 OECD-MA.

196 *Jülicher, M.* in: Debatin/Wassermeyer Doppelbesteuerung, Band I: Kommentierung des OECD-MA, Art. 1 ErbSt-MA, Rn. 10.

teuerregeln zu bestimmen sind, kann es zu einer sog. Doppelansässigkeit kommen. Doppelansässige Personen verfügen nach dem jeweiligen nationalen Recht sowohl in dem einen als auch in dem anderen Vertragsstaat über einen Wohnsitz. Für diesen Fall treffen die DBA im Rahmen einer sog. „tie-breaker rule" eine Vorrangregelung zugunsten eines der beiden Staaten.[197]

Neben einem primären Besteuerungsrecht des Wohnsitzstaates ist in den DBA bestimmt, innerhalb welcher Grenzen auch der Belegenheitsstaat vererbtes Vermögen besteuern darf.[198] In allen von Deutschland geschlossenen DBA ist dies für unbewegliches Vermögen der Fall. Bei der Vererbung von Auslandsimmobilien kollidieren daher auch bei Anwendbarkeit eines Doppelbesteuerungsabkommens die Besteuerungsrechte der beteiligten Staaten.

Für diesen Kollisionsfall, also wenn beiden Staaten ein Recht zur Besteuerung zukommt, finden sich Regelungen zur Vermeidung einer Doppelbesteuerung. Diese können darin bestehen, dass ein Staat den Vermögensgegenstand freistellt (Freistellungsmethode)[199] oder die auf diesen im anderen Staat anfallende Steuer auf die von ihm erhobene Steuerschuld anrechnet (Anrechnungsmethode).[200] Die Freistellungsmethode spielt nach der Kündigung des DBA mit Österreich nur noch eine geringe Rolle im Verhältnis zur Schweiz.[201] Zur Vermeidung der Doppelbesteuerung kommt regelmäßig die Anrechnungsmethode zur Anwendung, die sich gem. § 21 Abs. 4 ErbStG nach § 21 Abs. 1 bis 3 richtet, soweit die DBA keine Abweichungen enthalten.[202]

V. Fazit

Fällt eine Auslandsimmobilie in den Nachlass, wird der ausländische Grundbesitz nicht nur vom deutschen Fiskus mit einer Erbschaftsteuer belastet; in der Regel erhebt auch der Belegenheitsstaat eine Steuer auf den Übergang von Todes wegen von auf seinem Hoheitsgebiet befindlichen Grundvermögen. Zwar verhindern unilaterale Maßnahmen, insbesondere die Anrechnung ausländischer Steuern nach § 21 ErbStG, ein ungemildertes Nebeneinander von in- und ausländischen Erbschaftsteuern. Jedoch bildet das deutsche Besteuerungsniveau das

197 Vgl. Art. 4 Abs. 2 OECD-MA.

198 Bei der Verteilung des Besteuerungsrechts einschließlich der Aufteilung der Schulden ist ganz überwiegend dem Belegenheitsstaat das Besteuerungsrecht für unbewegliches Vermögen und das Vermögen einer Betriebsstätte zugeordnet.

199 Vgl. § 19 Abs. 2 ErbStG; zur Freistellungsmethode s. auch oben S. 39.

200 Vgl. Art. 9A bzw. 9B OECD-MA.

201 S. oben S. 39.

202 Für eine ausführliche Erläuterung der Anrechnungsmethode s. oben ab S. 35.

Belastungsminimum. In vielen Fällen übertrifft die steuerliche Belastung einer Auslandsimmobilie die steuerliche Belastung für innerhalb Deutschland belegenes Grundvermögen. Ist das ausländische Erbschaftsteuerniveau höher als in der Bundesrepublik, entstehen i.d.R. Anrechnungsüberhängen, so dass im Ergebnis das ausländische Steuerniveau voll zum Tragen kommt. Da darüber hinaus eine Anrechnung auf mit der deutschen Erbschaftsteuer vergleichbare Steuern beschränkt ist, werden Wertzuwachssteuern und sog. Registergebühren in aller Regel nicht zu einer Anrechnung zugelassen, so dass diese den Erwerb zusätzlich belasten.

Wenn eines der von Deutschland geschlossenen erbschaftsteuerlichen DBA zur Anwendung kommt, wird in diesem dem Belegenheitsland ein vorrangiges Besteuerungsrecht hinsichtlich des unbeweglichen Vermögens zugestanden. Ein Ausgleich ist deshalb Sache des Wohnsitzstaates und folgt in aller Regel wiederum der Anrechnungsmethode mit ihren soeben genannten Defiziten.

Bevor einzelne Optimierungsmaßnahmen vorgestellt werden,[203] soll nachfolgend im Rahmen einer Fallstudie, die die Vererbung von durchschnittlichen Immobilien und Luxusobjekten in Spanien, den USA und in Italien behandelt, die steuerliche Belastung im Erbfall analysiert und anhand von Zahlenbeispielen und Musterkonstellationen veranschaulicht werden.

203 S. unten ab S. 133.

3. Kapitel: Analyse der steuerlichen Belastung im Erbfall

A. Einleitung

Im Folgenden soll im Rahmen einer Fallstudie die steuerliche Belastung von Immobilien im Falle des Erwerbs von Todes wegen systematisch analysiert und ausgewertet werden.

I. Erbschaftsteuerlicher Outbound-Fall

Betrachtet werden soll der Fall, dass ein Steuerinländer eine Auslandsimmobilie an einen anderen Steuerinländer vererbt. Diese Konstellation dürfte den häufigsten Besteuerungsfall des Erwerbs einer privaten Auslandsimmobilie von Todes wegen widerspiegeln. Im Ausland besteht (beschränkte) Erbschaftsteuerpflicht hinsichtlich des dort belegenen Grundvermögens, während im Inland der gesamte Erwerb von Todes wegen (unbeschränkt) der Erbschaftsteuer unterliegt.[204] Da erbschaftsteuerliches Besteuerungssubstrat durch den Erwerb einer Immobilie im Ausland dorthin verlagert wurde, hat sich – in Anlehnung an die ertragsteuerliche, an Investitionsrichtungen orientierte Terminologie – der Ausdruck „Outbound-Konstellation" eingebürgert.[205]

II. Grundvermögen im Ausland

Privater Auslandsgrundbesitz, der für die Eigennutzung erworben wurde, besteht im Wesentlichen aus Zweitwohnungen oder -häusern, die zu Urlaubs- oder Erholungszwecken oder als Altersruhesitz dienen. Dabei wird im Folgenden zwischen durchschnittlichen Immobilien[206] und Luxusimmobilien[207] unterschieden.

---

204 Insofern hat, um die Belastung der Auslandsimmobilie mit deutscher Erbschaftsteuer ausweisen zu können, eine Aufteilung der Belastung des gesamten Erwerbs zu erfolgen. Hingegen braucht im Ausland nur die Belastung des dort belegenen Vermögensgegenstandes untersucht zu werden.

205 Das Begriffspaar „Outbound" und „Inbound" bezeichnet im Allgemeinen die Zielrichtung einer Investition. Im Outbound-Fall wird eine Einkunftsquelle bzw. Besteuerungssubstrat vom Inland in das Ausland verlagert. Vgl. *Haase, F.*, Internationales und Europäisches Steuerrecht, 3. Aufl., Heidelberg, 2011, Rn. 10 bzw. Fn. 15.

206 S. unten ab S. 51

207 S. unten ab S. 97.

Diese Kategorisierung soll typisierend den Wert des jeweils untersuchten Auslandsgrundbesitzes widerspiegeln.

III. Erwerber

Bezüglich der Erwerber sollen folgende Fälle untersucht werden: Die Auslandsimmobilie wird vom Ehegatten des Erblasser, von einem Kind bzw. von seinen beiden Kindern oder von einem (nicht in verwandtschaftlicher Beziehung zu ihm stehenden) Dritten wie bspw. dem Lebensgefährten oder einem Freund erbweise erworben. Die Wahl der Erwerber dürfte mutmaßlich der Situation in den meisten Erbfällen entsprechen. Auf die Darstellung von „Mischkonstellationen", bspw. den Erwerb der Auslandsimmobilie durch den Ehegatten und die beiden Kinder des Erblassers, wurde aus Gründen der Vergleichbarkeit bewusst verzichtet.

IV. Länderauswahl

Jeder ausländische Staat, auf dessen Territorium sich eine Immobilie befindet, die im Eigentum eines Steuerinländers steht, könnte, da dieser ausländische Grundbesitz früher oder später von Todes wegen auf einen Begünstigten übergehen wird, Teil der folgenden Fallstudie sein. Die Sorgfalt der Belastungsanalyse legt dabei eine Begrenzung nahe. Im Mittelpunkt der Betrachtung stehen Spanien, Italien und die USA als Belegenheitsorte von Auslandsimmobilien. Ansässigkeitsstaat ist jeweils Deutschland.

Zwei Gründe sprechen für diese Auswahlentscheidung: Zum einen sind diese Länder als Urlaubsorte und als Standorte für Ferienimmobilien sehr beliebt,[208] zum anderen ist es die unterschiedliche Ausgestaltung der jeweiligen Erbschaftsbesteuerung, die eine vertiefte Auseinandersetzung aus steuersystematischen Gründen lohnenswert macht. So ist in Deutschland, Italien und Spanien die Erbschaftsteuer als Erbanfallsteuer ausgestaltet, während die USA eine Nachlasssteuer erheben.[209] Darüber hinaus hat Deutschland mit den USA ein Doppelbesteuerungsabkommen auf dem Gebiet der Erbschaft-, Nachlass- und Schenkungsteuer abgeschlossen. Insofern erlauben die rechtlichen Verhältnisse zwischen Deutschland und den USA eine exemplarische Darstellung eines

208 Eine Übersicht über die Beliebtheit einzelner Länder und Regionen liefert sehr ausführlich . *Bergmann, M./Osadnik, S./et. al.*: Der große Ferienimmobilien-Kompass, Sommerschlussverkauf Ferienimmobilien, in: Capital, Heft 10, 2010, S. 29 ff.

209 Zur Unterscheidung dieser beiden Kategorien, s. oben S. 20.

deutsch-ausländischen Erbfalls unter Anwendung eines Doppelbesteuerungsabkommens.[210]

Die gewählten Länder illustrieren daneben die ganze Bandbreite möglicher subjektiver Anknüpfungsmerkmale, die eine unbeschränkte Steuerpflicht zu begründen vermögen:[211] So stellt Deutschland sowohl auf den Erblasser als auch auf den Erwerber ab,[212] während es in Spanien allein auf den Erwerber[213] und in Italien ausschließlich auf den Erblasser ankommt.[214] Auch in den USA ist im Rahmen unbeschränkter Steuerpflicht allein die Beziehung des Erblassers zum Territorium der Vereinigten Staaten ausschlaggebend. Dies ist dem System einer Nachlasssteuer immanent, da das Vermögen des Erblassers gleichsam einer letztmaligen Vermögensbesteuerung unterliegt. In den USA besteht allerdings die Besonderheit, dass es neben einer Verbindung zum Staatsgebiet („domicile" in den USA) auch auf die Staatsangehörigkeit („citizenship") ankommen kann.[215]

V. Steuerliche Belastungsmomente im In- und Ausland

Es soll eine umfassende Analyse aller in- und ausländischen Belastungsmomente erfolgen. Hierzu wird in verschiedenen Modellkonstellationen für jede Immobilienkategorie die Steuerlast berechnet, die bei einem Erwerb von Todes wegen im In- und Ausland entsteht. Vorangestellt wird jeweils eine Betrachtung der Belastung mit deutscher Erbschaftsteuer. Es schließt sich eine Untersuchung der im Ausland anfallenden Steuern an. Hierbei werden neben einer Erbschaftsteuer i.e.S. auch sonstige Steuern im Rahmen des erbweisen Übergangs einer Auslandsimmobilie berücksichtigt.

Steht fest, welcher Betrag grundsätzlich an den deutschen und welcher an den ausländischen Fiskus zu zahlen wäre (Gesamtbelastung), wird in einem zweiten Schritt untersucht, ob und ggf. durch welchen Mechanismus es zu einer Abmilderung der Doppelbesteuerung kommt. In den betrachteten Konstellationen greift stets die sog. Anrechnungsmethode. Allerdings ist zu unterscheiden, ob diese als unilaterale Maßnahme oder aufgrund eines Doppelbesteuerungsab-

210 Einzelheiten zum DBA-USA finden sich im Anhang ab S. 224.

211 Zu den möglichen (subjektiven und objektiven) Anknüpfungspunkten der Erbschaftsteuern s. bereits oben ab S. 22

212 Vgl. § 2 Abs. 1 Nr. 1 ErbStG.

213 Im Falle von Spanien s. Anhang S. 193

214 Für Italien s. Anhang S. 208.

215 Die Erbschaftsteuerpflicht im Rahmen der „Federal Estate Tax" ist im Anhang ab S. 214 dargestellt.

kommens zur Anwendung kommt. Erst dann kann die effektive Erbschaftsteuerlast beim erbweisen Übergang von privaten Auslandsimmobilien bestimmt werden. Unter Berücksichtigung eventueller Besteuerungsüberhängen im Ausland und derjenigen sonstigen ausländischen Steuern, die von Maßnahmen zur Vermeidung einer Doppelbesteuerung nicht erfasst werden, ergibt sich die effektive Gesamtbelastung.

1. Schritt: Ermittlung der in- und ausländischen Steuern im Erbfall
- inländische Erbschaftsteuer
- ausländische Erbschaftsteuer i.e.S. (bzw. Nachlasssteuer)
- sonstigen Steuern aus Anlass des Vermögensübergangs

= Gesamtbelastung

2. Schritt: Ausgleich der Doppelbesteuerung mit Erbschaftsteuer
- Mechanismus: Anrechnung (unilateral oder aufgrund DBA)
- Bestimmung des Saldo (Anrechnungsüberhang)

= effektive Erbschaftsteuerbelastung

3. Schritt: Berücksichtigung der nicht anrechenbaren sonstigen Steuern

= effektive Gesamtbelastung

Übersicht 2: Vorgehensweise im Rahmen der Belastungsanalyse

B. Belastungsanalyse von Durchschnittsimmobilien

I. Vorstellung der Modellkonstellationen

Im Rahmen der Analyse von Durchschnittsimmobilien bilden die beiden Immobilienkategorien „Ferienwohnung“ und „Ferienhaus“ den Gegenstand der Betrachtung. Die durchschnittlichen Kaufpreise von 152.000 € für eine Ferienwohnung bzw. 339.000 € für ein Ferienhaus sollen den Verkehrswerten der Immobilien zum Todeszeitpunkt des Erblassers entsprechen und spiegeln damit den Wert des vererbten Auslandsgrundvermögens wider.[216] Während damit der auf das Ausland entfallende Teil des Nachlasses, d.h. der Wert des ausländischen Grundvermögens mit 152.000 € bzw. 339.000 € jeweils konstant bleibt, hängt die Belastung einer durchschnittlichen Auslandsimmobilie mit deutscher Erbschaftsteuer vom Wert des gesamten Erwerbs ab. Um eine bessere Vergleichbarkeit herzustellen, soll der (gesamte) Erwerb des bzw. der Erben deshalb folgenden Wertkategorien unterfallen: 250.000 €, 500.000 €, 1 Mio. €, 2,5 Mio. €, 5 Mio. €.[217]

Entsprechend der fünf unterschiedlichen Nachlassvolumina ergeben sich für die beiden Immobilienkategorien (Ferienwohnung und Ferienhaus) fünf bzw. vier (in der Summe also neun) Modellkonstellationen pro Erwerber und Land.[218]

II. Vorgehensweise

In der Darstellung wird zunächst nach Ländern unterschieden. Neben der Erbschaftsteuerbelastung in Deutschland wird der jeweils deutsch-ausländische Erbfall näher untersucht. Innerhalb der Länderdarstellungen wird nach den einzelnen Belastungsaspekten gegliedert, aus denen sich die Gesamtbelastung ergibt.

Zur Untersuchung der jeweiligen Belastung mit ausländischer Erbschaftsteuer erfolgt eine Differenzierung nach den Erwerbern (Varianten) und insofern eine Zweiteilung, als zwischen der Betrachtung einer durchschnittlichen Ferienwohnung und eines durchschnittlichen Ferienhauses zu unterscheiden ist. Das Ergebnis der Erbschaftsteuerbelastung wird unter Berücksichtigung der verschiedenen Gesamtnachlassvolumina in tabellarischer Form dargestellt und zwar

---

216 Zum Umfang des von Steuerinländern gehaltenen Auslandgrundbesitzes s. bereits oben S. 1

217 Die Gesamtnachlassvolumina sind jeweils auf die Verkehrswerte bezogen.

218 Es ist nicht möglich, dass in einem Nachlass mit einem Gesamtwert von nur 250.000 € ein Ferienhaus mit einem Wert von 339.000 € enthalten ist. Aus diesem Grund ergeben sich für den Fall des Ferienhauses nur vier Modellkonstellationen.

jeweils in absoluten Beträgen und in Form einer prozentualen Belastung, die den Anteil der Erbschaftsteuer am Wert der Immobilie ausweist.

Die Berechnung der erbschaftsteuerlichen Belastung kann aus Platzgründen nicht für jeden einzelnen Fall wiedergegeben werden. Für eine ausführliche Darstellung des jeweils nationalen ausländischen Erbschaftsteuerrechts mit den entsprechenden Berechnungsschemata sei auf den Anhang verwiesen.[219] Um aber die Vorgehensweise zu exemplifizieren, wird jeder Länderdarstellung ein möglichst anschauliches Beispiel vorangestellt.

Nach Darstellung der Belastungsfaktoren und des erbschaftsteuerlichen Belastungsumfangs im Ausland erfolgt innerhalb der einzelnen Länderdarstellungen anschließend für den jeweiligen deutsch-ausländischen Erbfall eine vergleichende Gegenüberstellung mit der Belastung mit deutscher Erbschaftsteuer. Bildet man aus den einzelnen Vergleichswerten einen Saldo, tritt die Mehr- bzw. Minderbelastung mit ausländischer Erbschaftsteuer zutage.

An die jeweiligen Länderdarstellungen schließt sich eine Gesamtübersicht an. Schließlich erfolgt eine vergleichende Auswertung der Belastung der beiden Durchschnittsimmobilienkategorien Ferienwohnung und Ferienhaus mit deutscher bzw. ausländischer Erbschaftsteuer.

III. Belastung mit deutscher Erbschaftsteuer

Beispiel: Erblasser E verstirbt. Das Gesamtnachlassvolumen beträgt damit 5 Mio. €. Zu seinem Nachlass gehört ein Ferienhaus in Cannero Riviera am Lago Maggiore, Italien. Der Verkehrswert des Ferienhauses beträgt 339.000 €. Sein übriges Vermögen beläuft sich auf eine Spareinlage bei einer deutschen Bank i.H.v. 4.661.000 €. E wird von seinen beiden in Deutschland lebenden Kindern beerbt.

Die beiden gelten gem. § 2 Abs. 1 Nr. 1 S. 2 Buchst. a ErbStG als Inländer, da sie als natürliche Personen einen Wohnsitz (gem. § 8 AO) im Inland haben. Hieraus ergibt sich eine subjektive Steuerpflicht für den Erwerb von Todes wegen als steuerlichem Vorgang nach § 1 Abs. 1 Nr. 1 ErbStG für den gesamten Vermögensanfall. Bemessungsgrundlage ist der steuerpflichtige Erwerb nach § 10 Abs. 1 S. 1 und 2 ErbStG im Zeitpunkt der Entstehung der Steuer (§§ 11, 9 ErbStG). Die Bewertung des Auslandsgrundbesitzes richtet sich nach § 12 Abs. 7 ErbStG i.V.m. § 31 BewG. Ausländischer Grundbesitz ist mit dem gemeinen Wert gem. § 9 BewG anzusetzen. Dieser beträgt für das Ferienhaus 339.000 €. (Befreiungen nach § 13 Abs. 1 Nr. 2 und 3 ErbStG sollen nicht greifen.) Unter Berücksichtigung der Spareinlage i.H.v. 4.661.000 €, die gem. § 12 Abs. 1 ErbStG i.V.m. § 12 BewG mit dem Nennwert berücksichtigt wird, ergibt sich somit ein Vermögensanfall nach Steuerwerten von 5 Mio. €. Nachlassverbindlichkeiten bestehen nicht. Auch greifen keine übrigen Befreiungen nach § 13 ErbStG. Bei einer Erbquote von jeweils 1/2 beträgt die Berei-

219 S. unten ab S. 191

cherung der beiden Kinder des Erblassers jeweils 2.500.000 €. Jedoch ist dieser Betrag um den Freibetrag gem. § 16 Abs. 1 Nr. 2 ErbStG i.H.v. 400.000 € zu kürzen. Da beide Kinder das 27. Lebensjahr vollendet haben sollen, besteht kein Versorgungsfreibetrag gem. § 17 Abs. 2 ErbStG. Somit ergibt sich ein steuerlicher Erwerb von jeweils 2.100.000 €.

Die festzusetzende Erbschaftsteuer ist wie folgt zu ermitteln:

Kinder gehören gem. § 15 Abs. 1 Nr. 2 ErbStG zur Steuerklasse I. Der Erbschaftsteuertarif ergibt sich aus § 19 ErbStG. Bei einem Wert des steuerpflichtigen Erwerbs von 2.100.000 € beträgt der Steuersatz in Steuerklasse I 19 %. Die Erbschaftsteuer beträgt damit pro Erwerber 399.000 € (19 % von 2.100.000 €). Der Härteausgleich nach § 19 Abs. 3 ErbStG greift nicht.[220]

Für den Gesamtnachlass von 5 Mio. € sind daher in der Summe 798.000 € (2 × 399.050 €) an Erbschaftsteuer zu zahlen. Auf das Ferienhaus entfällt damit eine anteilige Erbschaftsteuer in Höhe von rd. 54.104 € (798.000 € × 339.000 € / 5.000.000 €). Gemessen am Wert des Ferienhauses beträgt die Belastung mit Erbschaftsteuer daher rd. 15,96 %.

a) Erbe: Ehegatte

Tabelle 1: Belastung einer im Ausland belegenen Durchschnittsimmobilie mit deutscher Erbschaftsteuer bei Erwerb durch den Ehegatten

Nachlassvolumen	**Ferienwohnung** 152.000 €		**Ferienhaus** 339.000 €	
250.000 €	0,00 €	0,00 %	nicht mögl.	nicht mögl.
500.000 €	0,00 €	0,00 %	0,00 €	0,00 %
1.000.000 €	4.079,68 €	2,68 %	9.098,76 €	2,68 %
2.500.000 €	20.146,69 €	13,25 %	44.932,42 €	13,25 %
5.000.000 €	24.513,34 €	16,13 %	54.671,21 €	16,13 %

220 Der Unterschiedsbetrag zwischen der Steuer nach § 19 Abs. 1 ErbStG i.H.v. 436.050 € und der Steuer, die sich ergäbe, wenn der Erwerb die letztvorhergehende Wertgrenze nicht überstiege – 28.160 € (11 % von 256.000 €) beträgt 407.890 €. Dieser wird nur insoweit erhoben, als er aus der Hälfte des die Wertgrenze übersteigenden Betrages gedeckt werden kann. Die Wertgrenze liegt bei 256.000 €, so dass diese bei einem Erwerb von 2.295.000 € um 2.039.000 € überschritten wird. Die Hälfte hiervon beträgt 1.019.500 € Die 407.890 € sind insoweit gedeckt. Vgl. auch die Tabelle der maßgebenden Grenzwerte für die Anwendung des Härteausgleichs in H E 19 ErbStH 2011.

b) Erbe: Kind

Tabelle 2: Belastung einer im Ausland belegenen Durchschnittsimmobilie mit deutscher Erbschaftsteuer bei Erwerb durch ein Kind des Erblassers

Nachlassvolumen		**Ferienwohnung** 152.000 €			**Ferienhaus** 339.000 €	
250.000 €		0,00 €	0,00 %		nicht mögl.	nicht mögl.
500.000 €		3.344,00 €	2,20 %		7.458,00 €	2,20 %
1.000.000 €		13.680,00 €	9,00 %		30.510,00 €	9,00 %
2.500.000 €		24.259,20 €	15,96 %		54.104,40 €	15,96 %
5.000.000 €		26.569,60 €	17,48 %		59.257,20 €	17,48 %

c) Erbe: zwei Kinder (Gesamtbelastung für beide Kinder)

Tabelle 3: Belastung einer im Ausland belegenen Durchschnittsimmobilie mit deutscher Erbschaftsteuer bei Erwerb durch zwei Kinder des Erblassers (Gesamtbelastung für beide Kinder)

Nachlassvolumen		**Ferienwohnung** 152.000 €			**Ferienhaus** 339.000 €	
250.000 €		0,00 €	0,00 %		nicht mögl.	nicht mögl.
500.000 €		0,00 €	0,00 %		0,00 €	0,00 %
1.000.000 €		3.344,00 €	2,20 %		7.458,00 €	2,20 %
2.500.000 €		19.638,40 €	12,92 %		43.798,80 €	12,92 %
5.000.000 €		24.259,20 €	15,96 %		54.104,40 €	15,96 %

d) Erbe: Dritter (ohne verwandtschaftliche Beziehung zum Erblasser)

Tabelle 4: Belastung einer im Ausland belegenen Durchschnittsimmobilie mit deutscher Erbschaftsteuer bei Erwerb durch einen Dritten (ohne verwandtschaftliche Beziehung zum Erblasser)

Nachlassvolumen		**Ferienwohnung** 152.000 €			**Ferienhaus** 339.000 €	
250.000 €		41.952,00 €	27,60 %		nicht mögl.	nicht mögl.
500.000 €		43.776,00 €	28,80 %		97.632,00 €	28,80 %
1.000.000 €		44.688,00 €	29,40 %		99.666,00 €	29,40 %
2.500.000 €		45.235,20 €	29,76 %		100.886,40 €	29,76 %
5.000.000 €		45.417,60 €	29,88 %		101.293,20 €	29,88 %

IV. Belastung mit ausländischen Steuern

1. Belastung im deutsch-spanischen Erbfall

a) Belastung mit spanischer Erbschaftsteuer

Beispiel: Rentner R hatte beschlossen, seinen Ruhestand im sonnigen Süden zu verbringen. Er war daher vor mehr als 15 Jahren von Deutschland nach Spanien ausgewandert und bewohnte dort bis zu seinem Tod ein kleines Häuschen am Meer. Dieses hat aktuell einen Verkehrswert von 339.000 €. Sein übriges Vermögen in Höhe von 161.000 € hat er bei einer Bank in Deutschland angelegt. R wird von seiner einzigen Tochter T, die 40 Jahre alt ist und in Frankfurt lebt, beerbt. Ihr fällt ein Gesamtnachlass mit einem Wert von 500.000 € zu.

Für die Art der persönlichen Erbschaftsteuerpflicht in Spanien kommt es allein auf den Erwerber an. Da T aber keinen gewöhnlichen Aufenthalt in Spanien hat, scheidet eine unbeschränkte Erbschaftsteuerpflicht nach Art. 6 LISD aus. Allerdings greift die beschränkte Erbschaftsteuerpflicht nach Art. 7 LISD. Damit unterliegt der Erwerb von in Spanien belegenem Vermögen und damit das Haus der spanischen Besteuerung. Das zugewendete Vermögen ist mit dem sog. wahren Wert („valor real") zu bewerten, der nach Art. 10 Abs. 1 LISD zu ermitteln ist. Vorliegend beträgt dieser 339.000 €. Als über 21-jährigem[221] Abkömmling des Erblassers steht T ein Freibetrag von 15.956,87 € zu, so dass sich ein steuerpflichtiger Erwerb von 323.043,13 € ergibt. Für einen steuerpflichtigen Erwerb bis 239.389,13 € entsteht eine Steuerschuld von 40.011,04 €. Der Restwert von 83.684,00 € (323.043,13 € - 239.389,13 €) unterliegt einem Steuersatz von 25,50 %, so dass sich hierfür eine Steuer i.H.v. 21.339,42 € errechnet. In der Summe beträgt die spanische Erbschaftsteuerbelastung damit 61.350,46 €. Im Ergebnis wird das Haus in Spanien insgesamt mit rd. 18,10 % Erbschaftsteuer belastet.

α) Erbe: Ehegatte

Tabelle 5: Belastung einer in Spanien belegenen Durchschnittsimmobilie mit spanischer Erbschaftsteuer bei Erwerb durch den Ehegatten

Ferienwohnung 152.000 €		**Ferienhaus** 339.000 €	
18.651,60 €	12,27 %	**61.342,81 €**	18,10 %

221 Wer als Erwerber jünger als 21 Jahre ist, erhält einen zusätzlichen Freibetrag von 3.999,72 Euro für jedes Jahr, das er dieses Alter unterschreitet. Der Freibetrag ist jedoch auf maximal 47.858,59 Euro begrenzt.

ß) Erbe: Kind

Tabelle 6: Belastung einer in Spanien belegenen Durchschnittsimmobilie mit spanischer Erbschaftsteuer bei Erwerb durch ein Kind des Erblassers

Ferienwohnung 152.000 €			**Ferienhaus** 339.000 €	
18.651,60 €	12,27%		**61.342,81 €**	18,10 %

γ) Erbe: zwei Kinder (Gesamtbelastung für beide Kinder)

Tabelle 7: Belastung einer in Spanien belegenen Durchschnittsimmobilie mit spanischer Erbschaftsteuer bei Erwerb durch zwei Kinder des Erblassers (Gesamtbelastung für beide Kinder)

Ferienwohnung 152.000 €			**Ferienhaus** 339.000 €	
12.528,99 €	8,24 %		**43.848,20 €**	12,93 %

δ) Dritter (ohne verwandtschaftliche Beziehung zum Erblasser)[222]

Tabelle 8: Belastung einer in Spanien belegenen Durchschnittsimmobilie mit spanischer Erbschaftsteuer bei Erwerb durch einen Dritten (ohne verwandtschaftliche Beziehung zum Erblasser)

Ferienwohnung 152.000 €			**Ferienhaus** 339.000 €	
43.271,07 €	28,47 %		**130.823,62 €**	38,59 %

b) Belastung mit kommunaler Wertzuwachssteuer

Bei der Übertragung von spanischem Grundvermögen kann neben der Erbschaftsteuer auch noch eine kommunale Wertzuwachssteuer anfallen.[223] Diese Steuer, die auch als „Plusvalia Municpial“ bzw. kurz „Plusvalia“ bezeichnet wird, belastet im Erbfall den fiktiven Gewinn aus der Zunahme des Bodenwerts städtischer Grundstücke. Den Tarif legen die Gemeinden nach ihrem Ermessen fest. Nicht nur aufgrund der hieraus folgenden starken höhenmäßigen Schwan-

222 In den untersuchten Fallgestaltungen wird zwar grundsätzlich unterstellt, dass beim Erwerber kein Vorvermögen in Spanien vorhanden ist, für Erwerber, die mit dem Erblasser nicht verwandt sind, zeigt der sog. Korrektureffizient dennoch Wirkung; vgl. Anhang S. 200.

223 Für Einzelheiten zur spanischen, kommunalen Wertzuwachssteuer s. Anhang S. 204.

kungen, sondern auch da die Steuer nicht von allen Kommunen erhoben wird, soll die „Plusvalia" im Folgenden außer Betracht bleiben.

Die gemeindliche Wertzuwachssteuer ist m.E. auch nicht mit der deutschen Erbschaftsteuer vergleichbar[224] und folglich nicht im Rahmen der Anrechnung nach § 21 ErbStG berücksichtigungsfähig. Sie mindert vielmehr als Nachlassverbindlichkeit die Bemessungsgrundlage.[225]

c) *Gesamterbschaftsteuerbelastung im deutsch-spanischen Erbfall*

Wenn für die Ferienwohnung bzw. das Ferienhaus sowohl in Deutschland als auch in Spanien Erbschaftsteuer zu zahlen ist, ergibt sich zunächst eine Doppelbesteuerung.

Die Bundesrepublik Deutschland hat mit dem Königreich Spanien kein Doppelbesteuerungsabkommen im Hinblick auf die Erbschaft- und Schenkungsteuer geschlossen. Ein Ausgleich der Doppelbesteuerung kann daher nur nach den sog. unilateralen Vermeidungsnormen der jeweiligen Erbschaftsteuerordnungen erfolgen.

Fortsetzung des obigen Beispiels: In Deutschland ergibt sich für den Gesamterwerb i.H.v. 500.000 € unter Berücksichtigung eines Freibetrages für ein Kind von 400.000 € ein steuerpflichtiger Erwerb i.H.v. 100.000 € und damit eine Erbschaftsteuerschuld von 11.000 € (11 % von 100.000 €). Das Ferienhaus macht 339/500 oder 67,8 % des erworbenen Nachlasses aus. Somit entfällt auf dieses 7.458 € (67,8 % von 11.000 €) an deutscher Erbschaftsteuer.

Das Ferienhaus wird in Spanien mit 61.350,46 € und in Deutschland mit 7.458 € belastet. Insoweit kommt es zunächst zu einer Doppelbesteuerung. Jedoch rechnet Deutschland, wo T unbeschränkt Steuerpflichtig ist, gem. § 21 ErbStG die ausländische Steuer an. Allerdings ist die Anrechnung auf den Betrag begrenzt, der in Deutschland an Erbschaftsteuer für das Ferienhaus zu zahlen ist. Hierbei handelt es sich um den sog. Anrechnungshöchstbetrag, der bei 7.458 € liegt. Es ergibt sich somit ein Anrechnungsüberhang von 53.892,46 € (61.350,46 € -7.458 €). Dieses Mehr an spanischer Erbschaftsteuer kann nicht angerechnet werden und wird insoweit auch nicht erstattet. Es wird somit definitiv wirksam, und das (höhere) spanische Erbschaftsteuerniveau setzt sich durch.

224 Näher hierzu s. Anhang S. 205

225 § 10 Abs. 8 ErbStG steht einem Abzug nach § 10 Abs. 5 ErbStG nicht entgegen.

α) Erbe: Ehegatte

Tabelle 9: Effektive Erbschaftsteuerbelastung einer durchschnittlichen Ferienwohnung im deutsch-spanischen Erbfall bei Erwerb durch den Ehegatten

Nachlassvolumen	Ferienwohnung 152.000 €						
	Deutschland		**Spanien**		**Saldo**	**effektive Belastung**	
250.000 €	0,00 €	0,00 %	18.651,60 €	12,27 %	18.651,60 €	18.651,60 €	12,27 %
500.000 €	0,00 €	0,00 %	18.651,60 €	12,27 %	18.651,60 €	18.651,60 €	12,27 %
1.000.000 €	4.079,68 €	2,68 %	18.651,60 €	12,27 %	14.571,92 €	18.651,60 €	12,27 %
2.500.000 €	20.146,69 €	13,25 %	18.651,60 €	12,27 %	- 1.495,09 €	20.146,69 €	13,25 %
5.000.000 €	24.513,34 €	16,13 %	18.651,60 €	12,27 %	- 5.861,74 €	24.513,34 €	16,13 %

Tabelle 10: Effektive Erbschaftsteuerbelastung eines durchschnittlichen Ferienhauses im deutsch-spanischen Erbfall bei Erwerb durch den Ehegatten

Nachlassvolumen	Ferienhaus 339.000 €						
	Deutschland		**Spanien**		**Saldo**	**effektive Belastung**	
500.000 €	0,00 €	0,00 %	61.342,81 €	18,10%	61.342,81 €	61.342,81 €	18,10%
1.000.000 €	9.098,76 €	2,68 %	61.342,81 €	18,10%	52.244,05 €	61.342,81 €	18,10%
2.500.000 €	44.932,42 €	13,25 %	61.342,81 €	18,10%	16.410,39 €	61.342,81 €	18,10%
5.000.000 €	54.671,21 €	16,13 %	61.342,81 €	18,10%	6.671,60 €	61.342,81 €	18,10%

ß) Erbe: Kind

Tabelle 11: Effektive Erbschaftsteuerbelastung einer durchschnittlichen Ferienwohnung im deutsch-spanischen Erbfall bei Erwerb durch ein Kind des Erblassers

Nachlassvolumen	Ferienwohnung 152.000 €						
	Deutschland		Spanien		Saldo	effektive Belastung	
250.000 €	0,00 €	0,00 %	18.651,60 €	12,27 %	18.651,60 €	18.651,60 €	12,27 %
500.000 €	3.344,00 €	2,20 %	18.651,60 €	12,27 %	15.307,60 €	18.651,60 €	12,27 %
1.000.000 €	13.680,00 €	9,00 %	18.651,60 €	12,27 %	4.971,60 €	18.651,60 €	12,27 %
2.500.000 €	24.259,20 €	15,96 %	18.651,60 €	12,27 %	- 5.607,60 €	24.259,20 €	15,96 %
5.000.000 €	26.569,60 €	17,48 %	18.651,60 €	12,27 %	-7.918,00 €	26.569,60 €	17,48 %

Tabelle 12: Effektive Erbschaftsteuerbelastung eines durchschnittlichen Ferienhauses im deutsch-spanischen Erbfall bei Erwerb durch ein Kind des Erblassers

Nachlassvolumen	Ferienhaus 339.000 €						
	Deutschland		Spanien		Saldo	effektive Belastung	
500.000 €	7.458,00 €	2,20 %	61.342,81 €	18,10 %	53.884,81 €	61.342,81 €	18,10 %
1.000.000 €	30.510,00 €	9,00 %	61.342,81 €	18,10 %	30.832,81 €	61.342,81 €	18,10 %
2.500.000 €	54.104,40 €	15,96 %	61.342,81 €	18,10 %	7.238,41 €	61.342,81 €	18,10 %
5.000.000 €	59.257,20 €	17,48 %	61.342,81 €	18,10 %	2.085,61 €	61.769,19 €	18,22 %

γ) Erbe: zwei Kinder (Gesamtbelastung für beide Kinder)

Tabelle 13: Effektive Erbschaftsteuerbelastung eines durchschnittlichen Ferienhauses im deutsch-spanischen Erbfall bei Erwerb durch die beiden Kinder des Erblassers

Nachlassvolumen	Ferienwohnung 152.000 €						
	Deutschland		**Spanien**		**Saldo**	**effektive Belastung**	
250.000 €	0,00 €	0,00 %	12.528,99 €	8,24 %	12.528,99 €	12.528,99 €	8,24 %
500.000 €	0,00 €	0,00 %	12.528,99 €	8,24 %	12.528,99 €	12.528,99 €	8,24 %
1.000.000 €	3.344,00 €	2,20 %	12.528,99 €	8,24 %	9.184,99 €	12.528,99 €	8,24 %
2.500.000 €	19.638,40 €	12,92 %	12.528,99 €	8,24 %	- 7.109,41 €	19.638,40 €	12,92 %
5.000.000 €	24.259,20 €	15,96 %	12.528,99 €	8,24 %	- 11.730,21 €	24.259,20 €	15,96 %

Tabelle 14: Effektive Erbschaftsteuerbelastung eines durchschnittlichen Ferienhauses im deutsch-spanischen Erbfall bei Erwerb durch die beiden Kinder des Erblassers

Nachlassvolumen	Ferienhaus 339.000 €						
	Deutschland		**Spanien**		**Saldo**	**effektive Belastung**	
500.000 €	0,00 €	0,00 %	43.848,20 €	12,93%	43.848,20 €	43.848,20 €	12,93%
1.000.000 €	7.458,00 €	2,20 %	43.848,20 €	12,93%	36.390,20 €	43.848,20 €	12,93%
2.500.000 €	43.798,80 €	12,92 %	43.848,20 €	12,93%	49,40 €	43.848,20 €	12,93%
5.000.000 €	54.104,40 €	15,96 %	43.848,20 €	12,93%	- 10.256,20 €	54.104,40 €	15,96 %

δ) Erbe: Dritter (ohne verwandtschaftliche Beziehung zum Erblasser)

Tabelle 15: Effektive Erbschaftsteuerbelastung einer durchschnittlichen Ferienwohnung im deutsch-spanischen Erbfall bei Erwerb durch einen Dritten (ohne verwandtschaftliche Beziehung zum Erblasser)

Nachlassvolumen	Ferienwohnung 152.000 €						
	Deutschland		Spanien		Differenz	effektive Belastung	
250.000 €	41.952,00 €	27,60 %	43.271,07 €	28,47 %	1.319,07 €	43.271,07 €	28,47 %
500.000 €	43.776,00 €	28,80 %	43.271,07 €	28,47 %	- 504,93 €	43.776,00 €	28,80 %
1.000.000 €	44.688,00 €	29,40 %	43.271,07 €	28,47 %	- 1.416,93 €	44.688,00 €	29,40 %
2.500.000 €	45.235,20 €	29,76 %	43.271,07 €	28,47 %	- 1.964,13 €	45.235,20 €	29,76 %
5.000.000 €	45.417,60 €	29,88 %	43.271,07 €	28,47 %	- 2.146,53 €	45.417,60 €	29,88 %

Tabelle 16: Effektive Erbschaftsteuerbelastung eines durchschnittlichen Ferienhauses im deutsch-spanischen Erbfall bei Erwerb durch einen Dritten (ohne verwandtschaftliche Beziehung zum Erblasser)

Nachlassvolumen	Ferienhaus 339.000 €						
	Deutschland		Spanien		Differenz	effektive Belastung	
500.000 €	97.632,00 €	28,80 %	130.823,62 €	38,59 %	33.191,62 €	130.823,62 €	38,59 %
1.000.000 €	99.666,00 €	29,40 %	130.823,62 €	38,59 %	31.157,62 €	130.823,62 €	38,59 %
2.500.000 €	100.886,40 €	29,76 %	130.823,62 €	38,59 %	29.937,22 €	130.823,62 €	38,59 %
5.000.000 €	101.293,20 €	29,88 %	130.823,62 €	38,59 %	29.530,42 €	130.823,62 €	38,59 %

d) *Auswertung*

α) Belastung mit spanischer Erbschaftsteuer

Das spanische Erbschaftsteuerniveau ist deutlich höher als in Deutschland. Ursache hierfür ist zum einen der Erbschaftsteuertarif:[226] Die prozentuale Belastung auch niedriger Erwerbe ist aufgrund der relativ kleinen Progressionsstufen insgesamt höher.[227] Überdies werden nur sehr geringe Freibeträge gewährt.[228] Für den Ehegatten oder ein Kind beläuft sich der Freibetrag auf nur 15.956,87 €. Personen ohne verwandtschaftliche Beziehung zum Erblasser kommen nicht in den Genuss eines Freibetrages. Allerdings beträgt der nominale Spitzensteuersatz nur 34 %. Grundsätzlich gilt der Steuersatz – anders als in Deutschland, wo er von der Steuerklasse, zu der der Erwerber gehört, abhängt – für alle Erwerber einheitlich.

Über den sehr hohen Tarif hinaus erhöht sich die Steuerquote durch einen sog. Korrekturkoeffizienten, der zu einer prozentualen Erhöhung der Gesamtsteuerlast führt.[229] Die Höhe dieses Faktors, mit dem die tarifliche Erbschaftsteuerlast zu multiplizieren ist, richtet sich zum einen nach dem Verwandtschaftsgrad zum Erblasser und ist zum anderen vom Vorvermögen des Erwerbs abhängig. Er wirkt daher in zweifacher Weise steuererhöhend.

Zwar wird in den Modellkonstellationen als Prämisse unterstellt,[230] dass beim Erwerber vor dem Erbgang kein nennenswertes Vermögen in Spanien vorhanden ist, so dass es für den Ehegatten und die Kinder als Erwerber zu keiner Korrektur kommt.[231] Jedoch erfolgt mittels des Korrekturkoeffizienten eine drastische Erhöhung der Erbschaftsteuerlast für Erwerber, die mit dem Erblasser nicht verwandt sind.

Die maximale Gesamtbelastung mit spanischer Erbschaftsteuer kann unter Anwendung des Korrekturkoeffizienten (für Personen, die mit dem Erblasser

---

226 S. Anhang ab S. 199

227 S. Tabelle im Anhang S. 199.

228 S. Anhang S. 196.

229 Zur Anwendung des Korrekturkoeffizienten s. Angang S. 200

230 Verfügt jedoch der Erbe vor dem Erwerb der spanischen Immobilie über Vermögen in Spanien, droht so eine höhere Erbschaftsteuerbelastung. Hier besteht u.U. Handlungsbedarf. Zu den Auswirkungen des Korrekturkoeffizienten und einer entsprechenden Optimierungsmöglichkeit s. das Beispiel im Rahmen einer Optimierung durch Ausnutzung bzw. Vermeidung von Besonderheiten in der ausländischen Erbschaftsteuerordnung, S. 183

231 Für Erwerber, die der Gruppe I bzw. II angehören (Abkömmlinge, Kinder, Adoptivkinder, Ehepartner und Vorfahren), greift nämlich bis zu einem spanischen Vorvermögen von 402.678,11 € der Faktor 1,0.

nicht verwandt sind und die über ein spanisches Vorvermögen von über 4 Mio. € verfügen) auf bis zu 81,6 % ansteigen.[232]

Da die Bewertung zum Verkehrswert („realer Wert") erfolgt, ergibt sich hieraus keine Vergünstigung.[233]

ß) Belastung im deutsch-spanischen Erbfall

Im deutsch-spanischen Erbfall wirkt sich das sehr hohe spanische Erbschaftsteuerniveau entsprechend aus.

(1) Ehegatte

Erwirbt der Ehegatte eine durchschnittliche Ferienwohnung, so ist die deutsche Erbschaftsteuer deutlich geringer als in Spanien. Grund hierfür sind der Ehegattenfreibetrag gem. § 16 Abs. 1 Nr. 1 ErbStG i.H.v. 500.000 € und der Versorgungsfreibetrag nach § 17 Abs. 1 ErbStG i.H.v. 256.000 €, aber auch der deutlich niedrigere Tarif, zumal der Ehegatte der Steuerklasse I angehört. In Spanien wird eine Ferienwohnung mit einem Wert von 152.000 € mit rd. 12,27 % Erbschaftsteuer belastet. Es ergeben sich daher – zumindest im Bereich der unteren Gesamtnachlasskategorien (250.000 € bis 1 Mio. €), wo sich die deutschen Freibeträge umso stärker auswirken – Anrechnungsüberhänge. Erst mit zunehmendem Nachlassvolumen (in den untersuchten Modellkonstellationen ab einem Gesamtnachlassvolumen von 2,5 Mio. €) und entsprechender Progressionswirkung des deutschen Erbschaftsteuertarifs, übersteigt die deutsche Erbschaftsteuer auf die Ferienwohnung die Belastung in Spanien, und es kommt zu einer vollständigen Anrechnung.

Im Falle des Ferienhauses belastet der spanische Fiskus die Immobilie mit rd. 18,10 % Erbschaftsteuer. Diese Quote ist für alle untersuchten Gesamtnachlassvolumina höher als in Deutschland. Das hohe spanische Erbschaftsteuerniveau setzt sich daher in allen Fällen durch.

(2) Kind

Ähnlich verhält es sich beim Erwerb durch einen direkten Abkömmling des Erblassers. Im spanischen Erbschaftsteuerrecht unterscheiden sich die Vergünstigungen für den Ehegatten nicht von denen der erwachsenen Kinder des Erblas-

232 Dieser maximale Steuersatz ergibt sich aus Multiplikation des Spitzensteuersatzes mit einem Korrekturkoeffizienten von 2,40.

233 S. Anhang S. 195

sers.[234] In Spanien wird daher eine durchschnittliche Ferienwohnung ebenso wie bei einem Erwerb durch den Ehegatten mit 12,27 % und ein durchschnittliches Ferienhaus mit 18,10 % belastet. Unterschiede ergeben sich nur dadurch, dass in Deutschland ein gegenüber dem des Ehegatten geringerer Freibetrag von 400.000 € und (im Modellfall) kein Versorgungsfreibetrag gewährt wird. Entsprechend höher ist die Belastung in Deutschland. Dennoch kommt es im Bereich der unteren und mittleren Gesamterwerbe zu Anrechnungsüberhängen.

(3) Zwei Kinder

Geht die Durchschnittsimmobilie hingegen auf die beiden Kinder des Erblassers über, ist auch die Belastung mit spanischer Erbschaftsteuer deutlich geringer, denn aufgrund des jeweils hälftigen Erwerbs wird eine niedrigere Progressionsstufe erreicht. So sind im Königreich Spanien für ein Ferienhaus mit einem Wert von 339.000 € in der Summe 12,93 % und eine durchschnittliche Ferienwohnung 8,24 % an Erbschaftsteuer zu bezahlen.[235] Dennoch ergeben sich auch hier – zumindest bei einem nicht sehr hohen Gesamtnachlassvolumen – Anrechnungsüberhänge in Spanien.

(4) Dritter (ohne verwandtschaftliche Beziehung zum Erblasser)

Erwerber, die in keinem verwandtschaftlichen Verhältnis zum Erblasser stehen, etwa der Lebensgefährte des Erblassers, werden in Deutschland deutlich stärker mit Erbschaftsteuer belastet als nahe Verwandte, die der Steuerklasse I angehören.[236] Für sie gilt gem. § 16 Abs. 1 Nr. 5 ErbStG nur ein Freibetrag von 20.000 €; auch die Steuersätze sind für Erwerber, die der Steuerklasse III angehören, signifikant höher.

In Spanien wird einem Erwerber ohne verwandtschaftliche Beziehung zum Erblasser zwar der sehr geringe Freibetrag von 15.956,59 € nicht gewährt, wodurch u.U. eine höhere Progressionsstufe erreicht wird, jedoch gilt zunächst kein anderer Erbschaftsteuertarif als etwa für den Ehegatten oder die Abkömmlinge des Erblassers. Allerdings erfolgt über den sog. Korrekturkoeffizienten eine drastische Erhöhung der Erbschaftsteuerbelastung. Auch wenn der mit dem Erblasser nicht verwandte Erwerber über kein Vorvermögen in Spanien verfügt, verdoppelt sich mittels des Multiplikators dessen Steuerlast.

234 Wer als Erwerber jünger als 21 Jahre ist, erhält einen Freibetrag von 3.999,72 € für jedes Jahr, das er dieses Alter unterschreitet, maximal jedoch 47.858,59 €; s. auch Anhang S. 196

235 Dies ist die prozentuale Gesamtbelastung der Immobilie mit Erbschaftsteuer bei Erwerb durch die beiden Kinder.

236 Die Bestimmung der Steuerklasse richtet sich nach § 15 ErbStG.

Vergleicht man den durch den Korrekturkoeffizienten modifizierten spanischen Erbschaftsteuertarif mit dem deutschen Tarif, der für Erwerber der Steuerklasse III zur Anwendung kommt, ist die Belastung in Spanien deutlich größer. Eine Ferienwohnung mit einem Wert von 152.000 €, die von einem Dritten erworben wird, wird in Spanien mit 28,47 %, ein durchschnittliches Ferienhaus (mit einem Wert von 339.000 €) mit 38,59 % belastet.

Trotz des hohen spanischen Erbschaftsteuerniveaus ist bei Erwerb einer durchschnittlichen Ferienwohnung ab einem Gesamterwerb von ca. 250.000 € die Belastung mit deutscher Erbschaftsteuer geringfügig höher. Dies liegt daran, dass sich der geringfügige Freibetrag auf den Steuersatz von 30 % nur geringfügig mindernd auswirkt.

Hingegen ist der Erwerb eines durchschnittlichen Ferienhauses durch eine Person, die mit dem Erblasser in keiner verwandtschaftlichen Beziehung steht, aus erbschaftsteuerlicher Sicht in Spanien in jeder der betrachteten Konstellationen deutlich ungünstiger als in Deutschland. Sobald der Wert des in Spanien belegenen Vermögens zunimmt, ist die Belastung mit spanischer Erbschaftsteuer (aufgrund der relativ kleinen Progressionsstufen und unter Anwendung des Korrekturkoeffizienten) deutlich höher. Die spanische Erbschaftsteuer kann dann in Deutschland nicht mehr vollständig zur Anrechnung gebracht werden. Die Mehrbelastung liegt in allen untersuchten Fällen bei rd. 30.000 €.

γ) Zusätzliche Belastung

Überdies kann der erbweise Übergang von Immobilien mit kommunaler Wertzuwachssteuer[237] belastet werden. Ist dies der Fall, scheidet jedoch mangels Vergleichbarkeit mit der deutschen Erbschaftsteuer eine Anrechnung aus. Jedoch kann diese als Erblasserschuld von der Bemessungsgrundlage abgezogen werden.[238]

237 Sog. „Plusvalia", s. Anhang S. 204

238 S. oben, S. 56.

2. Belastung im deutsch-italienischen Erbfall

a) *Belastung mit italienischer Erbschaftsteuer*

Der Erwerb einer Durchschnittsimmobilie durch Ehegatten und Abkömmling ist aufgrund des geltenden Freibetrags (von jeweils 1 Mio. €) erbschaftsteuerfrei.[239]

Für Erben, die in keiner verwandtschaftlichen Beziehung zum Erblasser stehen, gilt kein Freibetrag. Vielmehr beträgt die zu zahlende Erbschaftsteuer 8 % des Wertes des im Wege der Erbfolge Erworbenen.[240]

α) Erbe: Ehegatte

Tabelle 17: Belastung einer in Italien belegenen Durchschnittsimmobilie mit italienischer Erbschaftsteuer bei Erwerb durch den Ehegatten

Ferienwohnung 152.000 €			**Ferienhaus** 339.000 €	
0,00 €	0,00 %		**0,00 €**	0,00 %

ß) Erbe: Kind

Tabelle 18: Belastung einer in Italien belegenen Durchschnittsimmobilie mit italienischer Erbschaftsteuer bei Erwerb durch ein Kind des Erblassers

Ferienwohnung 152.000 €			**Ferienhaus** 339.000 €	
0,00 €	0,00 %		**0,00 €**	0,00 %

γ) Erbe: zwei Kinder (Gesamtbelastung für beide Kinder)

Tabelle 19: Belastung einer in Italien belegenen Durchschnittsimmobilie mit italienischer Erbschaftsteuer bei Erwerb durch zwei Kinder des Erblassers (Gesamtbelastung für beide Kinder)

Ferienwohnung 152.000 €			**Ferienhaus** 339.000 €	
0,00 €	0,00 %		**0,00 €**	0,00 %

239 S. Anhang S. 210

240 Zum Erbschaftsteuertarif in Italien s. Anhang S. 210

δ) Erbe: Dritter (ohne verwandtschaftliche Beziehung zum Erblasser)

Tabelle 20: Belastung einer in Italien belegenen Durchschnittsimmobilie mit italienischer Erbschaftsteuer bei Erwerb durch einen Dritten (keine verwandtschaftliche Beziehung zum Erblasser)

Ferienwohnung 152.000 €			**Ferienhaus** 339.000 €	
12.160,00 €	8 %		**27.120,00 €**	8 %

b) Belastung mit Hypothekar- und Katastersteuer

In Italien wird jedoch neben einer Erbschaftsteuer auch eine sog. Hypothekar- und Katastersteuer erhoben.[241] Hierbei handelt es sich um eine Art Registergebühr, die mit den deutschen Grundbuchgebühren vergleichbar ist.[242] Die Hypothekarsteuer beträgt 2 % des Verkehrswerts, während die Katastersteuer mit 1 % des Immobilienwertes zu Buche schlägt.

Für eine Ferienwohnung mit einem Wert von 152.000 € ergibt sich damit eine Belastung mit Hypothekensteuer i.H.v. 3.040 € und mit Katastersteuer i.H.v. 1.520 €. In der Summe betragen diese beiden Steuern 4.560 €.

Für ein Ferienhaus im Wert von 339.000 € errechnet sich eine Hypothekensteuer von 6.780 € und eine Katastersteuer von 3.390 €, was in der Summe 10.170 € ausmacht.

Sollte die erworbene Immobilie – anders den untersuchten Konstellationen zugrunde gelegt – die Voraussetzung einer „prima casa" erfüllen, verringern sich die Hypothekar- und Katastersteuer auf einen Pauschalbetrag von jeweils 168 €.[243]

---

241 Zur mangelnden Vergleichbarkeit dieser Steuern mit der deutschen Erbschaftsteuer und damit verbundenden fehlenden Anrechenbarkeit im Rahmen des § 21 ErbStG s. sogleich, S. 69

242 *Jülicher, M.* in: Troll/Gebel/Jülicher ErbStG, § 21, Rz. 26.

243 Zu den Voraussetzung eines Erstwohnsitzes in Italien („prima casa") s. Anhang S. 211

c) *Gesamtsteuerbelastung in Italien*

α) Erbe: Ehegatte

Tabelle 21: Gesamtbelastung einer in Italien belegenen Durchschnittsimmobilie bei Erwerb von Todes wegen durch den Ehegatten

	Ferienwohnung 152.000 €			**Ferienhaus** 339.000 €	
Erbschaftsteuer	0,00 €	0,00 %		0,00 €	0,00 %
Hypothekar- u. Katastersteuer	4.560,00 €	2 % + 1 %		10.170,00 €	2 % + 1 %
Gesamtbelastung	**4.560,00 €**	**3,00 %**		**10.170,00 €**	**3,00 %**

ß) Erbe: Kind

Tabelle 22: Gesamtbelastung einer in Italien belegenen Durchschnittsimmobilie bei Erwerb von Todes wegen durch ein Kind des Erblassers

	Ferienwohnung 152.000 €			**Ferienhaus** 339.000 €	
Erbschaftsteuer	0,00 €	0,00 %		0,00 €	0,00 %
Hypothekar- u. Katastersteuer	4.560,00 €	2 % + 1 %		10.170,00 €	2 % + 1 %
Gesamtbelastung	**4.560,00 €**	**3,00 %**		**10.170,00 €**	**3,00 %**

γ) Erbe: zwei Kinder (Gesamtbelastung für beide Kinder)

Tabelle 23: Gesamtbelastung einer in Italien belegenen Durchschnittsimmobilie bei Erwerb von Todes wegen durch zwei Kinder des Erblassers (Gesamtbelastung für beide Kinder)

	Ferienwohnung 152.000 €			**Ferienhaus** 339.000 €	
Erbschaftsteuer	0,00 €	0,00 %		0,00 €	0,00 %
Hypothekar- u. Katastersteuer	4.560,00 €	2 % + 1 %		10.170,00 €	2 % + 1 %
Gesamtbelastung	**4.560,00 €**	**3,00 %**		**10.170,00 €**	**3,00 %**

δ) Dritter (ohne verwandtschaftliche Beziehung zum Erblasser)

Tabelle 24: Gesamtbelastung einer in Italien belegenen Durchschnittsimmobilie bei Erwerb von Todes wegen durch einen Dritten (keine verwandtschaftliche Beziehung zum Erblasser)

	Ferienwohnung 152.000 €			**Ferienhaus** 339.000 €	
Erbschaftsteuer	12.160,00 €	8,00 %		27.120,00 €	8,00 %
Hypothekar- u. Katastersteuer	4.560,00 €	2 % + 1 %		10.170,00 €	2 % + 1 %
Gesamtbelastung	**16.720,00 €**	**11,00 %**		**10.170 €**	**11,00 %**

d) Gesamtsteuerbelastung im deutsch-italienischen Erbfall

Da für die Ferienwohnung bzw. das Ferienhaus sowohl in Deutschland als auch in Italien Erbschaftsteuer zu zahlen ist, ergibt sich zunächst eine Doppelbesteuerung. Die Bundesrepublik Deutschland hat mit der Republik Italien kein Doppelbesteuerungsabkommen auf dem Gebiet der Erbschafts- und Schenkungsteuer geschlossen. Ein Ausgleich kann daher auch im deutsch-italienischen Erbfall allein nach den sog. unilateralen Vermeidungsnormen der jeweiligen Erbschaftsteuerordnung erfolgen.

Geht eine Auslandsimmobilie von Todes wegen von einem Steuerinländer auf einen anderen Steuerinländer über, greift § 21 ErbStG. Es erfolgt eine Anrechnung der im Ausland gezahlten Erbschaftsteuer auf die deutsche Erbschaftsteuerschuld. Grundsätzlich ist eine solche Anrechnung höhenmäßig auf den Betrag begrenzt, der an deutscher Erbschaftsteuer auf den ausländischen Vermögensgegenstand entfällt. Da die Belastung mit italienischer Erbschaftsteuer aufgrund der sehr hohen Freibeträge und eines sehr niedrigen Tarifs stets unter dem deutschen Besteuerungsniveau liegt, ist in jedem Fall eine vollständige Anrechnung möglich. Daher kommt sets das deutsche Besteuerungsniveau zum Tragen. Die effektive Erbschaftsteuerbelastung entspricht daher im deutsch-italienischen Erbfall der Belastung mit deutscher Erbschaftsteuer.

Die italienische Hypothekar- und Katastersteuer,[244] bei der es sich um eine Art Registergebühr handelt, hat bis zur Wiedereinführung der Erbschaftsteuer diese ersetzt und vormals bis zu 15 % betragen.[245] Nach Ansicht der Finanzverwaltung sei diese nicht im Rahmen des § 21 ErbStG anrechenbar, da es sich hierbei um eine mit den deutschen Grundbuchgebühren vergleichbare Abgabe handele und es daher an einer Vergleichbarkeit mit der deutschen Erbschaftsteu-

244 S. auch Anhang ab S. 211

245 *Jülicher, M.* in: Troll/Gebel/Jülicher ErbStG, § 21, Rz. 26.

er fehle.[246] Im Schrifttum wird hingegen die Anrechenbarkeit befürwortet.[247] Der Literaturansicht ist zuzustimmen, denn die Abgaben bemessen sich nicht nach dem Verwaltungsaufwand, sondern erfüllen den Zweck einer „Ersatzerbschaftssteuer“.

Da die Finanzverwaltung eine Anrechnung der Hypothekar- und Katastersteuer nicht zulässt, erhöhen diese „Steuern“ für Zwecke der hier vorgenommenen Belastungsrechnung die Gesamtbelastung des Erwerbs einer Immobilie von Todes wegen. Um die effektive Gesamtsteuerbelastung im deutsch-italienischen Erbfall zu erhalten, sind diese Registergebühren daher der effektiven Erbschaftsteuerbelastung hinzuzurechnen.

246 Vgl. FinMin. Baden-Württemberg, Erl. v. 13.6.2007, 3 – S 3812/27, DStR 2007, 1165.

247 Da die Registergebühren der Höhe nach über dem bloßen Verwaltungsaufwand lägen bzw. gelegen hätten und auch – untypisch für bloße aufwandsorientierte Verwaltungsgebühren – eine Befreiung bei einem engen persönlichen Näheverhältnis zum Erblasser bestünde, würde in Wahrheit eine Art Erbschaftsteuer erhoben, die zur Vermeidung einer Doppelbesteuerung anzurechnen sei. Vgl. *Jülicher, M.* in: Troll/Gebel/Jülicher ErbStG, § 21, Rn. 26.

α) Erbe: Ehegatte

Tabelle 25: Gesamtsteuerbelastung einer durchschnittlichen Ferienwohnung im deutsch-italienischen Erbfall bei Erwerb durch den Ehegatten

Nachlassvolumen	Ferienwohnung 152.000 €								
	Deutschland		**Italien**		**Saldo**	**Hypothekar- und Katastersteuer**		**Gesamtbelastung**	
250.000 €	0,00 €	0,00 %	0,00 €	0,00 %	0,00 €	4.560,00 €	3,00 %	4.560,00 €	3,00 %
500.000 €	0,00 €	0,00 %	0,00 €	0,00 %	0,00 €	4.560,00 €	3,00 %	4.560,00 €	3,00 %
1.000.000 €	4.079,68 €	2,68 %	0,00 €	0,00 %	- 4.079,68 €	4.560,00 €	3,00 %	8.639,68 €	5,68 %
2.500.000 €	20.146,69 €	13,25 %	0,00 €	0,00 %	- 20.146,69 €	4.560,00 €	3,00 %	24.706,69 €	16,25 %
5.000.000 €	24.513,34 €	16,13 %	0,00 €	0,00 %	- 24.513,34 €	4.560,00 €	3,00 %	29.073,34 €	19,13 %

Tabelle 26: Gesamtsteuerbelastung eines durchschnittlichen Ferienhauses im deutsch-italienischen Erbfall bei Erwerb durch den Ehegatten

Nachlassvolumen	Ferienhaus 339.000 €								
	Deutschland		**Italien**		**Saldo**	**Hypothekar- und Katastersteuer**		**Gesamtbelastung**	
500.000 €	0,00 €	0,00 %	0,00 €	0,00 %	0,00 €	10.170,00 €	3,00 %	10.170,00 €	3,00 %
1.000.000 €	9.098,76 €	2,68 %	0,00 €	0,00 %	- 9.098,76 €	10.170,00 €	3,00 %	19.268,76 €	5,68 %
2.500.000 €	44.932,42 €	13,25 %	0,00 €	0,00 %	- 44.932,42 €	10.170,00 €	3,00 %	55.102,42 €	16,25 %
5.000.000 €	54.671,21 €	16,13 %	0,00 €	0,00 %	- 54.671,21 €	10.170,00 €	3,00 %	64.841,21 €	19,13 %

ß) Erbe: Kind

Tabelle 27: Gesamtsteuerbelastung einer durchschnittlichen Ferienwohnung im deutsch-italienischen Erbfall bei Erwerb durch ein Kind des Erblassers

Nachlassvolumen	Ferienwohnung 152.000 €							
	Deutschland		Italien		Saldo	Hypothekar- und Katastersteuer		Gesamtbelastung	
250.000 €	0,00 €	0,00 %	0,00 €	0,00 %	0,00 €	4.560,00 €	3,00 %	4.560,00 €	3,00 %
500.000 €	3.344,00 €	2,20 %	0,00 €	0,00 %	- 3.344,00 €	4.560,00 €	3,00 %	7.904,00 €	5,20 %
1.000.000 €	13.680,00 €	9,00 %	0,00 €	0,00 %	- 13.680,00 €	4.560,00 €	3,00 %	18.240,00 €	12,00 %
2.500.000 €	24.259,20 €	15,96 %	0,00 €	0,00 %	- 24.259,20 €	4.560,00 €	3,00 %	28.819,20 €	18,96 %
5.000.000 €	26.569,60 €	17,48 %	0,00 €	0,00 %	- 26.569,60 €	4.560,00 €	3,00 %	31.129,60 €	20,48 %

Tabelle 28: Gesamtsteuerbelastung eines durchschnittlichen Ferienhauses im deutsch-italienischen Erbfall bei Erwerb durch ein Kind des Erblassers

Nachlassvolumen	Ferienhaus 339.000 €								
	Deutschland		Italien		Saldo	Hypothekar- und Katastersteuer		Gesamtbelastung	
500.000 €	7.458,00 €	2,20 %	0,00 €	0,00 %	- 7.458,00 €	10.170,00 €	3,00 %	17.628,00 €	5,20 %
1.000.000 €	30.510,00 €	9,00 %	0,00 €	0,00 %	- 30.510,00 €	10.170,00 €	3,00 %	40.680,00 €	12,00 %
2.500.000 €	54.104,40 €	15,96 %	0,00 €	0,00 %	- 54.104,40 €	10.170,00 €	3,00 %	64.274,40 €	18,96 %
5.000.000 €	59.257,20 €	17,48 %	0,00 €	0,00 %	- 59.257,20 €	10.170,00 €	3,00 %	69.427,20 €	20,48 %

γ) Erbe: zwei Kinder (Gesamtbelastung für beide Kinder)

Tabelle 29: Gesamtsteuerbelastung einer durchschnittlichen Ferienwohnung im deutsch-italienischen Erbfall bei Erwerb durch die beiden Kinder des Erblassers

Nachlassvolumen	Ferienwohnung 152.000 €								
	Deutschland		Italien		Saldo	Hypothekar- und Katastersteuer		Gesamtbelastung	
250.000 €	0,00 €	0,00 %	0,00 €	0,00 %	0,00 €	4.560,00 €	3,00 %	4.560,00 €	3,00 %
500.000 €	0,00 €	0,00 %	0,00 €	0,00 %	0,00 €	4.560,00 €	3,00 %	4.560,00 €	3,00 %
1.000.000 €	3.344,00 €	2,20 %	0,00 €	0,00 %	- 3.344,00 €	4.560,00 €	3,00 %	7.904,00 €	5,20 %
2.500.000 €	19.638,40 €	12,92 %	0,00 €	0,00 %	- 19.638,40 €	4.560,00 €	3,00 %	24.198,40 €	15,92 %
5.000.000 €	24.259,20 €	15,96 %	0,00 €	0,00 %	- 24.259,20 €	4.560,00 €	3,00 %	28.819,20 €	18,96 %

Tabelle 30: Gesamtsteuerbelastung eines durchschnittlichen Ferienhauses im deutsch-italienischen Erbfall bei Erwerb durch die beiden Kinder des Erblassers

Nachlassvolumen	Ferienhaus 339.000 €								
	Deutschland		Italien		Saldo	Hypothekar- und Katastersteuer		Gesamtbelastung	
500.000 €	0,00 €	0,00 %	0,00 €	0,00 %	0,00 €	10.170,00 €	3,00 %	10.170,00 €	3,00 %
1.000.000 €	7.458,00 €	2,20 %	0,00 €	0,00 %	- 7.458,00 €	10.170,00 €	3,00 %	17.628,00 €	5,20 %
2.500.000 €	43.798,80 €	12,92 %	0,00 €	0,00 %	- 43.798,80 €	10.170,00 €	3,00 %	53.968,80 €	15,92 %
5.000.000 €	54.104,40 €	15,96 %	0,00 €	0,00 %	- 54.104,40 €	10.170,00 €	3,00 %	64.274,40 €	18,96 %

δ) Erbe: Dritter (ohne verwandtschaftliche Beziehung zum Erblasser)

Tabelle 31: Gesamtsteuerbelastung einer durchschnittlichen Ferienwohnung im deutsch-italienischen Erbfall bei Erwerb durch einen Dritten (ohne verwandtschaftliche Beziehung zum Erblasser)

	Ferienwohnung 152.000 €								
Nachlassvolumen	**Deutschland**		**Italien**		**Saldo**	**Hypothekar- und Katastersteuer**		**Gesamtbelastung**	
250.000 €	41.952,00 €	27,60 %	12.160,00 €	8 %	- 29.792,00 €	4.560,00 €	3,00 %	46.512,00 €	30,60 %
500.000 €	43.776,00 €	28,80 %	12.160,00 €	8 %	- 31.616,00 €	4.560,00 €	3,00 %	48.336,00 €	31,80 %
1.000.000 €	44.688,00 €	29,40 %	12.160,00 €	8 %	- 32.528,00 €	4.560,00 €	3,00 %	49.248,00 €	32,40 %
2.500.000 €	45.235,20 €	29,76 %	12.160,00 €	8 %	- 33.075,20 €	4.560,00 €	3,00 %	49.795,20 €	32,76 %
5.000.000 €	45.417,60 €	29,88 %	12.160,00 €	8 %	- 33.257,60 €	4.560,00 €	3,00 %	49.977,60 €	32,88 %

Tabelle 32: Gesamtsteuerbelastung eines durchschnittlichen Ferienhauses im deutsch-italienischen Erbfall bei Erwerb durch einen Dritten (ohne verwandtschaftliche Beziehung zum Erblasser)

	Ferienhaus 339.000 €								
Nachlassvolumen	**Deutschland**		**Italien**		**Saldo**	**Hypothekar- und Katastersteuer**		**Gesamtbelastung**	
500.000 €	97.632,00 €	28,80 %	27.120,00 €	8 %	- 70.512,00 €	10.170,00 €	3,00 %	107.802,00 €	31,80 %
1.000.000 €	99.666,00 €	29,40 %	27.120,00 €	8 %	- 72.546,00 €	10.170,00 €	3,00 %	109.836,00 €	32,40 %
2.500.000 €	100.886,40 €	29,76 %	27.120,00 €	8 %	- 73.766,40 €	10.170,00 €	3,00 %	111.056,40 €	32,76 %
5.000.000 €	101.293,20 €	29,88 %	27.120,00 €	8 %	- 74.173,20 €	10.170,00 €	3,00 %	111.463,20 €	32,88 %

e) Auswertung

Das italienische Erbschaftsteuerniveau liegt deutlich unter dem in der Bundesrepublik. Ursache hierfür ist zum einen der sehr niedrige italienische Erbschaftsteuertarif: Der Steuersatz beträgt für Ehegatten und Verwandte in gerader Linie nur 4 %, für Verwandte bis zum vierten Grad, in gerader Linie Verschwägerte und Verschwägerte in der Seitenlinie bis zum dritten Grad 6 % und für alle übrigen Erben 8 %. Dieser lineare Tarif ist durchgängig und erfährt keine Progressionssteigerungen.[248] Zum anderen tragen sehr hohe Freibeträge dazu bei, dass die Erbschaftsbesteuerung in Italien i.d.R. deutlich geringer ausfällt als in Deutschland: Ehegatten und in gerader Linie Verwandten wird ein Freibetrag von 1 Mio. € gewährt.[249] Der Erwerb einer Durchschnittsimmobilie durch den Ehegatten oder den oder die Abkömmlinge des Erblassers ist daher erbschaftsteuerfrei möglich.

Anders ist dies für einen Erwerber, der in keiner verwandtschaftlichen Beziehung zum Erblasser steht. Diesem, etwa dem Lebensgefährten, steht kein Freibetrag zu. Für eine Ferienwohnung mit einem Wert von 152.000 € werden daher 12.160 € und für ein durchschnittliches Ferienhaus mit einem Wert von 339.000 € werden 27.120 € an Erbschaftsteuer fällig.

Da aufgrund des niedrigen Besteuerungsniveaus die Steuer auf das Auslandsgrundvermögen stets unter der deutschen Erbschaftsteuer liegt, die auf dieses anteilig entfällt, kommt es in jedem Fall zu einer vollständigen Anrechnung. Das deutsche Besteuerungsniveau dominiert den deutsch-italienischen Erbfall.

Anders ist dies für die Hypothekar- und Katastersteuern. Da sie mangels Vergleichbarkeit nicht zur Anrechnung gebracht werden können,[250] erhöhen sie Registergebühren die Gesamtbelastung. Sie betragen in der Summe allerdings nur 3 % des Immobilienwertes. Bei erbweisem Übergang sind daher in Italien mindestens diese Gebühren zu entrichten, die für eine durchschnittliche Ferienwohnung 4.560 € und für ein durchschnittliches Ferienhaus 10.170 € betragen.[251]

248 S. Anhang S. 210

249 S. Anhang S. 210

250 Wie soeben erläutert, s. oben S. 69

251 Zur Ausnahme bei Bestehen eines Erstwohnsitzes (sog. „prima casa") s. Anhang S. 211

3. Belastung im deutsch-US-amerikanischen Erbfall

a) Belastung mit US-amerikanischer Bundeserbschaftsteuer (Nachlasssteuer)

Im Jahr 2010 wurde die US-Nachlasssteuer auf Bundesebene ausgesetzt, so dass der gesamte Nachlass eines im Jahr 2010 verstorbenen Erblassers steuerfrei bleibt. Für die Jahre 2011 und 2012 wurden sehr hohe Freibeträge eingeführt. Sie beträgen für das Jahr 2011 5 Mio. US-$ und aufgrund einer automatischen Anpassung an die Inflationsrate 5,12 Mio. US-$ für 2012. Auch wurde der Spitzensatz auf 35 % ab einem steuerpflichten Nachlass von 500.000 US-$ gesenkt. Aufgrund einer gesetzlichen Besonderheit treten jedoch ab 2013 wieder besonders strenge Besteuerungsmodalitäten in Kraft, wenn nicht zwischenzeitlich vom US-Kongress eine Verlängerung der aktuellen Besteuerungsmodalitäten, eine erneute Änderung des Tarifs und der Freibeträge oder eine vollständige Abschaffung beschlossen wird. Im Folgenden werden die Verhältnisse dargestellt, wie sie ab 2013 gelten, wenn es nicht zu einer gesetzlichen Neuregelung kommt.[252]

α) Ohne Anwendung des DBA

Gem. Sec. 2102 (c) (1) IRC ist im Rahmen der beschränkten Steuerpflicht des Nachlasses grundsätzlich nur ein Steuerabzug i.H.v. 13.000 US-$ möglich, was einem Freibetrag von 60.000 US-$ entspricht.

Da die Erbschaftsteuer in den USA als Nachlasssteuer konzipiert ist, hängt ihre Höhe nicht von der Person des Erwerbers bzw. von den Erwerbern ab. Auch für Ehegatten gelten insoweit keine Besonderheiten.

Tabelle 33: Belastung einer Durchschnittsimmobilie mit US-amerikanischer Erbschaftsteuer ohne Berücksichtigung des DBA

Ferienwohnung 152.000 € 228.000 $[253]				**Ferienhaus** 339.000 € 508.500 $		
40.760,00 $	**27.173,33 €**	17,88 %		145.945, 00 $	**97.296,67 €**	28,70 %

252 Zur aktuellen Rechtsentwicklung hinsichtlich der Erbshaftsteuer auf Bundeseben s. Anhang, S. V

253 Der Berechnung wurde der Einfachheit halber ein Kurs von 1,50 US-$ zugrunde gelegt.

ß) Unter Berücksichtigung des DBA[254]

Berechnet man die Nachlasssteuer unter Anwendung des zwischen Deutschland und den USA bestehenden DBA, ergeben sich folgende Besonderheiten:

- Vergünstigung nach Art. 10 Abs. 5 DBA: Abweichend vom sonst bei beschränkter Steuerpflicht geltenden Steuerabzugsbetrag i.H.v. 13.000 US-$ wird bei Anwendbarkeit des DBA auf beschränkt steuerpflichtige Nachlässe in den USA ein Freibetrag i.H. des allgemeinen Nachlasssteuerfreibetrages (Unified Tax Credit nach Sec. 2010 IRC) gewährt, jedoch begrenzt auf den Teil, der dem Anteil des Vermögens, das der US-Steuerpflicht unterliegt, am Weltvermögen des Erblassers entspricht.[255]
- Für Ehegatten ergeben sich des Weiteren folgende Vergünstigungen:[256]
  - Art. 10 Abs. 4 DBA regelt eine Freistellung von Vermögen, das auf den Ehegatten des Erblassers übergeht: Danach wird Vermögen, das dem Ehegatten zufällt und das von den USA nach dem DBA besteuert werden kann, nur mit 50 % seines Wertes in die US-Besteuerungsgrundlage einbezogen. Es kommt also zu einer hälftigen Steuerfreistellung. Art. 10 Abs. 4 Buchst. b begrenzt diese Vergünstigung entsprechend der Rechtslage, wie sie für eine in den USA ansässige Person bestehen würde.
  - Art. 10 Abs. 6 DBA gewährt einen zusätzlichen Ehegattenfreibetrag, der durch den letzten Satz in Art. 10 Abs. 6 DBA auf den Nachlasssteuerfreibetrag („applicable exclusion amount“) begrenzt ist. Dieser beträgt für im Jahr 2011 eingetretene Erbfälle 5 Mio. US-$ und im Jahr 2012 inflationsangepasst 5,12 Mio. US-$. Im Jahr 2013 wird – ohne eine vorherige Gesetzesänderung – wieder ein Freibetrag von lediglich 1 Mio. US-$ gelten.

Allein aufgrund der Freistellung von mind. 1 Mio. US-$ des Nachlasses nach Art 10 Abs. 6 DBA (im Jahr 2013) ergibt sich, dass für eine durchschnittliche Ferienimmobilie (Ferienwohnung mit einem Wert von 228.000 US-$ bzw. Ferienhaus mit einem Wert von 508.500 US-$)[257] bei einem Erwerb durch den Ehegatten in den USA keine Erbschaftsteuer anfällt.

Etwas anderes gilt für alle übrigen Erwerber, die nicht in den Genuss der besonderen Ehegattenvergünstigungen kommen. Hier greift nach Art. 10 Abs. 5

---

254 Abkommen zwischen der Bundesrepublik Deutschland und den Vereinigten Staaten von Amerika zur Vermeidung der Doppelbesteuerung auf dem Gebiet der Nachlass-, Erbschaft- und Schenkungsteuern, Neufassung vom 21.12.2000, BGBl. II 2000, 1170. Dieses wird im Folgenden mit „DBA“ abgekürzt.

255 Vgl. *Jülicher, M.* in: Debatin/Wassermeyer Doppelbesteuerung, Band VI: Länderteil von Sri Lanka bis Zypern, USA E, Art. 10, Rn. 98 ff.

256 S. Anhang ab S. 229.

257 Der Berechnung wurde ein Dollar-Kurs von 1,50 US-$ für einen Euro zugrunde gelegt.

DBA nur der anteilige allgemeine Nachlassfreibetrag, der ab 2013 ohne eine vorherige Gesetzesänderung 1 Mio. US-$ betragen wird und damit einem Steuerabzugsbetrag (Tax Credit) von 345.800 US-$ entspricht.[258]

Tabelle 34: Belastung einer durchschnittlichen Ferienwohnung mit US-amerikanischer Erbschaftsteuer unter Berücksichtigung des DBA (übrige Erwerber) für das Jahr 2013

Nachlass-volumen		**Ferienwohnung** 152.000 € 228.000 $		
250.000 €		0 $	0 €	0 %
500.000 €		0 $	0 €	0 %
1.000.000 €		1.198,40 $	798,93 €	0,53 %
2.500.000 €		32.735,36 $	21.823,57 €	14,36 %
5.000.000 €		43.247,68 $	28.831,79 €	18,97 %

Tabelle 35: Belastung eines durchschnittlichen Ferienhauses mit US-amerikanischer Erbschaftsteuer unter Berücksichtigung des DBA (übrige Erwerber) für das Jahr 2013

Nachlass-volumen		**Ferienhaus** 339.000 € 508.500 $		
250.000 €		-	-	-
500.000 €		0 $	0 €	0 %
1.000.000 €		41.718,80 $	27.812,53 €	8,20 %
2.500.000 €		112.054,52 $	74.703,01 €	20,04 %
5.000.000 €		135.499,76 $	90.333,17 €	26,65 %

<u>Beispiel:</u> Der bis zuletzt in Heidelberg wohnhafte Erblasser E, der weder die US-Staatsbürgerschaft noch eine Greencard besaß, verstirbt Anfang des Jahres 2013 und hinterlässt einen Nachlass mit einem Gesamtwert i.H.v. 2,5 Mio. €. Hierunter befindet sich als einziges Auslandsvermögen eine kleine Ferienwohnung (Wert 152.000 €) in South Beach, Miami Beach, Florida. Zu seinem Erben ist die Lebensgefährtin des E die L berufen.

Da E weder die US-amerikanische Staatsbürgerschaft noch eine Greencard besaß, greift für sein Nachlassvermögen die beschränkte Erbschaftsteuerpflicht in den USA. D.h. in den Vereinigten Staaten ist allein das dort belegene Vermögen erbschaftsteuerpflichtig.

Die Höhe der Nachlasssteuer hängt dabei grundsätzlich nicht von der Person des Erwerbers ab. Vielmehr wird entsprechend dem Verwandtschaftsverhältnis des Erwerbers zum Erblasser ein Steuerabzug („unified tax credit") gewährt, der sich wie ein Freibetrag auswirkt.

258 Zum Mechanismus des Tax Credit s. Anhang S. 217

Für ein Nachlassvermögen in den USA i.H.v. 152.000 €, das 228.000 US-$ entsprechen soll, ist für das steuerpflichtige Vermögen bis 150.000 US-$ ein Steuerbetrag von 28.800 US-$ zu zahlen. Für den Restbetrag i.H.v. 78.000 US-$ (228.000 US-$ abzgl. 150.000 US-$) beträgt der Tarif 32 %, so dass sich ein Steuerbetrag von 24.960 US-$ ergibt. In der Summe beträgt die Erbschaftsteuer damit 53.760 US-$. Für unbeschränkt erbschaftsteuerpflichtige Erwerber kommt grundsätzlich nur ein Anrechnungsbetrag von 13.000 US-$ zur Anwendung. Nach dem DBA-USA auf dem Gebiet der Erbschaft- und Schenkungsteuer gilt jedoch der auch für unbeschränkte Erbschaftsteuerpflichtige anzuwendende „unified tax credit" i.H.v. 345.800 US-$ (der einem Freibetrag von 1 Mio. US-$ entspricht), allerdings nur anteilig entsprechend dem Verhältnis von US-Vermögen zum Gesamtnachlass. Der Anteil von US-Vermögen am gesamten Nachlass beträgt 152/2500 bzw. 6,08 %. D.h. es besteht ein Steueranrechnungsbetrag von 6,08 % von 345.800 US-$, mithin von ca. 21.025 US-$. Es fällt eine Erbschaftsteuer i.H.v. ca. 32.735 US-$ (53.760 US-$ - 21.025 US-$; umgerechnet ca. 21.823 €) an. Dies entspricht einer prozentualen Erbschaftsteuerbelastung der Ferienwohnung von 14,36 %.

b) Effektive Belastung im deutsch-US-amerikanischen Erbfall

Da für die Ferienwohnung bzw. das Ferienhaus sowohl in Deutschland als auch in den USA eine Erbschaft- bzw. Nachlasssteuer zu zahlen ist, ergibt sich zunächst eine Doppelbesteuerung.

Die Bundesrepublik Deutschland und die Vereinigten Staaten von Amerika haben jedoch ein Doppelbesteuerungsabkommen auf dem Gebiet der Nachlass-, Erbschaft- und Schenkungsteuer geschlossen.[259] Ein Ausgleich der Doppelbesteuerung richtet sich nach diesem völkerrechtlichen Vertrag.

Für den Fall, dass eine Auslandsimmobilie von Todes wegen von einem Steuerinländer auf einen anderen Steuerinländer (sowohl Erblasser als auch Erwerber sind deutsche Staatsangehörige) übergeht, greift Art. 11 Abs. 3 Buchst. a DBA, denn Deutschaland erhebt die Erbschaftsteuer aufgrund des (abkommensrechtlichen) Wohnsitzes des Erblassers (und des Erben) in Deutschland, und die USA besteuern das dort belegene Immobilienvermögen aufgrund des Besteuerungsvorbehaltes in Art. 5 DBA. Die Bundesrepublik rechnet daher auf die nach deutschem Erbschaftsteuerrecht festgesetzte Steuer auf das US-Grundvermögen einen Betrag in Höhe der in den USA auf die Liegenschaft gezahlten Steuer an. Nach Art. 11 Abs. 6 DBA darf aber nur bis zu dem Teil der Steuer des ausgleichspflichtigen Staates (Deutschland) angerechnet werden, der auf das zur Anrechnung berechtigende Vermögen entfällt.[260] Insofern handelt es sich wie-

259 S. Anhang S. 230.

260 *Jülicher, M.* in: Debatin/Wassermeyer Doppelbesteuerung, Band VI: Länderteil von Sri Lanka bis Zypern, USA E Art. 11, Rn. 5.

derum um eine Begrenzung der Anrechnung. Sie ist wie in § 21 ErbStG auf einen Anrechnungshöchstbetrag beschränkt.

Fortsetzung des Beispiels: Für einen Gesamterwerb durch einen Dritten ohne verwandtschaftliche Beziehung zum Erblasser (Steuerklasse III) gilt in Deutschland gem. § 16 Abs. 1 Nr. 5 ein Freibetrag i.H.v. 20.000 €. Für einen steuerpflichtigen Erwerb von 2.480.000 € (2.500.000 € - 20.000 €) greift in der Steuerklasse III ein Tarif von 30 %, so dass die Belastung mit Erbschaftsteuer 744.000 € beträgt. Die Ferienimmobilie macht, wie bereits berechnet, 6,08 % des Gesamtnachlasses bzw. des Gesamterwerbs durch L aus. Auf das Ferienhaus entfallen daher 45.235,20 € (6,08 % von 744.000 €) an deutscher Erbschaftsteuer.

Nach Art. 11 Abs. 3 Buchst. a DBA rechnet Deutschland die in den USA zu zahlende Nachlasssteuer an. Da die höhenmäßige Begrenzung des Art. 11 Abs. 6 DBA nicht greift,[261] kann die US-Steuer vollständig angerechnet werden. Das deutsche Erbschaftsteuerniveau ist in diesem Fall höher als das US-amerikanische und setzt sich daher durch.

261 Art. 11 Abs. 6 DBA spricht von einer Begrenzung auf den Teil der vor der Anrechnung ermittelten Steuer, der auf das Vermögen entfällt, für das eine Anrechnung gewährt werden kann. Vor der Anrechnung wurde ein Betrag von 873.180 € an deutscher Erbschaftsteuer ermittelt. Eine Anrechnung wird für die in den USA belegene Ferienwohnung gewährt. Auf die Ferienwohnung entfällt ein Anteil von 6,08 % oder 53.089,34 €. Dieser Anrechnungshöchstbetrag wird nicht überschritten, so dass eine vollständige Anrechnung der US-Nachlasssteuer i.H.v. umgerechnet ca. 4.191 € möglich ist.

α) Erbe: Ehegatte

Tabelle 36: Effektive Erbschaftsteuerbelastung einer durchschnittlichen Ferienwohnung im deutsch-US-amerikanischen Erbfall bei Erwerb durch den Ehegatten

Nachlassvolumen	Ferienwohnung 152.000 €							
	Deutschland		USA		Saldo		effektive Belastung	
250.000 €	0,00 €	0,00 %	0,00 €	0,00 %	0,00 €		0,00 €	0,00 %
500.000 €	0,00 €	0,00 %	0,00 €	0,00 %	0,00 €		0,00 €	0,00 %
1.000.000 €	4.079,68 €	2,68 %	0,00 €	0,00 %	- 4.079,68 €		4.079,68 €	2,68 %
2.500.000 €	20.146,69 €	13,25 %	0,00 €	0,00 %	- 20.146,69 €		20.146,69 €	13,25 %
5.000.000 €	24.513,34 €	16,13 %	0,00 €	0,00 %	- 24.513,34 €		24.513,34 €	16,13 %

Tabelle 37: Effektive Erbschaftsteuerbelastung eines durchschnittlichen Ferienhauses im deutsch-US-amerikanischen Erbfall bei Erwerb durch den Ehegatten

Nachlassvolumen	Ferienhaus 339.000 €							
	Deutschland		USA		Saldo		effektive Belastung	
500.000 €	0,00 €	0,00 %	0,00 €	0,00 %	0,00 €		0,00 €	0,00 %
1.000.000 €	9.098,76 €	2,68 %	0,00 €	0,00 %	- 9.098,76 €		9.098,76 €	2,68%
2.500.000 €	44.932,42 €	13,25 %	0,00 €	0,00 %	- 44.932,42 €		44.932,42 €	13,25%
5.000.000 €	54.671,21 €	16,13 %	0,00 €	0,00 %	- 54.671,21 €		54.671,21 €	16,13%

ß) Erbe: Kind

Tabelle 38: Effektive Erbschaftsteuerbelastung einer durchschnittlichen Ferienwohnung im deutsch-US-amerikanischen Erbfall bei Erwerb durch ein Kind des Erblassers

Nachlassvolumen	Ferienwohnung 152.000 €						
	Deutschland		USA		Saldo	effektive Belastung	
250.000 €	0,00 €	0,00 %	0,00 €	0,00 %	0,00 €	0,00 €	0,00 %
500.000 €	3.344,00 €	2,20 %	0,00 €	0,00 %	- 3.344,00 €	3.344,00 €	2,20 %
1.000.000 €	13.680,00 €	9,00 %	798,93 €	0,53 %	- 12.881,07 €	13.680,00 €	9,00 %
2.500.000 €	24.259,20 €	15,96 %	21.823,57 €	14,36 %	- 2.435,63 €	24.259,20 €	15,96 %
5.000.000 €	26.569,60 €	17,48 %	28.831,79 €	18,97 %	2.262,19 €	28.831,79 €	18,97 %

Tabelle 39: Effektive Erbschaftsteuerbelastung eines durchschnittlichen Ferienhauses im deutsch-US-amerikanischen Erbfall bei Erwerb durch ein Kind des Erblassers

Nachlassvolumen	Ferienhaus 339.000 €						
	Deutschland		USA		Saldo	effektive Belastung	
500.000 €	7.458,00 €	2,20 %	0,00 €	0,00 %	- 7.458,00 €	7.458,00 €	2,20 %
1.000.000 €	30.510,00 €	9,00 %	27.812,53 €	8,20 %	- 2.697,47 €	30.510,00 €	9,00 %
2.500.000 €	54.104,40 €	15,96 %	74.703,01 €	20,04 %	20.598,61 €	74.703,01 €	20,04 %
5.000.000 €	59.257,20 €	17,48 %	90.333,17 €	26,65 %	31.075,97 €	90.333,17 €	26,65 %

γ) Erbe: zwei Kinder (Gesamtbelastung für beide Kinder)

Tabelle 40: Effektive Erbschaftsteuerbelastung eines durchschnittlichen Ferienhauses im deutsch-US-amerikanischen Erbfall bei Erwerb durch die beiden Kinder des Erblassers

Nachlassvolumen	Ferienwohnung 152.000 €						
	Deutschland		USA		Saldo	effektive Belastung	
250.000 €	0,00 €	0,00 %	0,00 €	0,00 %	0,00 €	0,00 €	0,00 %
500.000 €	0,00 €	0,00 %	0,00 €	0,00 %	0,00 €	0,00 €	0,00 %
1.000.000 €	3.344,00 €	2,20 %	798,93 €	0,53 %	- 2.545,07 €	3.344,00 €	2,20 %
2.500.000 €	19.638,40 €	12,92 %	21.823,57 €	14,36 %	2.185,17 €	21.823,57 €	14,36 %
5.000.000 €	24.259,20 €	15,96 %	28.831,79 €	18,97 %	4.572,59 €	28.831,79 €	18,97 %

Tabelle 41: Effektive Erbschaftsteuerbelastung eines durchschnittlichen Ferienhauses im deutsch-US-amerikanischen Erbfall bei Erwerb durch die beiden Kinder des Erblassers)

Nachlassvolumen	Ferienhaus 339.000 €						
	Deutschland		USA		Saldo	effektive Belastung	
500.000 €	0,00 €	0,00 %	0,00 €	0,00 %	0,00 €	0,00 €	0,00 %
1.000.000 €	7.458,00 €	2,20 %	27.812,53 €	8,20 %	20.354,53 €	27.812,53 €	8,20 %
2.500.000 €	43.798,80 €	12,92 %	74.703,01 €	20,04 %	30.904,21 €	74.703,01 €	20,04 %
5.000.000 €	54.104,40 €	15,96 %	90.333,17 €	26,65 %	36.228,77 €	90.333,17 €	26,65 %

δ) Erbe: Dritter (ohne verwandtschaftliche Beziehung zum Erblasser)

Tabelle 42: Effektive Erbschaftsteuerbelastung einer durchschnittlichen Ferienwohnung im deutsch-US-amerikanischen Erbfall bei Erwerb durch einen Dritten (ohne verwandtschaftliche Beziehung zum Erblasser)

Nachlassvolumen	Ferienwohnung 152.000 €						
	Deutschland		**USA**		**Saldo**	**effektive Belastung**	
250.000 €	41.952,00 €	27,60 %	0,00 €	0,00 %	- 41.952,00 €	41.952,00 €	27,60 %
500.000 €	43.776,00 €	28,80 %	0,00 €	0,00 %	- 43.776,00 €	43.776,00 €	28,80 %
1.000.000 €	44.688,00 €	29,40 %	798,93 €	0,53 %	- 43.889,07 €	44.688,00 €	29,40 %
2.500.000 €	45.235,20 €	29,76 %	21.823,57 €	14,36 %	- 23.411,63 €	45.235,20 €	29,76 %
5.000.000 €	45.417,60 €	29,88 %	28.831,79 €	18,97 %	- 16.585,81 €	45.417,60 €	29,88 %

Tabelle 43: Effektive Erbschaftsteuerbelastung eines durchschnittlichen Ferienhauses im deutsch-US-amerikanischen Erbfall bei Erwerb durch einen Dritten (ohne verwandtschaftliche Beziehung zum Erblasser)

Nachlassvolumen	Ferienhaus 339.000 €						
	Deutschland		**USA**		**Saldo**	**effektive Belastung**	
500.000 €	97.632,00 €	28,80 %	0,00 €	0,00 %	- 97.632,00 €	97.632,00 €	28,80 %
1.000.000 €	99.666,00 €	29,40 %	27.812,53 €	8,20 %	- 71.853,47 €	99.666,00 €	29,40 %
2.500.000 €	100.886,40 €	29,76 %	74.703,01 €	20,04 %	- 26.183,39 €	100.886,40 €	29,76 %
5.000.000 €	101.293,20 €	29,88 %	90.333,17 €	26,65 %	- 10.960,03 €	101.293,20 €	29,88 %

c) Auswertung

α) Belastung mit US-amerikanischer Nachlasssteuer

Das US-amerikanische Erbschaftsteuerniveau liegt für Durchschnittsimmobilien teilweise unter und teileweise über der Belastung mit deutscher Erbschaftsteuer. Der Steuertarif ist zunächst höher als in Deutschland:[262] Die einzelnen Progressionsstufen sind relativ klein. Bereits ein Nachlassvermögen von 100.000 US-$ wird mit 23,8 % belastet. Für 1.000.000 US-$ beträgt die Belastung annähernd 35 %. Der Spitzensteuersatz liegt – ohne eine zwischenzeitliche Gesetzesänderung – ab 2013 wieder bei 55 %. Da die US-amerikanische Erbschaftsteuer als Nachlasssteuer[263] ausgestaltet ist und daher den Nachlass erfasst, ist der Tarif unabhängig vom Verwandtschaftsverhältnis des Erwerbers zum Erblasser. Die Freibeträge hingegen waren in den letzten Jahren sehr hoch. Für das Jahr 2011 lage er bei 5 Mio. US-$ und im Jahr 2012 sogar bei 5,12 Mio. US-$. Im Jahr 2010 wurde die Nachlasssteuer auf Bundesebene sogar insgesamt ausgesetzt, so dass ein Nachlass unversteuert auf die Erwerber übergehen konnte. Ab 2013 wird der Freibetrag voraussichtlich wieder 1 Mio. US-$ betragen.[264] Aufgrund dieser nicht unbeträchtlichen Freistellung lag die Belastung – zumindest für kleine und mittlere Nachlassvolumen – bisher stets unter dem deutschen Erbschaftsteuerniveau. Ab 2013 ergibt sich jedoch ein uneinheitliches Bild.

Von den relativ hohen Freibeträgen auf den Nachlass profitieren im deutsch-US-amerikanischen Erbfall auch Deutsche, die in den USA beschränkt steuerpflichtig sind. Art. 10 Abs. 5 des zwischen Deutschland und den Vereinigten Staaten geschlossenen Doppelbesteuerungsabkommen auf dem Gebiet der Nachlass-, Erbschaft- und Schenkungsteuer gewährt nämlich abweichend vom sonst bei beschränkter Steuerpflicht geltenden Steuerabzugsbetrag i.H.v. 13.000 US-$ ein Freibetrag in Höhe des allgemeinen Nachlasssteuerfreibetrages (Unified Tax Credit nach Sec. 2010 IRC). Dieser ist jedoch begrenzt auf den Teil, der dem Anteil am Weltvermögen, der der US-Steuerpflicht unterliegt, entspricht. Insofern ist für den Freibetrag das Gesamtnachlassvolumen entscheidend, so dass die steuerliche Belastung in den USA von der Gesamthöhe des Erwerbs abhängt.

ß) Belastung im deutsch-US-amerikanischen Erbfall

Die Besonderheiten der US-amerikanischen Nachlassbesteuerungen wirken sich im Verhältnis zur deutschen Erbschaftsteuer unterschiedlich aus. Nur für kleine-

262 S. Anhang S. 218

263 Zum Begriff der Nachlasssteuer s. bereits oben S. 21.

264 Zur aktuellen Rechtsentwicklung s. Anhang S. V

re Nachlassvolumina ist das Erbschaftsteuerniveau in den USA geringer. Dies schlägt sich auch und gerade beim Erwerb durchschnittlicher Ferienimmobilien nieder.

Aufgrund der zusätzlichen Vergünstigungen für Ehegatten, die über das DBA auch für beschränkt steuerpflichtige Erwerber gelten, fällt jedoch in den USA auf eine dort belegene durchschnittliche Ferienwohnung bzw. ein durchschnittliches Ferienhaus, das vom Ehegatten von Todes wegen erworben wird, keine Nachlasssteuer an.

Da die Besteuerung des Erwerbs von Todes wegen in den USA in Form einer Nachlasssteuer erfolgt und nur für Ehegatten Besonderheiten gelten, werden alle übrigen Erwerber einheitlich belastet. Da die deutsche Erbanfallsteuer entsprechend dem verwandtschaftlichen Näheverhältnis zum Erblasser differenziert, ist das Ergebnis inhomogen. Nur unter einem Nachlassvolumen von 2,5 Mio. € bzw. im Falle des Erwerbes durch zwei Kinder des Erblassers unter einer Mio. €, kommt es zu einer vollständigen Anrechnung der US-Nachlasssteuer. Durch die Senkung des Nachlassfreibetrages auf eine Mio. US-$ kommt künftig der sehr hohe und schnell ansteigenden Steuertarif früher zum Tragen als in den Jahren vor 2012. Bei einem höheren Nachlassvolumen mit überwiegend inländischem Nachlassvermögen schmilzt der nur anteilig gewährte US-Nachlassfreibetrag überdies ab. Das US-Nachlasssteuerniveau ist dann höher als die erbschaftsteuerliche Belastung in Deutschland. Es kommt zu einem Anrechnungsüberhang, der nicht ausgeglichen werden kann.

Das uneinheitliche Bild zeigt, dass das deutsche Erbschaftsteuerniveau nur Nachlässe in geringer Höhe dominiert. Ab einem Nachlassvolumen über einer bzw. 2,5 Mio. € prägt das höhere amerikanische Steuerniveau den deutsch-US-amerikanischen Erbfall. Es kommt entscheidend auf eine Einzelfallbetrachtung an. Vor allem kommt es darauf an, wem der Nachlass zufällt.

d) Exkurs: Umrechnung ausländischer Steuern

Für die Ermittlung des Anrechnungsbetrages ist die ausländische Erbschaftsteuer in einen entsprechenden Euro-Betrag umzurechnen. Nach der Finanzverwaltung[265] und der Rechtsprechung des BFH[266] ist der amtliche, im Bundesanzeiger veröffentlichte Devisenbriefkurs des Datums der Entstehung der deutschen Erbschaftsteuer nach § 9 ErbStG, also der Todestag des Erblassers maßgeblich.

Für die untersuchten Musterkonstellationen wurde aus Vereinfachungsgründen ein Kurs von 1,50 US-$ für einen Euro angenommen.

265 R E 21 Abs. 2 ErbStR 2011; H E 19 ErbStH 2011.

266 BFH Urteil v. 19.3.1991 – II R 134/88, BStBl. II 1991, 521 und v. 26.4.1995 – II R 13/92, BStBl. II 1995, 540.

V. Ergebnisse

1. Gegenüberstellung der Belastung einer Durchschnittsimmobilie mit Erbschaftsteuer

Mithilfe der nachfolgenden Gegenüberstellung lässt sich die Belastung einer Durchschnittsimmobilie mit Erbschaftsteuer in den einzelnen Ländern vergleichen. Da im jeweiligen deutsch-ausländischen Erbfall stets die Anrechnungsmethode – sei es nach § 21 ErbStG oder unter Anwendung eines DBA – zur Anwendung kommt, setzt sich das jeweils höhere Erbschaftsteuerniveau durch. Aus Gründen der Vergleichbarkeit wurde auf eine Darstellung der nicht anrechenbaren Steuern, die zwar zur effektiven Gesamtbelastung beitragen, aber nicht der deutschen Erbschaftsteuer entsprechen und daher für eine Anrechnung nicht in Betracht kommen, verzichtet. (Die höchste Belastung wurde durch Fettdruck hervorgehoben.)

a) Ferienwohnung (Wert 152.000 €)

α) Erbe: Ehegatte

Tabelle 44: Belastung einer durchschnittlichen Ferienwohnung mit Erbschaftsteuer bei Erwerb durch den Ehegatten

Nachlassvolumen	Deutschland		Spanien		Italien		USA	
250.000 €	0,00 €	0,00 %	**18.651,60 €**	**12,27 %**	0,00 €	0,00 %	0,00 €	0,00 %
500.000 €	0,00 €	0,00 %	**18.651,60 €**	**12,27 %**	0,00 €	0,00 %	0,00 €	0,00 %
1.000.000 €	4.079,68 €	2,68 %	**18.651,60 €**	**12,27 %**	0,00 €	0,00 %	0,00 €	0,00 %
2.500.000 €	**20.146,69 €**	**13,25 %**	18.651,60 €	12,27 %	0,00 €	0,00 %	0,00 €	0,00 %
5.000.000 €	**24.513,34 €**	**16,13 %**	18.651,60 €	12,27 %	0,00 €	0,00 %	0,00 €	0,00 %

ß) Erbe: Kind

Tabelle 45: Belastung einer durchschnittlichen Ferienwohnung mit Erbschaftsteuer bei Erwerb durch ein Kind des Erblassers

Nachlassvolumen	Deutschland		Spanien		Italien		USA	
250.000 €	0,00 €	0,00 %	**18.651,60 €**	**12,27%**	0,00 €	0,00 %	0,00 €	0,00 %
500.000 €	3.344,00 €	2,20 %	**18.651,60 €**	**12,27%**	0,00 €	0,00 %	0,00 €	0,00 %
1.000.000 €	13.680,00 €	9,00 %	**18.651,60 €**	**12,27%**	0,00 €	0,00 %	798,93 €	0,53 %
2.500.000 €	**24.259,20 €**	**15,96 %**	18.651,60 €	12,27%	0,00 €	0,00 %	21.823,57 €	14,36 %
5.000.000 €	26.569,60 €	17,48 %	18.651,60 €	12,27%	0,00 €	0,00 %	**28.831,79 €**	**18,97 %**

γ) Erbe: zwei Kinder (Gesamtbelastung für beide Kinder)

Tabelle 46: Belastung einer durchschnittlichen Ferienwohnung mit Erbschaftsteuer bei Erwerb durch die beiden Kinder des Erblassers

Nachlassvolumen	Deutschland		Spanien		Italien		USA	
250.000 €	0,00 €	0,00 %	**12.528,99 €**	**8,24 %**	0,00 €	0,00 %	0,00 €	0,00 %
500.000 €	0,00 €	0,00 %	**12.528,99 €**	**8,24 %**	0,00 €	0,00 %	0,00 €	0,00 %
1.000.000 €	3.344,00 €	2,20 %	**12.528,99 €**	**8,24 %**	0,00 €	0,00 %	798,93 €	0,53 %
2.500.000 €	19.638,40 €	12,92 %	12.528,99 €	8,24 %	0,00 €	0,00 %	**21.823,57 €**	**14,36 %**
5.000.000 €	24.259,20 €	15,96 %	12.528,99 €	8,24 %	0,00 €	0,00 %	**28.831,79 €**	**18,97 %**

δ) Erbe: Dritter (ohne verwandtschaftliche Beziehung zum Erblasser)

Tabelle 47: Belastung einer durchschnittlichen Ferienwohnung mit Erbschaftsteuer bei Erwerb durch einen Dritten (ohne verwandtschaftliche Beziehung zum Erblasser)

Nachlassvolumen	Deutschland		Spanien		Italien		USA	
250.000 €	41.952,00 €	27,60 %	**43.271,07 €**	**28,47 %**	12.160,00 €	8,00 %	0,00 €	0,00 %
500.000 €	**43.776,00 €**	**28,80 %**	43.271,07 €	28,47 %	12.160,00 €	8,00 %	0,00 €	0,00 %
1.000.000 €	**44.688,00 €**	**29,40 %**	43.271,07 €	28,47 %	12.160,00 €	8,00 %	798,93 €	0,53 %
2.500.000 €	**45.235,20 €**	**29,76 %**	43.271,07 €	28,47 %	12.160,00 €	8,00 %	21.823,57 €	14,36 %
5.000.000 €	**45.417,60 €**	**29,88 %**	43.271,07 €	28,47 %	12.160,00 €	8,00 %	28.831,79 €	18,97 %

b) Ferienhaus (Wert 339.000 €)

α) Erbe: Ehegatte

Tabelle 48: Belastung eines durchschnittlichen Ferienhauses mit Erbschaftsteuer bei Erwerb durch den Ehegatten

Nachlassvolumen	Deutschland		Spanien		Italien		USA	
500.000 €	0,00 €	0,00 %	**61.342,81 €**	**18,10 %**	0,00 €	0,00 %	0,00 €	0,00 %
1.000.000 €	9.098,76 €	2,68 %	**61.342,81 €**	**18,10 %**	0,00 €	0,00 %	0,00 €	0,00 %
2.500.000 €	44.932,42 €	13,25 %	**61.342,81 €**	**18,10 %**	0,00 €	0,00 %	0,00 €	0,00 %
5.000.000 €	54.671,21 €	16,13 %	**61.342,81 €**	**18,10 %**	0,00 €	0,00 %	0,00 €	0,00 %

ß) Erbe: Kind

Tabelle 49: Belastung eines durchschnittlichen Ferienhauses mit Erbschaftsteuer bei Erwerb durch ein Kind des Erblassers

Nachlassvolumen	Deutschland		Spanien		Italien		USA	
500.000 €	7.458,00 €	2,20 %	**61.342,81 €**	**18,10 %**	0,00 €	0,00 %	0,00 €	0,00 %
1.000.000 €	30.510,00 €	9,00 %	**61.342,81 €**	**18,10 %**	0,00 €	0,00 %	27.812,53 €	8,20 %
2.500.000 €	54.104,40 €	15,96 %	61.342,81 €	18,10 %	0,00 €	0,00 %	**74.703,01 €**	**20,04 %**
5.000.000 €	59.257,20 €	17,48 %	61.342,81 €	18,10 %	0,00 €	0,00 %	**90.333,17 €**	**26,65 %**

γ) Erbe: zwei Kinder (Gesamtbelastung für beide Kinder)

Tabelle 50: Belastung eines durchschnittlichen Ferienhauses mit Erbschaftsteuer bei Erwerb durch die beiden Kinder des Erblassers

Nachlassvolumen	Deutschland		Spanien		Italien		USA	
500.000 €	0,00 €	0,00 %	**43.848,20 €**	**12,93 %**	0,00 €	0,00 %	0,00 €	0,00 %
1.000.000 €	7.458,00 €	2,20 %	**43.848,20 €**	**12,93 %**	0,00 €	0,00 %	27.812,53 €	8,20 %
2.500.000 €	43.798,80 €	12,92 %	43.848,20 €	12,93 %	0,00 €	0,00 %	**74.703,01 €**	**20,04 %**
5.000.000 €	54.104,40 €	15,96 %	43.848,20 €	12,93 %	0,00 €	0,00 %	**90.333,17 €**	**26,65 %**

δ) Erbe: Dritter (ohne verwandtschaftliche Beziehung zum Erblasser)

Tabelle 51: Belastung eines durchschnittlichen Ferienhauses mit Erbschaftsteuer bei Erwerb durch einen Dritten (ohne verwandtschaftliche Beziehung zum Erblasser)

Nachlassvolumen	Deutschland		Spanien		Italien		USA	
500.000 €	97.632,00 €	28,80 %	**130.823,62 €**	**38,59 %**	27.120,00 €	8,00 %	0,00 €	0,00 %
1.000.000 €	99.666,00 €	29,40 %	**130.823,62 €**	**38,59 %**	27.120,00 €	8,00 %	27.812,53 €	8,20 %
2.500.000 €	100.886,40 €	29,76 %	**130.823,62 €**	**38,59 %**	27.120,00 €	8,00 %	74.703,01 €	20,04 %
5.000.000 €	101.293,20 €	29,88 %	**130.823,62 €**	**38,59 %**	27.120,00 €	8,00 %	90.333,17 €	26,65 %

2. Erläuterungen zur Belastung einer Durchschnittsimmobilie

Die steuerliche Belastung einer privat genutzten durchschnittlichen Zweitimmobilie im Ausland hängt stark vom Einzelfall ab. Für den Fall, dass ausländisches Immobilienvermögen von einem Steuerinländer auf einen anderen Steuerinländer übergeht, wird zwar nicht in allen, jedoch in vielen Fällen auch vom Belegenheitsstaat zumindest auch eine Erbschaftsteuer – sei es in Gestalt einer Besteuerung des Vermögenserwerbs, sei es in Form einer Nachlasssteuer oder der italienischen Katastersteuer – erhoben. Bei erbweisem Übergang einer Durchschnittsimmobilie kann es aufgrund von Freistellungen und der niedrigen Erwerbsvolumen zu einer gänzlichen Erbschaftsteuerfreiheit kommen. Für den Fall, dass weder im Wohnsitz- noch im Belegenheitsstaat eine Erbschaftsteuer anfällt, ist sogar ein von Erbschaftsteuer vollständig unbelasteter Erwerb möglich.[267] Auch kann es dazu kommen, dass nur der Belegenheitsfiskus den Übergang der Immobilie besteuert.[268] Erheben aber sowohl der deutsche, als auch der ausländische Staat Erbschaftsteuern, greift in jeder der untersuchten Länderkonstellationen die Anrechnungsmethode als Mechanismus zum Ausgleich dieser Doppelbesteuerung.[269] Dies hat zur Folge, dass stets die deutsche Erbschaftsteuer das Belastungsminium darstellt. Es muss also mindestens ein Betrag entrichtet werden, der der deutschen Erbschaftsbesteuerung entspricht. Zu Mehrbelastung über das Erbschaftsteuerniveau Deutschlands hinaus kommt es dann, wenn das ausländische Steuerniveau höher ist als in der Bundesrepublik oder wenn im Ausland Steuern erhoben werden, die mangels Vergleichbarkeit zu einer Anrechnung auf die deutsche Erbschaftsteuerschuld nicht zugelassen werden. Im deutsch-italienischen Erbfall erhöht daher stets die Belastung durch Hypothekar- und Katastersteuer die effektive Gesamtbelastung.[270] Das Gleiche gilt im deutsch-spanischen Erbfall für die teilweise von den Gemeinden erhobene Wertzuwachssteuer.[271]

---

267 Zusätzliche Steuern, wie die Hypothekar- oder Katastersteuer können aber dennoch anfallen.

268 Beispiel: Wenn eine durchschnittliche, in Spanien belegene Ferienwohnung zu einem Gesamterwerb des Ehegatten von weniger als der Summe aus Ehegatten- und Versorgungsfreibetrag gehört, fällt in Deutschland keine Erbschaftsteuer an, während in Spanien der erbweise Übergang der Immobilie mit 12,27 % an Erbschaftsteuer belastet wird.

269 Dies kann entweder gem. § 21 ErbStG oder aufgrund eines Doppelbesteuerungsabkommens der Fall sein.

270 Zur Hypothekar- und Katastersteuer s, insbes. der Vergünstigung für den Erstwohnsitz (sog. „pirma casa“) s. oben S. 69 bzw. Anhang S. 211.

271 Zur Wertzuwachssteuer s. oben S. 56 bzw. Anhang S. 204.

a) *Durchschnittliche Ferienwohnung*

Die Belastung einer durchschnittlichen, im Ausland belegenen Ferienwohnung mit einem Wert von 152.000 € unterscheidet sich nach der Person des Erwerbers.

α) Erwerb durch den Ehegatten des Erblasser

So ist der Erwerb einer solchen durch den Ehegatten des Erblassers bei einem Nachlassvolumen von 250.000 € und 500.000 € in Deutschland erbschaftsteuerfrei. Aufgrund des hohen Ehegatten- und Versorgungsfreibetrages fällt erst bei 1 Mio. € ein geringer Betrag an deutscher Erbschaftsteuer an. In den USA ist der Teil des Nachlasses, den der Ehegatte erwirbt in den untersuchten Fällen vollumfänglich steuerfrei. Auch in Italien ist in jeder Konstellation ein erbschaftsteuerfreier Erwerb möglich. Allerdings sind hier die nicht anrechenbaren Hypothekar- und Katastersteuern, die in der Summe 3 %, bei einer durchschnittlichen Ferienwohnung mit einem Wert von 152.000 € also 4.560 € betragen, zu berücksichtigen. Die Belegenheit der Immobilie in Spanien ist erbschaftsteuerlich am wenigsten günstig. Es fallen dort stets 12,27 % Erbschaftsteuer, mithin ca. 18.652 € an. Auch wenn in Deutschland aufgrund des niedrigen Gesamterwerbs keine Erbschaftsteuer zu zahlen ist, verlangt der spanische Fiskus für den erbweisen Erwerb einer Ferienwohnung, die nur ca. 150.000 € wert ist, stets rd. 19.000 €. Dies ist der „Preis" für die Belegenheit der Immobilie in Spanien. (Außerdem kann zusätzlich eine kommunale Wertzuwachssteuer anfallen.) Erst ab einem Nachlassvolumen von 2,5 bzw. 5 Mio. € ist die Besteuerungsquote in Deutschland höher, so dass aufgrund einer vollständigen Anrechnung keine Mehrbelastung im Ausland entsteht.

ß) Erwerb durch ein Kind bzw. zwei Kinder des Erblassers

Geht die Immobilie auf die Abkömmlinge des Erblassers über, ist die Situation ähnlich. Allerdings ist der Erwerb einer durchschnittlichen Ferienwohnung für ein Kind nur bei einem Gesamterwerb von 250.000 € steuerfrei. Bei doppelter Ausnutzung des Kinderfreibetrages gem. § 16 Abs. 1 Nr. 2 ErbStG, also wenn der Auslandsgrundbesitz von zwei Kindern erworben wird, gilt dies für einem Gesamtnachlassvolumen von 250.000 € und 500.000 €. In den USA hingegen ist der Erwerb in den ersten beiden Gesamtnachlasskategorien steuerlich unbelastet möglich. Bei einem Nachlass i.H.v. 1 Mio. € fällt eine geringfüge Steuer an. Hingegen fällt in Italien auch bei Erwerb durch die direkten Nachkommen des Erblassers in jedem Fall keine Erbschaftsteuer an. In Spanien ist die Belastung bei einem Gesamterwerb von 250.000 € und 500.000 € mit wiederum ca. 18.652 € am höchsten und daher am ungünstigsten. Für sehr hohe Erwerbe

(1 Mio., 2,5 Mio. und 5 Mio. €) dominiert das deutsche bzw. das US-amerikanische Erbschaftsteuerniveau.

γ) Erwerb durch einen Dritten ohne verwandtschaftliche Beziehung zum Erblasser

Wendet der Erblasser eine durchschnittliche Auslandsferienwohnung etwa seinem Lebensgefährten oder einem Freund und damit einer Person zu, die in keinem famileinrechtlichen Verhältnis zu ihm steht, ist die erbschaftsteuerliche Belastung in Deutschland für fast jedes Nachlassvolumen am höchsten. Je nach Gesamterwerb bewegt sich die Belastung in den untersuchten Fällen für eine Ferienwohnung mit einem Wert von 152.000 € zwischen rd. 42.000 € und 45.0000 €. Am Belegenheitsort hingegen ist das Steuerniveau geringer. Dabei ist die Belastung in Spanien mit 28,47 %, also rd. 43.240 € am höchsten, während in Italien nur 12.160 €,[272] was 8,00 % des Immobilienwerts entspricht, zu zahlen sind. Hingegen fällt in den USA erst ab einem Gesamterwerb von 2,5 Mio. bzw. 5 Mio. € eine spürbare Nachlasssteuer an. Da sich das hohe Erbschaftsteuerniveau der Bundesrepublik durchsetzt, erhöhen allein die ggf. im Ausland anfallenden nicht anrechenbaren, sonstigen Steuern die effektive Gesamtbelastung. Im Einzelfall ist insbesondere die kommunale Wertzuwachssteuer Spaniens zu berücksichtigen.

b) Durchschnittliches Ferienhaus

Auch die Besteuerung eines Ferienhauses im Ausland mit einem durchschnittlichen Wert von 339.000 € fällt je nach Erwerber unterschiedlich aus.

α) Erwerb durch den Ehegatten

Für den Ehegatten ist der Erwerb eines durchschnittlichen Ferienhauses nur bei einem geringen Gesamterwerb in Deutschland erbschaftsteuerfrei möglich.[273] In den USA und in Italien fällt in jedem Fall keine Steuer an. (In Italien ist greift aber als zusätzliche Belastung eine Hypothekar- und Katastersteuer, die allerdings für ein durchschnittliches Ferienhaus mit einem Wert von 339.000 € nur ca. 10.000 € beträgt.) In jedem Fall ist die Belastung in Spanien mit 18,10 %, also rd. 61.000 € stets am höchsten.

272 Allerdings zuzüglich Hypothekar- und Katastersteuer i.H.v. 3 %, mithin 4.560 €.

273 Im Rahmen der untersuchten Konstellationen nur bei einem Gesamtnachlassvolumen von 500.000 €.

ß) Erwerb durch ein Kind bzw. zwei Kinder des Erblassers

Geht das im Ausland belegene Ferienhaus auf einen Abkömmling bzw. zwei Kinder des Erblassers über, zeigt sich ein uneinheitliches Bild. In Deutschland erfolgt – mit Ausnahme des Erwerbes eines Nachlasses in Höhe von 500.000 € durch zwei Nachkömmlinge aufgrund des dann geltenden doppelten Freibetrages – stets eine Besteuerung. Jedoch ist die Belastung in den unteren Erwerbskategorien moderat, nimmt aber mit steigendem Gesamterwerb zu. In Italien ist der Erwerb wiederum stets erbschaftsteuerfrei möglich, während in Spanien in den niedrigeren Nachlasskategorien das Grundvermögen mit rd. 61.000 € bei Erwerb durch ein Kind bzw. in der Summe rd. 44.000 € bei Erwerb durch zwei Kinder des Erblassers am stärksten belastet wird. Bei einem sehr hohen Gesamtnachlass ist jedoch die Belastung in den USA mit ca. 75.000 € bzw. 90.000 € am höchsten.

γ) Erwerb durch einen Dritten ohne verwandtschaftliche Beziehung zum Erblasser

Wie bereits erläutert, ist das Besteuerungsniveau bei Erwerb durch Dritte ohne verwandtschaftliche Beziehung zum Erblasser in Deutschland sehr hoch. Die Belastung beträgt für ein durchschnittliches Ferienhaus mit einem Wert von 339.000 € je nach Gesamterwerb ca. 100.000 €. In den untersuchten Fällen ist allerdings die Belastung der Ferienimmobilie im Königreich Spanien am höchsten, wo sich diese mit rd. 131.000 € auf ca. 38,6 % beläuft. An den übrigen Belegenheitsorten entsteht keine Mehrbelastung durch Erbschaftsteuern. In Italien beträgt die Erbschaftsteuerbelastung eines durchschnittlichen Ferienhauses 8,00 % (rd. 27.000 €). In den USA fällt sogar für niedrige Gesamtnachlässe wiederum keine Steuer an; für größere Nachlassvolumen steigt die Belastung jedoch an. Auch im Fall eines durchschnittlichen Ferienhauses, das von einem Dritten erworben wird, sind jedoch für die effektive Gesamtbelastung die ggf. im Ausland erhobenen nicht anrechenbaren Steuern zu beachten.[274] Im deutsch-spanischen Erbfall dominiert die spanische Erbschaftsteuer die Steuerlast, so dass es zu nicht unerheblichen Besteuerungsüberhängen kommt. Da sich gegenüber Italien und den USA das deutsche Erbschaftsteuerniveau durchsetzt, kann hingegen in allen übrigen Konstellationen die jeweils im Ausland zu zahlende Erbschaftsteuer voll in Abzug gebracht werden.

274 S. schon oben S. 92

3. Fazit

Im ungünstigsten Fall entsteht bei Erwerb durch den Ehegatten bei einer einfachen Ferienwohnung mit einem Wert von 152.000 € eine Mehrbelastung im Ausland von rd. 19.000 €; bei einem durchschnittlichen Ferienhaus mit einem Wert von 339.000 € können im Erbfall sogar über 60.000 € an zusätzlicher Steuer an den ausländischen Fiskus zu zahlen sein.[275] Auch wenn das Auslandsgrundvermögen auf ein Kind des Erblassers übergeht, können fast 19.000 € für eine Durchschnittsferienwohnung und ca. 45.000 € für ein Ferienhaus zusätzlich an ausländischer Erbschaftsteuer anfallen.[276] Entsprechendes gilt für den erbweisen Übergang auf zwei Kinder des Erblassers. Bei einem Erwerb durch einen mit dem Erblasser nicht verwandten Dritten ist auch das deutsche Erbschaftsteuerniveau relativ hoch. Allein die Belastung in Spanien ist noch größer als in Deutschland, so dass es bei einem durchschnittlichen Ferienhaus zu einer Mehrbelastung von über 30.000 € kommen kann.[277]

Es kann daher zusammenfassend festgestellt werden, dass es, wenn Auslandsimmobilien mit einem durchschnittlichen Wert im Nachlass vorhanden sind, zu einer nicht unerheblichen Zusatzbelastung aufgrund der Belegenheit des Grundvermögens im Ausland kommen kann. Auch wenn in Relation zum Immobilienwert die Belastung hoch erscheint, ist sie in absoluten Beträgen zumeist überschaubar. Sie hängt stark vom konkreten Fall, insbesondere vom Gesamterwerb und der verwandtschaftlichen Beziehung zum Erblasser abhängig. Erbschaftsteuerliche Optimierungsmaßnahmen machen wirtschaftlich nur dann Sinn, wenn die mögliche Steuerersparnis den notwendigen Aufwand trägt.[278]

---

275 Dieser „ungünstigste“ Fall ist der Erwerb einer in Spanien belegenen Immobilie durch den Ehegatten. In Deutschland fällt keine Erbschaftsteuer an, so dass die gesamte ausländische Steuer aufgrund fehlender Anrechnungsmöglichkeit zu einer definitiven Zusatzbelastung führt.

276 Dies gilt wiederum für einen deutsch-spanischen Erbfall bei einem niedrigen Gesamterwerb.

277 Aufgrund der relativ hohen Erbschaftsteuerlast in der Bundesrepublik ist allerdings eine vollständige Anrechnung der italienischen und US-amerikanischen Steuern möglich. Zu beachten ist überdies die Zusatzbelastung durch nicht anrechenbare Steuern.

278 Erbschaftsteuerliche Optimierungsmöglichkeiten werden ab S. 133 dargestellt.

C. Belastungsanalyse von Luxusimmobilien

Personen, die es sich leisten können, eine Immobilie im Ausland zu erwerben, sind teilweise bereit, erheblich höhere Beträge für ausländisches Grundvermögen aufzuwenden. Neben der Belastung einer Durchschnittsimmobilie sollen deshalb im Folgenden insbesondere Luxusimmobilien untersucht werden. Personen, die über ausreichende Mittel verfügen, um im Ausland eine Immobilie zur privaten Nutzung zu erwerben, investieren oft sehr hohe Summen.

I. Vorstellung der Modellkonstellationen

Da jedes Luxus-Appartement oder Villen-Grundstück einen individuellen Preis hat, der Schwankungen unterworfen ist, muss, um die erbschaftsteuerliche Belastung einer solchen Top-Immobilie analysieren zu können, eine grobe Kategorisierung vorgenommen werden.

Es soll daher Wohnungs- bzw. Grundeigentum mit folgenden Verkehrswerten näher untersucht werden:

- 1 Mio. €
- 2,5 Mio. €
- 5 Mio. €
- 10 Mio. €.

Um die Betrachtung zu vereinfachen, soll das Gesamtnachlassvolumen jeweils 10 Mio. € bzw. 25 Mio. € betragen; auch dabei soll es sich um die Verkehrswerte handeln.[279] Für die jeweils vier unterschiedlichen Immobilienkategorien und die beiden Gesamtnachlassvolumina ergeben sich somit acht Modellkonstellationen pro Erwerber und Land.

Der Kreis der Erwerber umfasst wiederum den Ehegatten, ein Kind bzw. zwei Kinder des Erblassers und einen Dritten ohne verwandtschaftliche Beziehung zum Erblasser (bspw. den unverheirateten Partner).

279 Bei einem Wert der Immobilie von 10 Mio. € und einem Gesamtnachlassvolumen von 10 Mio. € geht auf den Erwerber nur die Auslandsimmobilie über. In allen übrigen Fällen, handelt es sich um einen sog. Mischerwerb, d.h., neben dem Grundvermögen im Ausland werden weitere Nachlassgegenstände in Deutschland erworben.

II. Vorgehensweise

Die Vorgehensweise entspricht der Untersuchung der Belastung von Durchschnittsimmobilien. Hier wird das Ergebnis der Erbschaftsteuerbelastung jedoch unter Berücksichtigung der unterschiedlichen Wertkategorien der Immobilien in tabellarischer Form dargestellt und zwar wiederum jeweils in absoluten Beträgen und in Form einer prozentualen Belastung, die den Anteil der Erbschaftsteuer am Wert der Immobilie ausweist. Eine Darstellung für die jeweils untersuchten Gesamtnachlassvolumina von 10 bzw. 25 Mio. € wurde nur dort vorgenommen, wo sich Unterschiede ergeben, d.h. wo sich der Umfang des Gesamterwerbes auf die Höhe der Erbschaftsteuerlast auswirkt.

III. Belastung mit deutscher Erbschaftsteuer

Ausgangspunkt der Betrachtung und Vergleichsgröße ist die Belastung der Luxusimmobilie mit deutscher Erbschaftsteuer. Zunächst ist daher zu untersuchen, inwieweit die Bundesrepublik im Erbfall die im Ausland belegene Immobilie belastet.

1. Erbe: Ehegatte

Tabelle 52: Belastung einer im Ausland belegenen Luxusimmobilie mit deutscher Erbschaftsteuer bei Erwerb durch den Ehegatten

Wert der Immobilie	**ErbSt-Belastung in Deutschland** Gesamtnachlass 10 Mio. €		**ErbSt-Belastung in Deutschland** Gesamtnachlass 25 Mio. €	
1.000.000 €	212.612,00 €	21,26 %	261.835,20 €	26,18 %
2.500.000 €	531.530,00 €	21,26 %	654.588,00 €	26,18 %
5.000.000 €	1.063.060,00 €	21,26 %	1.309.176,00 €	26,18 %
10.000.000 €	2.126.120,00 €	21,26 %	2.618.352,00 €	26,18 %

2. Erbe: Kind

Tabelle 53: Belastung einer im Ausland belegenen Luxusimmobilie mit deutscher Erbschaftsteuer bei Erwerb durch ein Kind des Erblassers

Wert der Immobilie		**ErbSt-Belastung in Deutschland** Gesamtnachlass 10 Mio. €			**ErbSt-Belastung in Deutschland** Gesamtnachlass 25 Mio. €	
1.000.000 €		220.800,00 €	22,08 %		265.680,00 €	26,57 %
2.500.000 €		552.000,00 €	22,08 %		664.200,00 €	26,57 %
5.000.000 €		1.104.000,00 €	22,08 %		1.328.400,00 €	26,57 %
10.000.000 €		2.208.000,00 €	22,08 %		2.656.800,00 €	26,57 %

3. Erbe: zwei Kinder (Gesamtbelastung für beide Kinder)

Tabelle 54: Belastung einer im Ausland belegenen Luxusimmobilie mit deutscher Erbschaftsteuer bei Erwerb durch zwei Kinder des Erblassers (Gesamtbelastung für beide Kinder)

Wert der Immobilie		**ErbSt-Belastung in Deutschland** Gesamtnachlass 10 Mio. €			**ErbSt-Belastung in Deutschland** Gesamtnachlass 25 Mio. €	
1.000.000 €		174.800,00 €	17,48 %		222.640,00 €	22,26 %
2.500.000 €		437.000,00 €	17,48 %		556.600,00 €	22,26 %
5.000.000 €		874.000,00 €	17,48 %		1.113.200,00 €	22,26 %
10.000.000 €		1.748.000,00 €	17,48 %		2.226.400,00 €	22,26 %

4. Erbe: Dritter (ohne verwandtschaftliche Beziehung zum Erblasser)

Tabelle 55: Belastung einer im Ausland belegenen Durchschnittsimmobilie mit deutscher Erbschaftsteuer bei Erwerb durch einen Dritten (ohne verwandtschaftliche Beziehung zum Erblasser)

Wert der Immobilie		**ErbSt-Belastung in Deutschland** Gesamtnachlass 10 Mio. €			**ErbSt-Belastung in Deutschland** Gesamtnachlass 25 Mio. €	
1.000.000 €		499.000,00 €	49,90 %		499.600,00 €	49,96 %
2.500.000 €		1.247.500,00 €	49,90 %		1.249.000,00 €	49,96 %
5.000.000 €		2.495.000,00 €	49,90 %		2.498.000,00 €	49,96 %
10.000.000 €		4.990.000,00 €	49,90 %		4.996.000,00 €	49,96 %

IV. Belastung mit ausländischen Steuern

1. Belastung im deutsch-spanischen Erbfall

a) Belastung mit spanischer Erbschaftsteuer

α) Erbe: Ehegatte

Tabelle 56: Belastung einer in Spanien belegenen Luxusimmobilie mit spanischer Erbschaftsteuer bei Erwerb durch den Ehegatten

Wert der Immobilie		ErbSt-Belastung in Spanien	
1.000.000 €		262.697,34 €	26,27 %
2.500.000 €		772.697,34 €	30,91 %
5.000.000 €		1.622.697,34 €	32,45 %
10.000.000 €		3.322.697,34 €	33,23 %

ß) Erbe: Kind

Tabelle 57: Belastung einer in Spanien belegenen Luxusimmobilie mit spanischer Erbschaftsteuer bei Erwerb durch ein Kind des Erblassers

Wert der Immobilie		ErbSt-Belastung in Spanien	
1.000.000 €		262.697,34 €	26,27 %
2.500.000 €		772.697,34 €	30,91 %
5.000.000 €		1.622.697,34 €	32,45 %
10.000.000 €		3.322.697,34 €	33,23 %

γ) Erbe: zwei Kinder (Gesamtbelastung für beide Kinder)

Tabelle 58: Belastung einer in Spanien belegenen Luxusimmobilie mit spanischer Erbschaftsteuer bei Erwerb durch zwei Kinder des Erblassers (Gesamtbelastung für beide Kinder)

Wert der Immobilie		ErbSt-Belastung in Spanien	
1.000.000 €		212.043,19 €	21,20 %
2.500.000 €		695.394,67 €	27,82 %
5.000.000 €		1.545.394,67 €	30,91 %
10.000.000 €		3.245.394,67 €	32,45 %

δ) Erbe: Dritter (ohne verwandtschaftliche Beziehung zum Erblasser)

Tabelle 59: Belastung einer in Spanien belegenen Luxusimmobilie mit spanischer Erbschaftsteuer bei Erwerb durch einen Dritten (ohne verwandtschaftliche Beziehung zum Erblasser)

Wert der Immobilie		**ErbSt-Belastung in Spanien**	
1.000.000 €		536.245,35 €	53,62%
2.500.000 €		1.556.245,35 €	62,25%
5.000.000 €		3.256.245,35 €	65,12%
10.000.000 €		6.656.245,35 €	66,56%

b) Belastung mit kommunaler Wertzuwachssteuer

Auch der Übergang einer Luxusimmobilie mortis causa kann mit kommunaler Wertzuwachssteuer belastet sein. Allein der Höhe nach ergeben sich Unterschiede zu Durchschnittsimmobilien.

Wie oben beschrieben,[280] ist der Besteuerungsumfang dieser Steuer auf die Zunahme des Bodenwerts stark vom Tarif abhängig, den die Gemeinden in eigenem Ermessen festlegen. Dieser schwankt daher relativ stark. Auch ist es nicht zwingend, dass die Steuer von der Gemeinde erhoben wird. Aus diesem Grund soll die sog. „Plusvalia" auch im Rahmen der Belastungsanalyse von hochpreisigem Grundvermögen keine Berücksichtigung finden.

280 S. oben S. 56.

c) *Gesamterbschaftsteuerbelastung im deutsch-spanischen Erbfall*

α) Erbe: Ehegatte

Tabelle 60: Effektive Erbschaftsteuerbelastung einer Luxusimmobilie im deutsch-spanischen Erbfall bei einem Gesamtnachlassvolumen von 10 Mio. € bei Erwerb durch den Ehegatten

Wert der Immobilie	**ErbSt-Belastung Deutschland** Gesamtnachlass 10 Mio. €		**ErbSt-Belastung Spanien**		**Saldo**	**effektive Belastung**	
1.000.000 €	212.612,00 €	21,26 %	262.697,34 €	26,27 %	50.085,34 €	262.697,34 €	26,27 %
2.500.000 €	531.530,00 €	21,26 %	772.697,34 €	30,91 %	241.167,34 €	772.697,34 €	30,91 %
5.000.000 €	1.063.060,00 €	21,26 %	1.622.697,34 €	32,45 %	559.637,34 €	1.622.697,34 €	32,45 %
10.000.000 €	2.126.120,00 €	21,26 %	3.322.697,34 €	33,23 %	1.196.577,34 €	3.322.697,34 €	33,23 %

Tabelle 61: Effektive Erbschaftsteuerbelastung einer Luxusimmobilie im deutsch-spanischen Erbfall bei einem Gesamtnachlassvolumen von 25 Mio. € bei Erwerb durch den Ehegatten

Wert der Immobilie	**ErbSt-Belastung Deutschland** Gesamtnachlass 25 Mio. €		**ErbSt-Belastung Spanien**		**Saldo**	**effektive Belastung**	
1.000.000 €	261.835,20 €	26,18 %	262.697,34 €	26,27 %	862,14 €	263.919,60 €	26,39 %
2.500.000 €	654.588,00 €	26,18 %	772.697,34 €	30,91 %	118.109,34 €	772.697,34 €	30,91 %
5.000.000 €	1.309.176,00 €	26,18 %	1.622.697,34 €	32,45 %	313.521,34 €	1.622.697,34 €	32,45 %
10.000.000 €	2.618.352,00 €	26,18 %	3.322.697,34 €	33,23 %	704.345,34 €	3.322.697,34 €	33,23 %

ß) Erbe: Kind

Tabelle 62: Effektive Erbschaftsteuerbelastung einer Luxusimmobilie im deutsch-spanischen Erbfall bei einem Gesamtnachlassvolumen von 10 Mio. € bei Erwerb durch ein Kind des Erblassers

Wert der Immobilie	ErbSt-Belastung Deutschland Gesamtnachlass 10 Mio. €		ErbSt-Belastung Spanien		Saldo	effektive Belastung	
1.000.000 €	220.800,00 €	22,08 %	262.697,34 €	26,27 %	41.897,34 €	262.697,34 €	26,27 %
2.500.000 €	552.000,00 €	22,08 %	772.697,34 €	30,91 %	220.697,34 €	772.697,34 €	30,91 %
5.000.000 €	1.104.000,00 €	22,08 %	1.622.697,34 €	32,45 %	518.697,34 €	1.622.697,34 €	32,45 %
10.000.000 €	2.208.000,00 €	22,08 %	3.322.697,34 €	33,23 %	1.114.697,34 €	3.322.697,34 €	33,23 %

Tabelle 63: Effektive Erbschaftsteuerbelastung einer Luxusimmobilie im deutsch-spanischen Erbfall bei einem Gesamtnachlassvolumen von 25 Mio. € bei Erwerb durch ein Kind des Erblassers

Wert der Immobilie	ErbSt-Belastung Deutschland Gesamtnachlass 25 Mio. €		ErbSt-Belastung Spanien		Saldo	effektive Belastung	
1.000.000 €	265.680,00 €	26,57 %	262.697,34 €	26,27 %	- 2.982,66 €	265.680,00 €	26,57 %
2.500.000 €	664.200,00 €	26,57 %	772.697,34 €	30,91 %	108.497,34 €	772.697,34 €	30,91 %
5.000.000 €	1.328.400,00 €	26,57 %	1.622.697,34 €	32,45 %	294.297,34 €	1.622.697,34 €	32,45 %
10.000.000 €	2.656.800,00 €	26,57 %	3.322.697,34 €	33,23 %	665.897,34 €	3.322.697,34 €	33,23 %

γ) Erbe: zwei Kinder (Gesamtbelastung für beide Kinder)

Tabelle 64: Effektive Erbschaftsteuerbelastung einer Luxusimmobilie im deutsch-spanischen Erbfall bei einem Gesamtnachlassvolumen von 10 Mio. € bei Erwerb durch zwei Kinder des Erblassers (Gesamtbelastung für beide Kinder)

Wert der Immobilie	ErbSt-Belastung Deutschland Gesamtnachlass 10 Mio. €		ErbSt-Belastung Spanien		Saldo	effektive Belastung	
1.000.000 €	174.800,00 €	17,48 %	212.043,19 €	21,20 %	37.243,19 €	212.043,19 €	21,20 %
2.500.000 €	437.000,00 €	17,48 %	695.394,67 €	27,82 %	258.394,67 €	695.394,67 €	27,82 %
5.000.000 €	874.000,00 €	17,48 %	1.545.394,67 €	30,91 %	671.394,67 €	1.545.394,67 €	30,91 %
10.000.000 €	1.748.000,00 €	17,48 %	3.245.394,67 €	32,45 %	1.497.394,67 €	3.245.394,67 €	32,45 %

Tabelle 65: Effektive Erbschaftsteuerbelastung einer Luxusimmobilie im deutsch-spanischen Erbfall bei einem Gesamtnachlassvolumen von 25 Mio. € bei Erwerb durch zwei Kinder des Erblassers (Gesamtbelastung für beide Kinder)

Wert der Immobilie	ErbSt-Belastung Deutschland Gesamtnachlass 25 Mio. €		ErbSt-Belastung Spanien		Saldo	effektive Belastung	
1.000.000 €	222.640,00 €	22,26 %	212.043,19 €	21,20 %	- 10.596,81 €	222.640,00 €	22,26 %
2.500.000 €	556.600,00 €	22,26 %	695.394,67 €	27,82 %	138.794,67 €	695.394,67 €	27,82 %
5.000.000 €	1.113.200,00 €	22,26 %	1.545.394,67 €	30,91 %	432.194,67 €	1.545.394,67 €	30,91 %
10.000.000 €	2.226.400,00 €	22,26 %	3.245.394,67 €	32,45 %	1.018.994,67 €	3.245.394,67 €	32,45 %

δ) Erbe: Dritter (ohne verwandtschaftliche Beziehung zum Erblasser)

Tabelle 66: Effektive Erbschaftsteuerbelastung einer Luxusimmobilie im deutsch-spanischen Erbfall bei einem Gesamtnachlassvolumen von 10 Mio. € bei Erwerb durch einen Dritten (ohne verwandtschaftliche Beziehung zum Erblasser)

Wert der Immobilie	**ErbSt-Belastung Deutschland** Gesamtnachlass 10 Mio. €		**ErbSt-Belastung Spanien**		**Saldo**	**effektive Belastung**	
1.000.000 €	499.000,00 €	49,90 %	536.245,35 €	53,62%	37.245,35 €	536.245,35 €	53,62%
2.500.000 €	1.247.500,00 €	49,90 %	1.556.245,35 €	62,25%	308.745,35 €	1.556.245,35 €	62,25%
5.000.000 €	2.495.000,00 €	49,90 %	3.256.245,35 €	65,12%	761.245,35 €	3.256.245,35 €	65,12%
10.000.000 €	4.990.000,00 €	49,90 %	6.656.245,35 €	66,56%	1.666.245,35 €	6.656.245,35 €	66,56%

Tabelle 67: Effektive Erbschaftsteuerbelastung einer Luxusimmobilie im deutsch-spanischen Erbfall bei einem Gesamtnachlassvolumen von 25 Mio. € bei Erwerb durch einen Dritten (ohne verwandtschaftliche Beziehung zum Erblasser)

Wert der Immobilie	**ErbSt-Belastung Deutschland** Gesamtnachlass 25 Mio. €		**ErbSt-Belastung Spanien**		**Saldo**	**effektive Belastung**	
1.000.000 €	499.600,00 €	49,96 %	536.245,35 €	53,62%	36.645,35 €	536.245,35 €	53,62%
2.500.000 €	1.249.000,00 €	49,96 %	1.556.245,35 €	62,25%	307.245,35 €	1.556.245,35 €	62,25%
5.000.000 €	2.498.000,00 €	49,96 %	3.256.245,35 €	65,12%	758.245,35 €	3.256.245,35 €	65,12%
10.000.000 €	4.996.000,00 €	49,96 %	6.656.245,35 €	66,56%	1.660.245,35 €	6.656.245,35 €	66,56%

d) *Auswertung*

α) Belastung mit spanischer Erbschaftsteuer

Die Belastungsanalyse von in Spanien belegenen Luxusimmobilien zeigt ein relativ einheitliches Bild: Das spanische Erbschaftsteuerniveau ist für alle Erwerber – abgesehen von wenigen Ausnahmen – deutlich höher als in Deutschland.

Ursache hierfür ist zum einen, dass in Spanien die Freibeträge für Ehegatten und Kinder mit 15.956,87 € extrem niedrig sind, so dass sich hieraus – gerade bei hohen Erwerben, wie es im Rahmen von Luxusimmobilien der Fall ist – eine vernachlässigbar geringe Entlastung ergibt. Zum anderen liegt die Mehrbelastung im Königreich Spanien v.a. in den tariflichen Besonderheiten des spanischen Erbschaftsteuerrechts begründet. Entsprechend den drei verschiedenen Steuerklassen des deutschen ErbStG[281] ergibt sich eine Tarifspreizung nach spanischem Recht aus dem sog. Korrekturkoeffizienten. Die Anwendung dieses Multiplikators, dessen Höhe sowohl vom in Spanien belegenen Vorvermögen als auch vom Verwandtschaftsgrad zum Erblasser abhängt, führt zu einer erheblichen Zunahme der Erbschaftsteuerbelastung – gerade für mit dem Erblasser nicht verwandte Erwerber. Der aufgrund kleiner Progressionsstufen ohnehin rasch ansteigende Tarif mit sehr hohen Steuersätzen wird so deutlich verschärft.

Die Belastung bei sehr teurem Grundvermögen ist für den Erwerb durch den Ehegatten oder ein Kind ungefähr gleich; bei Erwerb durch zwei Nachkömmlinge kommt aufgrund des jeweils hälftigen Erwerbs ein geringer Progressionsvorteil zum Tragen. Ist ein Dritter, ohne verwandtschaftliche Beziehung zum Erblasser, zum Erben berufen, ist die Belastung mit spanischer Erbschaftsteuer extrem groß. Es kommt zu einer deutlichen Mehrbelastung gegenüber dem ohnehin schon sehr hohen deutschen Niveau.

ß) Belastung im deutsch-spanischen Erbfall

Die Härte der spanischen Tarifbesonderheiten zeigt auch im deutsch-spanischen Erbfall Wirkung.

(1) Erwerb durch nahe Angehörige (Ehegatten und Kinder)

Bei einem Gesamtnachlassvolumen von 10 Mio. € kommt es bei Erwerb durch den Ehegatten oder durch ein bzw. zwei Kinder des Erblassers in nahezu allen untersuchten Immobilienkategorien zu einem nicht unerheblichen Anrechnungsüberhang. D.h., die Belastung in Spanien ist höher als in Deutschland. Insofern setzt sich das spanische Erbschaftsteuerniveau stets durch. Dies gilt mit Aus-

281 Vgl. § 19 i.V.m. § 15 ErbStG.

nahme einer Luxusimmobilie mit einem Wert von 1 Mio. € bei einem Gesamtnachlassvolumen von 25 Mio. €. Dass es in dieser Konstellation – anders als in den übrigen Fällen – zu einer minimal geringeren Besteuerung in Spanien kommt, liegt an den Tarifbesonderheiten, insbesondere den niedrigen spanischen Progressionsstufen.

Für eine Luxusimmobilie muss bei Erwerb durch nahe Angehörige mit einer Erbschaftsteuerbelastung von rd. 26 % bis über 33 % des Immobilienwerts gerechnet werden.

(2) Erwerb durch einen Dritten (ohne verwandtschaftliche Beziehung zum Erblasser)

Beerbt etwa der mit dem Erblasser nicht verheiratete Partner oder ein sonstiger Dritter den Erblasser, zeigt sich ein dramatisches Ergebnis. Für alle Immobilienkategorien und für beide Gesamtnachlassvolumina ist die Belastung mit spanischer Erbschaftsteuer exorbitant hoch. Sie liegt deutlich über 50 %, d.h. mehr als die Hälfte des Immobilienwertes wird durch die Erbschaftsteuer aufgezehrt.

Zwar wurden durch die Erbschaftsteuerreform zum 1.1.2009 auch die deutschen Steuersätze für Personen, die der Steuerklasse III angehören, deutlich angehoben, aufgrund des Korrekturkoeffizienten ist die Steuerlast in Spanien aber noch immer signifikant höher. Dort gilt bereits für den Teil des Erwerbs, der eine Grenze von ca. 800.000 € überschreitet, ein maximaler Steuersatz von 64 %. Verfügt der Erbe bereits vor dem Erbgang über Vermögen in Spanien, kann dieser sogar auf bis zu 81,6 % ansteigen.[282] Das tarifliche Maximum in der Bundesrepublik liegt in der einschlägigen Steuerklasse bei 50 % und wird nicht wie bis 31.12.2006 erst für Erwerbe über 25.565.000 €, sondern bereits ab 6 Mio. € erreicht.[283]

Für die untersuchten Konstellationen eines Gesamtnachlassvolumens von 10 bzw. 25 Mio. € beträgt der Steuersatz in Deutschland bei Erwerb durch eine mit dem Erblasser nicht verwandte Person daher nahezu den Spitzensteuersatz von 50 % In Spanien wird ein dort belegenes Grundvermögen, das einem Wert von 1 Mio. € hat, mit rd. 540.000 € (54 %) und Grundbesitz mit einem Wert von 10 Mio. € sogar mit rd. 6,7 Mio. € (67 %) belastet.

In allen Fällen kommt es zu einem erheblichen Anrechnungsüberhang, der im Extremfall bei über 1,6 Mio. € liegt. Das spanische Steuerniveau dominiert den Erwerb durch einen Dritten und entfaltet nahezu konfiskatorische Wirkung.

282 Bei einem in Spanien belegenen Vorvermögen von über 4.020.77.98 € greift der Korrekturkoeffizient mit einem Faktor von 2,4, so dass sich der Spritzensteuersatz von 34 % entsprechend erhöht.

283 § 19 Abs. 1 ErbStG.

γ) Zusätzliche Belastung

Auch beim erbweisen Übergang von Luxusimmobilien kann neben der Erbschaftsteuer eine kommunale Wertzuwachssteuer anfallen.[284]

---

284 Zu den Einzelheiten s. bereits oben S. 29

2. Belastung im deutsch-italienischen Erbfall

a) Belastung in Italien

α) Erbe: Ehegatte

Tabelle 68: Gesamtbelastung einer in Italien belegenen Luxusimmobilie bei Erwerb von Todes wegen durch den Ehegatten

Wert der Immobilie	ErbSt-Belastung Italien		Hypothekar- und Katastersteuer		Gesamtbelastung in Italien	
1.000.000 €	0,00 €	0,00 %	30.000,00 €	2 %+ 1 %	30.000,00 €	3,00 %
2.500.000 €	60.000,00 €	2,40 %	75.000,00 €	2 %+ 1 %	135.000,00 €	5,40 %
5.000.000 €	160.000,00 €	3,20 %	150.000,00 €	2 %+ 1 %	310.000,00 €	6,20 %
10.000.000 €	360.000,00 €	3,60 %	300.000,00 €	2 %+ 1 %	660.000,00 €	6,60 %

ß) Erbe: Kind

Tabelle 69: Gesamtbelastung einer in Italien belegenen Luxusimmobilie bei Erwerb von Todes wegen durch ein Kind des Erblassers

Wert der Immobilie	ErbSt-Belastung Italien		Hypothekar- und Katastersteuer		Gesamtbelastung in Italien	
1.000.000 €	0,00 €	0,00 %	30.000,00 €	2 % + 1 %	30.000,00 €	3,00 %
2.500.000 €	60.000,00 €	2,40 %	75.000,00 €	2 % + 1 %	135.000,00 €	5,40 %
5.000.000 €	160.000,00 €	3,20 %	150.000,00 €	2 % + 1 %	310.000,00 €	6,20 %
10.000.000 €	360.000,00 €	3,60 %	300.000,00 €	2 % + 1 %	660.000,00 €	6,60 %

γ) Erbe: zwei Kinder (Gesamtbelastung für beide Kinder)

Tabelle 70: Gesamtbelastung einer in Italien belegenen Luxusimmobilie bei Erwerb von Todes wegen durch zwei Kinder des Erblassers (Gesamtbelastung für beide Kinder)

Wert der Immobilie	ErbSt-Belastung Italien		Hypothekar- und Katastersteuer		Gesamtbelastung in Italien	
1.000.000 €	0,00 €	0,00 %	30.000,00 €	2 % + 1 %	30.000,00 €	3,00 %
2.500.000 €	20.000,00 €	0,80 %	75.000,00 €	2 % + 1 %	95.000,00 €	3,80 %
5.000.000 €	120.000,00 €	2,40 %	150.000,00 €	2 % + 1 %	270.000,00 €	5,40 %
10.000.000 €	320.000,00 €	3,20 %	300.000,00 €	2 % + 1 %	620.000,00 €	6,20 %

δ) Erbe: Dritter (ohne verwandtschaftliche Beziehung zum Erblasser)

Tabelle 71: Gesamtbelastung einer in Italien belegenen Luxusimmobilie bei Erwerb von Todes wegen durch einen Dritten (keine verwandtschaftliche Beziehung zum Erblasser)

Wert der Immobilie	**ErbSt-Belastung Italien**		**Hypothekar- und Katastersteuer**		**Gesamtbelastung in Italien**	
1.000.000 €	80.000,00 €	8,00 %	30.000,00 €	2 % + 1 %	110.000,00 €	11,00 %
2.500.000 €	200.000,00 €	8,00 %	75.000,00 €	2 % + 1 %	275.000,00 €	11,00 %
5.000.000 €	400.000,00 €	8,00 %	150.000,00 €	2 % + 1 %	550.000,00 €	11,00 %
10.000.000 €	800.000,00 €	8,00 %	300.000,00 €	2 % + 1%	1.100.000,00 €	11,00 %

b) *Gesamtbelastung im deutsch-italienischen Erbfall*

α) Erbe: Ehegatte

Tabelle 72: Gesamtsteuerbelastung einer Luxusimmobilie im deutsch-italienischen Erbfall bei einem Gesamtnachlass von 10 Mio. € bei Erwerb durch den Ehegatten

Wert der Immobilie	**ErbSt-Belastung Deutschland** Gesamtnachlass 10 Mio. €		**ErbSt-Belastung Italien**		**Saldo**	**Hypothekar- und Katastersteuer**		**Gesamtbelastung**	
1.000.000 €	212.612,00 €	21,26 %	0,00 €	0,00 %	- 212.612,00 €	30.000,00 €	3,00 %	242.612,00 €	24,26 %
2.500.000 €	531.530,00 €	21,26 %	60.000,00 €	2,40 %	- 531.530,00 €	75.000,00 €	3,00 %	666.530,00 €	24,26 %
5.000.000 €	1.063.060,00 €	21,26 %	160.000,00 €	3,20 %	- 1.063.060,00 €	150.000,00 €	3,00 %	1.373.060,00 €	24,26 %
10.000.000 €	2.126.120,00 €	21,26 %	360.000,00 €	3,60 %	- 2.126.120,00 €	300.000,00 €	3,00 %	2.786.120,00 €	24,26 %

Tabelle 73: Gesamtsteuerbelastung einer Luxusimmobilie im deutsch-italienischen Erbfall bei einem Gesamtnachlass von 25 Mio. € bei Erwerb durch den Ehegatten

Wert der Immobilie	**ErbSt-Belastung Deutschland** Gesamtnachlass 25Mio. €		**ErbSt-Belastung Italien**		**Saldo**	**Hypothekar- und Katastersteuer**		**Gesamtbelastung**	
1.000.000 €	261.835,20 €	26,18 %	0,00 €	0,00 %	- 261.835,20 €	30.000,00 €	3,00 %	291.835,20 €	29,18 %
2.500.000 €	654.588,00 €	26,18 %	60.000,00 €	2,40 %	- 654.588,00 €	75.000,00 €	3,00 %	729.588,00 €	29,18 %
5.000.000 €	1.309.176,00 €	26,18 %	160.000,00 €	3,20 %	- 1.309.176,00 €	150.000,00 €	3,00 %	1.459.176,00 €	29,18 %
10.000.000 €	2.618.352,00 €	26,18 %	360.000,00 €	3,60 %	- 2.618.352,00 €	300.000,00 €	3,00 %	2.918.352,00 €	29,18 %

ß) Erbe: Kind

Tabelle 74: Gesamtsteuerbelastung einer Luxusimmobilie im deutsch-italienischen Erbfall bei einem Gesamtnachlass von 10 Mio. € bei Erwerb durch ein Kind des Erblassers

Wert der Immobilie	ErbSt-Belastung Deutschland Gesamtnachlass 10 Mio. €		ErbSt-Belastung Italien		Saldo	Hypothekar- und Katastersteuer		Gesamtbelastung	
1.000.000 €	220.800,00 €	22,08 %	0,00 €	0,00 %	- 220.800,00 €	30.000,00 €	3,00 %	250.800,00 €	25,08 %
2.500.000 €	552.000,00 €	22,08 %	60.000,00 €	2,40 %	- 552.000,00 €	75.000,00 €	3,00 %	627.000,00 €	25,08 %
5.000.000 €	1.104.000,00 €	22,08 %	160.000,00 €	3,20 %	- 1.104.000,00 €	150.000,00 €	3,00 %	1.254.000,00 €	25,08 %
10.000.000 €	2.208.000,00 €	22,08 %	360.000,00 €	3,60 %	- 2.208.000,00 €	300.000,00 €	3,00 %	2.508.000,00 €	25,08 %

Tabelle 75: Gesamtsteuerbelastung einer Luxusimmobilie im deutsch-italienischen Erbfall bei einem Gesamtnachlass von 25 Mio. € bei Erwerb durch ein Kind des Erblassers

Wert der Immobilie	ErbSt-Belastung Deutschland Gesamtnachlass 25 Mio. €		ErbSt-Belastung Italien		Saldo	Hypothekar- und Katastersteuer		Gesamtbelastung	
1.000.000 €	265.680,00 €	26,57 %	0,00 €	0,00 %	- 265.680,00 €	30.000,00 €	3,00 %	295.680,00 €	29,57 %
2.500.000 €	664.200,00 €	26,57 %	60.000,00 €	2,40 %	- 664.200,00 €	75.000,00 €	3,00 %	739.200,00 €	29,57 %
5.000.000 €	1.328.400,00 €	26,57 %	160.000,00 €	3,20 %	- 1.328.400,00 €	150.000,00 €	3,00 %	1.478.400,00 €	29,57 %
10.000.000 €	2.656.800,00 €	26,57 %	360.000,00 €	3,60 %	- 2.656.800,00 €	300.000,00 €	3,00 %	2.956.800,00 €	29,57 %

γ) Erbe: zwei Kinder (Gesamtbelastung für beide Kinder)

Tabelle 76: Gesamtsteuerbelastung einer Luxusimmobilie im deutsch-italienischen Erbfall bei einem Gesamtnachlass von 10 Mio. € bei Erwerb durch zwei Kinder des Erblassers (Gesamtsteuerbelastung für beide Kinder)

Wert der Immobilie	**ErbSt-Belastung Deutschland** Gesamtnachlass 10 Mio. €		**ErbSt-Belastung Italien**		**Saldo**	**Hypothekar- und Katastersteuer**		**Gesamtbelastung**	
1.000.000 €	174.800,00 €	17,48 %	0,00 €	0,00 %	- 174.800,00 €	30.000,00 €	3,00 %	204.800,00 €	20,48 %
2.500.000 €	437.000,00 €	17,48 %	20.000,00 €	0,80 %	- 437.000,00 €	75.000,00 €	3,00 %	512.000,00 €	20,48 %
5.000.000 €	874.000,00 €	17,48 %	120.000,00 €	2,40 %	- 874.000,00 €	150.000,00 €	3,00 %	1.024.000,00 €	20,48 %
10.000.000 €	1.748.000,00 €	17,48 %	320.000,00 €	3,20 %	- 1.748.000,00 €	300.000,00 €	3,00 %	2.048.000,00 €	20,48 %

Tabelle 77: Gesamtsteuerbelastung einer Luxusimmobilie im deutsch-italienischen Erbfall bei einem Gesamtnachlass von 25 Mio. € bei Erwerb durch zwei Kinder des Erblassers (Gesamtsteuerbelastung für beide Kinder)

Wert der Immobilie	**ErbSt-Belastung Deutschland** Gesamtnachlass 25 Mio. €		**ErbSt-Belastung Italien**		**Saldo**	**Hypothekar- und Katastersteuer**		**Gesamtbelastung**	
1.000.000 €	222.640,00 €	22,26 %	0,00 €	0,00 %	- 222.640,00 €	30.000,00 €	3,00 %	252.640,00 €	25,26 %
2.500.000 €	556.600,00 €	22,26 %	20.000,00 €	0,80 %	- 556.600,00 €	75.000,00 €	3,00 %	631.600,00 €	25,26 %
5.000.000 €	1.113.200,00 €	22,26 %	120.000,00 €	2,40 %	- 1.113.200,00 €	150.000,00 €	3,00 %	1.263.200,00 €	25,26 %
10.000.000 €	2.226.400,00 €	22,26 %	320.000,00 €	3,20 %	- 2.226.400,00 €	300.000,00 €	3,00 %	2.526.400,00 €	25,26 %

δ) Erbe: Dritter (ohne verwandtschaftliche Beziehung zum Erblasser)

Tabelle 78: Gesamtsteuerbelastung einer Luxusimmobilie im deutsch-italienischen Erbfall bei einem Gesamtnachlass von 10 Mio. € bei Erwerb durch einen Dritten (ohne verwandtschaftliche Beziehung zum Erblasser)

Wert der Immobilie	ErbSt-Belastung Deutschland Gesamtnachlass 10 Mio. €		ErbSt-Belastung Italien		Saldo	Hypothekar- und Katastersteuer		Gesamtbelastung	
1.000.000 €	499.000,00 €	49,90 %	80.000,00 €	8,00 %	- 499.000,00 €	30.000,00 €	3,00 %	529.000,00 €	52,90 %
2.500.000 €	1.247.500,00 €	49,90 %	200.000,00 €	8,00 %	- 1.247.500,00 €	75.000,00 €	3,00 %	1.322.500,00 €	52,90 %
5.000.000 €	2.495.000,00 €	49,90 %	400.000,00 €	8,00 %	- 2.495.000,00 €	150.000,00 €	3,00 %	2.645.000,00 €	52,90 %
10.000.000 €	4.990.000,00 €	49,90 %	800.000,00 €	8,00 %	- 4.990.000,00 €	300.000,00 €	3,00 %	5.290.000,00 €	52,90 %

Tabelle 79: Gesamtsteuerbelastung einer Luxusimmobilie im deutsch-italienischen Erbfall bei einem Gesamtnachlass von 25 Mio. € bei Erwerb durch einen Dritten (ohne verwandtschaftliche Beziehung zum Erblasser)

Wert der Immobilie	ErbSt-Belastung Deutschland Gesamtnachlass 25 Mio. €		ErbSt-Belastung Italien		Saldo	Hypothekar- und Katastersteuer		Gesamtbelastung	
1.000.000 €	499.600,00 €	49,96 %	80.000,00 €	8,00 %	- 499.600,00 €	30.000,00 €	3,00 %	529.600,00 €	52,96 %
2.500.000 €	1.249.000,00 €	49,96 %	200.000,00 €	8,00 %	- 1.249.000,00 €	75.000,00 €	3,00 %	1.324.000,00 €	52,96 %
5.000.000 €	2.498.000,00 €	49,96 %	400.000,00 €	8,00 %	- 2.498.000,00 €	150.000,00 €	3,00 %	2.648.000,00 €	52,96 %
10.000.000 €	4.996.000,00 €	49,96 %	800.000,00 €	8,00 %	- 4.996.000,00 €	300.000,00 €	3,00 %	5.296.000,00 €	52,96 %

c) *Auswertung*

Die Erbschaftsteuerbelastung in Italien liegt auch dann, wenn Luxusimmobilien vererbt werden, deutlich unter dem Besteuerungsniveau der Bundesrepublik.

Der durchgängig lineare italienische Tarif sorgt für eine gleichmäßige Belastung mit Erbschaftsteuer auf einem sehr niedrigen Niveau. In jedem Fall ist die Erbschaftsteuer, die in Italien auf das dort belegene Grundvermögen entfällt, geringer als in Deutschland und sie kann auf die deutsche Erbschaftsteuerlast vollumfänglich angerechnet werden. Das deutsche Erbschaftsteuerniveau bestimmt daher den deutsch-italienischen Erbfall.

Für Ehegatten und in gerader Linie mit dem Erblasser Verwandte greift überdies ein hoher Freibetrag von 1 Mio. €, so dass eine Immobilie mit einem Wert bis zu diesem Betrag in Italien erbschaftsteuerfrei übergehen kann.

Dieser sehr hohe Freibetrag und der niedrige Tarif sorgen dafür, dass etwa für eine Luxusimmobilien mit einem Wert von 10 Mio. € in Italien nur 360.000 € an Erbschaftsteuer zu zahlen sind, während in Deutschland die Erbschaftsteuer bei einem Erwerb durch den Ehegatten oder ein Kind rd. 2,6 Mio. € ausmacht.

Jedoch erhöht sich die Gesamtbelastung im deutsch-italienischen Erbfall durch die nicht anrechenbaren Hypothekar- und Katastersteuern. Diese belaufen sich in der Summe auf 3 % des Immobilienwerts und schlagen bei den sehr hohen Immobilienwerten in absoluten Zahlen durchaus spürbar zu Buche. Für eine Luxusimmobilie mit einem Wert von 5 Mio. € betragen diese Registergebühren 150.000 €, bei einem Grundvermögen i.H.v. 10 Mio. € sogar das Doppelte.

3. Belastung mit deutsch-US-amerikanischer Erbfall

a) Belastung mit US-amerikanischer Erbschaftsteuer (Nachlasssteuer)

α) Erbe: Ehegatte

Tabelle 80: Belastung einer Luxusimmobilie mit US-amerikanischer Erbschaftsteuer unter Berücksichtigung des DBA bei Erwerb durch den Ehegatten

Wert der Immobilie	**ErbSt-Belastung in den USA** Gesamtnachlass 10 Mio. €		**ErbSt-Belastung in den USA** Gesamtnachlass 25 Mio. €	
1.000.000 €	0,00 €	0,00 %	0,00 €	0,00 %
2.500.000 €	140.400,00 €	5,62 %	174.980,00 €	7,00 %
5.000.000 €	836.933,33 €	16,74 %	906.093,33 €	18,12 %
10.000.000 €	1.913.333,33 €	19,13 %	2.051.653,33 €	20,50 %

ß) übrige Erwerber

Tabelle 81: Belastung einer Luxusimmobilie mit US-amerikanischer Erbschaftsteuer unter Berücksichtigung des DBA (übrige Erwerber)

Wert der Immobilie	**ErbSt-Belastung in den USA** Gesamtnachlass 10 Mio. €		**ErbSt-Belastung in den USA** Gesamtnachlass 25 Mio. €	
1.000.000 €	347.480,00 €	34,75 %	361.312,00 €	36,13 %
2.500.000 €	1.077.900,00 €	43,12 %	1.112.480,00 €	44,50 %
5.000.000 €	2.395.266,67 €	47,91 %	2.464.426,67 €	49,29 %
10.000.000 €	5.030.000,00 €	50,30 %	5.168.320,00 €	51,68 %

b) Effektive Belastung im deutsch-US-amerikanischen Erbfall

α) Erbe: Ehegatte

Tabelle 82: Effektive Erbschaftsteuerbelastung einer Luxusimmobilie im deutsch-US-amerikanischen Erbfall bei einem Gesamtnachlass von 10 Mio. € bei Erwerb durch den Ehegatten

Wert der Immobilie	**ErbSt-Belastung Deutschland** Gesamtnachlass 10 Mio. €		**ErbSt-Belastung USA** Gesamtnachlass 10 Mio. €		**Saldo**	**effektive Belastung**	
1.000.000 €	212.612,00 €	21,26 %	0,00 €	0,00 %	- 212.612,00 €	212.612,00 €	21,26 %
2.500.000 €	531.530,00 €	21,26 %	140.400,00 €	5,62 %	- 391.130,00 €	531.530,00 €	21,26 %
5.000.000 €	1.063.060,00 €	21,26 %	836.933,33 €	16,74 %	- 226.126,67 €	1.063.060,00 €	21,26 %
10.000.000 €	2.126.120,00 €	21,26 %	1.913.333,33 €	19,13 %	- 212.786,67 €	2.126.120,00 €	21,26 %

Tabelle 83: Effektive Erbschaftsteuerbelastung einer Luxusimmobilie im deutsch-US-amerikanischen Erbfall bei einem Gesamtnachlass von 25 Mio. € bei Erwerb durch den Ehegatten

Wert der Immobilie	**ErbSt-Belastung Deutschland** Gesamtnachlass 25 Mio. €		**ErbSt-Belastung USA** Gesamtnachlass 25 Mio. €		**Saldo**	**effektive Belastung**	
1.000.000 €	261.835,20 €	26,18 %	0,00 €	0,00 %	- 261.835,20 €	261.835,20 €	26,18 %
2.500.000 €	654.588,00 €	26,18 %	174.980,00 €	7,00 %	- 479.608,00 €	654.588,00 €	26,18 %
5.000.000 €	1.309.176,00 €	26,18 %	906.093,33 €	18,12 %	- 403.082,67 €	1.309.176,00 €	26,18 %
10.000.000 €	2.618.352,00 €	26,18 %	2.051.653,33 €	20,50 %	- 566.698,67 €	2.618.352,00 €	26,18 %

ß) Erbe: Kind

Tabelle 84: Effektive Erbschaftsteuerbelastung einer Luxusimmobilie im deutsch-US-amerikanischen Erbfall bei einem Gesamtnachlass von 10 Mio. € bei Erwerb durch ein Kind des Erblassers

Wert der Immobilie	**ErbSt-Belastung Deutschland** Gesamtnachlass 10 Mio. €		**ErbSt-Belastung USA** Gesamtnachlass 10 Mio. €		**Saldo**	**effektive Belastung**	
1.000.000 €	220.800,00 €	22,08 %	347.480,00 €	34,75 %	126.680,00 €	347.480,00 €	34,75 %
2.500.000 €	552.000,00 €	22,08 %	1.077.900,00 €	43,12 %	525.900,00 €	1.077.900,00 €	43,12 %
5.000.000 €	1.104.000,00 €	22,08 %	2.395.266,67 €	47,91 %	1.291.266,67 €	2.395.266,67 €	47,91 %
10.000.000 €	2.208.000,00 €	22,08 %	5.030.000,00 €	50,30 %	2.822.000,00 €	5.030.000,00 €	50,30 %

Tabelle 85: Effektive Erbschaftsteuerbelastung einer Luxusimmobilie im deutsch-US-amerikanischen Erbfall bei einem Gesamtnachlass von 25 Mio. € bei Erwerb durch ein Kind des Erblassers

Wert der Immobilie	**ErbSt-Belastung Deutschland** Gesamtnachlass 25 Mio. €		**ErbSt-Belastung USA** Gesamtnachlass 25 Mio. €		**Saldo**	**effektive Belastung**	
1.000.000 €	265.680,00 €	26,57 %	361.312,00 €	36,13 %	95.632,00 €	361.312,00 €	36,13 %
2.500.000 €	664.200,00 €	26,57 %	1.112.480,00 €	44,50 %	448.280,00 €	1.112.480,00 €	44,50 %
5.000.000 €	1.328.400,00 €	26,57 %	2.464.426,67 €	49,29 %	1.136.026,67 €	2.464.426,67 €	49,29 %
10.000.000 €	2.656.800,00 €	26,57 %	5.168.320,00 €	51,68 %	2.511.520,00 €	5.168.320,00 €	51,68 %

γ) Erbe: zwei Kinder (Gesamtbelastung für beide Kinder)

Tabelle 86: Effektive Erbschaftsteuerbelastung einer Luxusimmobilie im deutsch-US-amerikanischen Erbfall bei einem Gesamtnachlass von 10 Mio. € bei Erwerb durch zwei Kinder des Erblassers (Gesamtbelastung für beide Kinder)

Wert der Immobilie	**ErbSt-Belastung Deutschland** Gesamtnachlass 10 Mio. €		**ErbSt-Belastung USA** Gesamtnachlass 10 Mio. €		**Saldo**	**effektive Belastung**	
1.000.000 €	174.800,00 €	17,48 %	347.480,00 €	34,75 %	172.680,00 €	347.480,00 €	34,75 %
2.500.000 €	437.000,00 €	17,48 %	1.077.900,00 €	43,12 %	640.900,00 €	1.077.900,00 €	43,12 %
5.000.000 €	874.000,00 €	17,48 %	2.395.266,67 €	47,91 %	1.521.266,67 €	2.395.266,67 €	47,91 %
10.000.000 €	1.748.000,00 €	17,48 %	5.030.000,00 €	50,30 %	3.282.000,00 €	5.030.000,00 €	50,30 %

Tabelle 87: Effektive Erbschaftsteuerbelastung einer Luxusimmobilie im deutsch-US-amerikanischen Erbfall bei einem Gesamtnachlass von 25 Mio. € bei Erwerb durch zwei Kinder des Erblassers (Gesamtbelastung für beide Kinder)

Wert der Immobilie	**ErbSt-Belastung Deutschland** Gesamtnachlass 25 Mio. €		**ErbSt-Belastung USA** Gesamtnachlass 25 Mio. €		**Saldo**	**effektive Belastung**	
1.000.000 €	222.640,00 €	22,26 %	361.312,00 €	36,13 %	138.672,00 €	361.312,00 €	36,13 %
2.500.000 €	556.600,00 €	22,26 %	1.112.480,00 €	44,50 %	555.880,00 €	1.112.480,00 €	44,50 %
5.000.000 €	1.113.200,00 €	22,26 %	2.464.426,67 €	49,29 %	1.351.226,67 €	2.464.426,67 €	49,29 %
10.000.000 €	2.226.400,00 €	22,26 %	5.168.320,00 €	51,68 %	2.941.920,00 €	5.168.320,00 €	51,68 %

δ) Erbe: Dritter (ohne verwandtschaftliche Beziehung zum Erblasser)

Tabelle 88: Effektive Erbschaftsteuerbelastung einer Luxusimmobilie im deutsch-US-amerikanischen Erbfall bei einem Gesamtnachlass von 10 Mio. € bei Erwerb durch einen Dritten (ohne verwandtschaftliche Beziehung zum Erblasser)

Wert der Immobilie	**ErbSt-Belastung Deutschland** Gesamtnachlass 10 Mio. €		**ErbSt-Belastung USA** Gesamtnachlass 10 Mio. €		**Saldo**	**effektive Belastung**	
1.000.000 €	499.000,00 €	49,90 %	347.480,00 €	34,75 %	- 151.520,00 €	499.000,00 €	49,90 %
2.500.000 €	1.247.500,00 €	49,90 %	1.077.900,00 €	43,12 %	- 169.600,00 €	1.247.500,00 €	49,90 %
5.000.000 €	2.495.000,00 €	49,90 %	2.395.266,67 €	47,91 %	- 99.733,33 €	2.495.000,00 €	49,90 %
10.000.000 €	4.990.000,00 €	49,90 %	5.030.000,00 €	50,30 %	40.000,00 €	5.030.000,00 €	50,30 %

Tabelle 89: Effektive Erbschaftsteuerbelastung einer Luxusimmobilie im deutsch-US-amerikanischen Erbfall bei einem Gesamtnachlass von 25 Mio. € bei Erwerb durch einen Dritten (ohne verwandtschaftliche Beziehung zum Erblasser)

Wert der Immobilie	**ErbSt-Belastung Deutschland** Gesamtnachlass 25 Mio. €		**ErbSt-Belastung USA** Gesamtnachlass 25 Mio. €		**Saldo**	**effektive Belastung**	
1.000.000 €	499.600,00 €	49,96 %	361.312,00 €	36,13 %	- 138.288,00 €	499.600,00 €	49,96 %
2.500.000 €	1.249.000,00 €	49,96 %	1.112.480,00 €	44,50 %	- 136.520,00 €	1.249.000,00 €	49,96 %
5.000.000 €	2.498.000,00 €	49,96 %	2.464.426,67 €	49,29 %	- 33.573,33 €	2.498.000,00 €	49,96 %
10.000.000 €	4.996.000,00 €	49,96 %	5.168.320,00 €	51,68 %	172.320,00 €	5.168.320,00 €	51,68 %

c) Auswertung

α) Belastung mit US-amerikanischer Nachlasssteuer

Aus der Analyse der Belastung von Luxusimmobilien mit Nachlasssteuer ergibt sich ein zweigeteiltes Bild. Grundsätzlich ist die Steuerbelastung im Erbfall in den USA deutlich höher als in Deutschland, jedoch sorgen verschiedene Freistellungen für Ehegatten für Entlastung. In der Konstellationen, dass das Immobilienvermögen auf den Ehegatten übergeht, liegt daher das US-amerikanische Besteuerungsniveau stets unter der deutschen Erbschaftsteuerbelastung, in alle anderen Fällen zeigt sich das genaue Gegenteil.

Ausgangspunkt bildet das sehr hohe Besteuerungsniveau in den USA, das durch ein Auslaufen der in den vergangen Jahren bestehenden Erleichterungen, die zuletzt für das Jahr 2010 sogar eine vollständige Nachlasssteuerfreiheit bewirkt haben,[285] noch an Schärfe zugenommen hat. Die kleinen Progressionsstufen des US-Tarifs führen rasch zu einer sehr hohen Belastung. Der 3 Mio. US-$ übersteigende Teil des Nachlasses wird bereits mit dem Spitzensteuersatz von 55 % belastet.[286] Entsprechend hoch ist deshalb die Belastung von Luxusimmobilien mit US-Nachlasssteuer.

Da die Besteuerung des Erbfalls in den USA als Nachlasssteuer ausgestaltet ist und nur für den Ehegatten Besonderheiten gelten, erfolgt die Besteuerung bei allen übrigen Erwerbern einheitlich. Ob eine zusätzliche Belastung im Ausland entsteht, hängt daher allein von der Höhe der deutschen Erbschaftsteuer in der jeweiligen Fallkonstellation ab.

ß) Belastung im deutsch-US-amerikanischen Erbfall

Besonderheit im deutsch-US-amerikanischen Erbfall, für den das mit den USA geschlossene DBA auf dem Gebiet der Nachlass-, Erbschaft- und Schenkungssteuer greift, ist die umfangreiche Gewährung von Freibeträgen bzw. Freistellungen, die – mit Einschränkungen – den Vergünstigungen bei unbeschränkter Steuerpflicht des Nachlasses entsprechen. So kommt nach Art. 10 Abs. 5 DBA auch ein in den USA beschränkt Steuerpflichtiger in den Genuss eines Anrechnungsbetrages nach Sec. 2010 IRC („unified tax credit"), der aber – ohne eine vorherige Gesetzesänderung – ab 2013 nur noch 1 Mio. US-$ beträgt. Dieser ist jedoch auf den Anteil begrenzt, der dem Verhältnis des von den USA besteuerten Vermögens zum Gesamtnachlass entspricht. Mit zunehmendem Wert der Immobilien bei gleichbleibendem Gesamtnachlassvolumen erhöht sich der An-

285 S. hierzu näher S. V

286 Jedoch ist die effektive Nachlasssteuer-Gesamtbelastung aufgrund des gestaffelten Tarifs niedriger.

teil des sich in den USA belegenen Vermögens am Gesamterwerb. Da die Gewährung des US-amerikanischen Tax-Credit von diesem Verhältnis begrenzt wird, erhöht sich der Freibetrag mit steigendem Immobilienwert entsprechend.[287] Bei sehr großen Erwerben fällt jedoch der Freibetrag weniger ins Gewicht, so dass sich dieser Effekt nicht an der absoluten Belastung ablesen lässt. Vielmehr sind die Ausgestaltungen der Tarife in den USA und in Deutschland für die unterschiedlichen Ergebnisse verantwortlich. Insbesondere die Tatsache, dass der Spitzensteuersatz für die Steuerklasse I in Deutschland erst ab einem steuerpflichtigen Erwerb von über 26 Mio. € greift, also auch bei einem Gesamtnachlassvolumen von 25 Mio. € noch nicht zum Tragen kommt, ist hierfür Ursache. Jedoch gelten in den Steuerklassen II und III aufgrund der Erbschaftsteuerreform seit dem 1.1.2009 bereits ab einem Erwerb von über 13 Mio. € die Höchststeuersätze von 30 % bzw. 50 %.

(1) Ehegatte

Unabhängig vom Gesamtnachlassvolumen wird der Erwerb von Todes wegen durch den Ehegatten in den USA geringer steuerlich belastet. Dies liegt an den umfangreichen Freistellungen von Vermögen, das im Todesfall auf den Ehepartner übergeht. Die Geltung dieser Erleichterungen auch für den Fall der unbeschränkten Steuerpflicht ist im deutsch-amerikanischen Erbschaftsteuer-DBA verankert.[288] Zum einen greift eine Freistellung nach Art. 10 Abs. 4 DBA, die dazu führt, dass stets nur die Hälfte des Immobilienwerts herangezogen wird. Es kommt somit zu einer hälftigen Steuerfreistellung.[289] Neben dieser Ehegattenvergünstigung nach Art. 10 Abs. 4 DBA greift in jeder Konstellation auch noch die zusätzliche Ehegattenvergünstigung nach Art. 10 Abs. 6 DBA, wonach ein Erwerb bis zu 1 Mio. US-$ steuerfrei möglich ist. Aus diesem Grund fällt für eine Luxusimmobilie mit einem Wert von 1 Mio. € keine Nachlasssteuer an. Hieraus erklärt sich auch, warum für ein 2,5 Mio. € teures Anwesen in den USA nur 5,62 % an Nachlasssteuer anfallen.

Vor allem die hälftige Steuerfreistellung wirkt sich auch noch in den höheren Wertkategorien aus. Für den Fall, dass die Immobilie auf den Ehegatten übergeht, überwiegt das deutsche Niveau deshalb dennoch den höheren US-amerikanischen Tarif. Die in den USA fällige Nachlasssteuer kann in jeder der

287 Deshalb kann, wenn der Wert des US-amerikanischen Grundvermögens 10 Mio. € beträgt und damit dem Gesamterwerb entspricht, der Anrechnungsbetrag voll ausgeschöpft werden.

288 Vgl. Art. 10 Abs. 4 und 6 DBA.

289 Vgl. Art. 10 Abs. 4 Buchst. a; zu den Vergünstigungen für Ehegatten s. überdies Anhang ab S. 229.

untersuchten Konstellationen in Deutschland vollständig zur Anrechnung gebracht werden. Es entstehen keine Anrechnungsüberhänge.

(2) Erwerb durch ein bzw. zwei Kinder des Erblassers

Der Erwerb durch die Abkömmlinge des Erblassers wird in den USA deutlich höher belastet als in Deutschland. Weniger die Freibeträge als der im Verhältnis deutlich günstigere deutsche Erbschaftsteuertarif für Erwerber, die der Steuerklasse I angehören, ist hierfür Ursache. Das US-Steuerniveau ist daher höher als die deutsche Erbschaftsbesteuerung. Es kommt in allen untersuchten Konstellationen, sei es bei Erwerb durch ein oder zwei Kinder des Erblassers, sei es bei einem Gesamtnachlassvolumen von 10 Mio. oder 25 Mio. € zu einem Anrechnungsüberhang. Das hohe US-Steuerniveau setzt sich insoweit durch.

(3) Dritte

Erwirbt ein Dritter ohne verwandtschaftliche Beziehung zum Erblasser, etwa der Lebensgefährte, die in den Vereinigten Staaten belegene Luxusimmobilie, verhält es sich ähnlich. Jedoch nimmt auch die Besteuerung in Deutschland massiv zu. Nach der Erbschaftsteuerreform zum 1.1.2009 wird der Spitzensteuersatz des deutschen Erbschaftsteuertarifs ab einem Erwerb von 6 Mio. € erreicht. Die enormen tariflichen Belastungen für Erwerber der Steuerklasse III näheren sich an das Besteuerungsniveau in den USA entsprechend an. Die US-Nachlasssteuer kann jedoch in keiner der untersuchten Konstellationen vollständig zur Anrechnung gebracht werden. Das US-amerikanische Nachlasssteuerniveau dominiert bei Erwerben durch mit dem Erblasser nicht verwandte Dritte den deutsch-US-amerikanischen Erbfall.

V. Ergebnisse

1. Gegenüberstellung der erbschaftsteuerlichen Belastungen einer Luxusimmobilie

Mithilfe der nachfolgenden Gegenüberstellung lässt sich die Gesamtbelastung einer Luxusimmobilie mit Erbschaftsteuer in den einzelnen Ländern vergleichen. Da im jeweiligen deutsch-ausländischen Erbfall stets die Anrechnungsmethode – sei es nach § 21 ErbStG oder unter Anwendung eines DBA – zur Anwendung kommt, setzt sich das jeweils höhere Erbschaftsteuerniveau durch. Aus Gründen der Vergleichbarkeit wurde auf eine Darstellung der nicht anrechenbaren Steuern, die zwar zur effektiven Gesamtbelastung beitragen, aber nicht der deutschen Erbschaftsteuer entsprechen und daher für eine Anrechnung nicht in Betracht kommen, verzichtet. (Die höchste Belastung wurde durch Fettdruck hervorgehoben.)

a) Gesamtnachlassvolumen von 10 Mio. €

α) Erbe: Ehegatte

Tabelle 90: Gegenüberstellung der erbschaftsteuerlichen Belastungen einer Luxusimmobilie bei einem Gesamtnachlassvolumen von 10 Mio. € bei Erwerb durch den Ehegatten

Immobilienwert	**Deutschland**		**Spanien**		**Italien**		**USA**	
1.000.000 €	212.612,00 €	21,26 %	**262.697,34 €**	**26,27 %**	0,00 €	0,00 %	0,00 €	0,00 %
2.500.000 €	531.530,00 €	21,26 %	**772.697,34 €**	**30,91 %**	60.000,00 €	2,40 %	140.400,00 €	5,62 %
5.000.000 €	1.063.060,00 €	21,26 %	**1.622.697,34 €**	**32,45 %**	160.000,00 €	3,20 %	836.933,33 €	16,74 %
10.000.000 €	2.126.120,00 €	21,26 %	**3.322.697,34 €**	**33,23 %**	360.000,00 €	3,60 %	1.913.333,33 €	19,13 %

ß) Erbe: Kind

Tabelle 91: Gegenüberstellung der erbschaftsteuerlichen Belastungen einer Luxusimmobilie bei einem Gesamtnachlassvolumen von 10 Mio. € bei Erwerb durch ein Kind des Erblassers

Immobilienwert	**Deutschland**		**Spanien**		**Italien**		**USA**	
1.000.000 €	220.800,00 €	22,08 %	262.697,34 €	26,27 %	0,00 €	0,00 %	**347.480,00 €**	**34,75 %**
2.500.000 €	552.000,00 €	22,08 %	772.697,34 €	30,91 %	60.000,00 €	2,40 %	**1.077.900,00 €**	**43,12 %**
5.000.000 €	1.104.000,00 €	22,08 %	1.622.697,34 €	32,45 %	160.000,00 €	3,20 %	**2.395.266,67 €**	**47,91 %**
10.000.000 €	2.208.000,00 €	22,08 %	3.322.697,34 €	33,23 %	360.000,00 €	3,60 %	**5.030.000,00 €**	**50,30 %**

Tabelle 92: Gegenüberstellung der erbschaftsteuerlichen Belastungen einer Luxusimmobilie bei einem Gesamtnachlassvolumen von 10 Mio. € bei Erwerb durch zwei Kinder des Erblassers (Gesamtbelastung für beide Kinder)

Immobilienwert	Deutschland		Spanien		Italien		USA	
1.000.000 €	174.800,00 €	17,48 %	212.043,19 €	21,20 %	0,00 €	0,00 %	**347.480,00 €**	**34,75 %**
2.500.000 €	437.000,00 €	17,48 %	695.394,67 €	27,82 %	20.000,00 €	0,80 %	**1.077.900,00 €**	**43,12 %**
5.000.000 €	874.000,00 €	17,48 %	1.545.394,67 €	30,91 %	120.000,00 €	2,40 %	**2.395.266,67 €**	**47,91 %**
10.000.000 €	1.748.000,00 €	17,48 %	3.245.394,67 €	32,45 %	320.000,00 €	3,20 %	**5.030.000,00 €**	**50,30 %**

δ) Erbe: Dritter (ohne verwandtschaftliche Beziehung zum Erblasser)

Tabelle 93: Gegenüberstellung der erbschaftsteuerlichen Belastungen einer Luxusimmobilie bei einem Gesamtnachlassvolumen von 10 Mio. € bei Erwerb durch einen Dritten (ohne verwandtschaftliche Beziehung zum Erblasser)

Immobilienwert	Deutschland		Spanien		Italien		USA	
1.000.000 €	499.000,00 €	49,90 %	**536.245,35 €**	**53,62%**	80.000,00 €	8,00 %	347.480,00 €	34,75 %
2.500.000 €	1.247.500,00 €	49,90 %	**1.556.245,35 €**	**62,25%**	200.000,00 €	8,00 %	1.077.900,00 €	43,12 %
5.000.000 €	2.495.000,00 €	49,90 %	**3.256.245,35 €**	**65,12%**	400.000,00 €	8,00 %	2.395.266,67 €	47,91 %
10.000.000 €	4.990.000,00 €	49,90 %	**6.656.245,35 €**	**66,56%**	800.000,00 €	8,00 %	5.030.000,00 €	50,30 %

b) Gesamtnachlassvolumen von 25 Mio. €

α) Erbe: Ehegatte

Tabelle 94: Gegenüberstellung der erbschaftsteuerlichen Belastungen einer Luxusimmobilie bei einem Gesamtnachlassvolumen von 25 Mio. € bei Erwerb durch den Ehegatten

Immobilienwert	Deutschland		Spanien		Italien		USA	
1.000.000 €	261.835,20 €	26,18 %	**262.697,34 €**	**26,27 %**	0,00 €	0,00 %	0,00 €	0,00 %
2.500.000 €	654.588,00 €	26,18 %	**772.697,34 €**	**30,91 %**	60.000,00 €	2,40 %	174.980,00 €	7,00 %
5.000.000 €	1.309.176,00 €	26,18 %	**1.622.697,34 €**	**32,45 %**	160.000,00 €	3,20 %	906.093,33 €	18,12 %
10.000.000 €	2.618.352,00 €	26,18 %	**3.322.697,34 €**	**33,23 %**	360.000,00 €	3,60 %	2.051.653,33 €	20,50 %

ß) Erbe: Kind

Tabelle 95: Gegenüberstellung der erbschaftsteuerlichen Belastungen einer Luxusimmobilie bei einem Gesamtnachlassvolumen von 25 Mio. € bei Erwerb durch ein Kind des Erblassers

Immobilienwert	Deutschland		Spanien		Italien		USA	
1.000.000 €	265.680,00 €	26,57 %	262.697,34 €	26,27 %	0,00 €	0,00 %	**361.312,00 €**	**36,13 %**
2.500.000 €	664.200,00 €	26,57 %	772.697,34 €	30,91 %	60.000,00 €	2,40 %	**1.112.480,00 €**	**44,50 %**
5.000.000 €	1.328.400,00 €	26,57 %	1.622.697,34 €	32,45 %	160.000,00 €	3,20 %	**2.464.426,67 €**	**49,29 %**
10.000.000 €	2.656.800,00 €	26,57 %	3.322.697,34 €	33,23 %	360.000,00 €	3,60 %	**5.168.320,00 €**	**51,68 %**

γ) Erbe: zwei Kinder (Gesamtbelastung für beide Kinder)

Tabelle 96: Gegenüberstellung der erbschaftsteuerlichen Belastungen einer Luxusimmobilie bei einem Gesamtnachlassvolumen von 25 Mio. € bei Erwerb durch zwei Kinder des Erblassers (Gesamtbelastung für beide Kinder)

Immobilienwert	Deutschland		Spanien		Italien		USA	
1.000.000 €	222.640,00 €	22,26 %	212.043,19 €	21,20 %	0,00 €	0,00 %	**361.312,00 €**	**36,13 %**
2.500.000 €	556.600,00 €	22,26 %	695.394,67 €	27,82 %	20.000,00 €	0,80 %	**1.112.480,00 €**	**44,50 %**
5.000.000 €	1.113.200,00 €	22,26 %	1.545.394,67 €	30,91 %	120.000,00 €	2,40 %	**2.464.426,67 €**	**49,29 %**
10.000.000 €	2.226.400,00 €	22,26 %	3.245.394,67 €	32,45 %	320.000,00 €	3,20 %	**5.168.320,00 €**	**51,68 %**

δ) Erbe: Dritter (ohne verwandtschaftliche Beziehung zum Erblasser)

Tabelle 97: Gegenüberstellung der erbschaftsteuerlichen Belastungen einer Luxusimmobilie bei einem Gesamtnachlassvolumen von 25 Mio. € bei Erwerb durch einen Dritten (ohne verwandtschaftliche Beziehung zum Erblasser)

Immobilienwert	Deutschland		Spanien		Italien		USA	
1.000.000 €	499.600,00 €	49,96 %	**536.245,35 €**	**53,62%**	80.000,00 €	8,00 %	361.312,00 €	36,13 %
2.500.000 €	1.249.000,00 €	49,96 %	**1.556.245,35 €**	**62,25%**	200.000,00 €	8,00 %	1.112.480,00 €	44,50 %
5.000.000 €	2.498.000,00 €	49,96 %	**3.256.245,35 €**	**65,12%**	400.000,00 €	8,00 %	2.464.426,67 €	49,29 %
10.000.000 €	4.996.000,00 €	49,96 %	**6.656.245,35 €**	**66,56%**	800.000,00 €	8,00 %	5.168.320,00 €	51,68 %

2. Erläuterung der Belastung einer Luxusimmobilie

Auch die steuerliche Belastung einer privat genutzten Luxusimmobilie hängt stark vom Einzelfall ab. Jedoch tritt aufgrund der hohen Immobilienwerte und der entsprechend größeren Erwerbe bzw. Nachlassvolumen die Belastungswirkung der einzelnen Erbschaftsteuerordnungen deutlicher zu Tage. Grund hierfür ist, dass die Freibeträge nicht mehr in dem Maße ins Gewicht fallen wie bei kleinen und mittleren Erwerben. Der jeweilige Tarif zeigt Wirkung, ohne von den Vergünstigungsbeträgen zu sehr „verfälscht" zu werden. Insofern zeichnet sich ein klareres Bild ab. Vielfach ist das ausländische Besteuerungsniveau höher als in der Bundesrepublik.

In der im Mittelpunkt der Betrachtung stehenden Konstellation, dass ausländisches Immobilienvermögen von einem Steuerinländer auf einen anderen Steuerinländer übergeht (erbschaftsteuerlicher Outbound), wird in jedem Fall von Deutschland und in nahezu allen untersuchten Fällen auch vom ausländischen Belegenheitsstaat eine Erbschaftsteuer erhoben. Es kommt daher zunächst in nahezu jeder Länderkonstellation zu einer Doppelbesteuerung. Diese wird allerdings stets durch die Anrechnungsmethode, die entweder nach § 21 ErbStG oder durch Eingreifen eines Doppelbesteuerungsabkommens zur Anwendung kommt, abgemildert. Infolgedessen bildet auch bei erbweisem Übergang von Luxusimmobilien die deutsche Erbschaftsteuer effektiv das Belastungsminimum. Befindet sich eine Auslandsimmobilie im Nachlass, ist in der Summe also wenigstens ein Betrag zu entrichten, der der deutschen Besteuerung entspricht. Jedoch ist oftmals die Belastung durch den ausländischen Belegenheitsfiskus so hoch, dass der Anrechnungshöchstbetrag überschritten wird und es so zu einem Anrechnungsüberhang und damit zu einer definitiven Mehrbelastung kommt. Überdies sind Steuern zu beachten, die zusätzlich zur Erbschaftsteuer erhoben werden und mangels Vergleichbarkeit mit der deutschen Erbschaftsteuer zur Anrechnung nicht zugelassen sind. Diese erhöhen die effektive Gesamtbelastung. Aufgrund des hohen Wertes einer Luxusimmobilie wirken sich diese zusätzlich erhobenen Steuern weit stärker aus als bei Durchschnittsimmobilien. Eine sorgfältige Einbeziehung dieser Mehrbelastung ist daher im Einzelfall unerlässlich. So erhöht im deutsch-italienischen Erbfall stets die Belastung durch Hypothekar- und Katastersteuer die effektive Erbschaftsteuerbelastung.[290] Das Gleiche gilt im deutsch-spanischen Erbfall für die teilweise von den Gemeinden erhobene Wertzuwachssteuer.[291]

290 Zur Hypothekar- und Katastersteuer und insbes. zur Vergünstigung für den Erstwohnsitz (sog. „prima casa") s. oben S. 69 bzw. Anhang S. 211

291 Zur Wertzuwachssteuer s. oben S. 56 bzw. Anhang ab S. 204

Im Rahmen der Belastungsanalyse wurde zwischen einem Gesamtnachlass von 10 Mio. € und 25 Mio. € unterschieden. Zwar ergeben sich hieraus Unterschiede bezüglich der absoluten Höhe, hinsichtlich des Besteuerungsniveaus zeigen sich aber kaum Abweichungen. Das gleiche gilt für den Wert der Luxusimmobilie. Geht eine Luxusimmobilie auf den Ehegatten des Erblassers über, ist die Belastung in Spanien am größten. Beerbt ein Kind den Erblasser bzw. geht das Grundvermögen auf zwei direkte Abkömmlinge des Erblassers über, dominiert die US-amerikanische Besteuerung. In Italien jedoch fällt die erbschaftsteuerliche Belastung stets am geringsten aus. Für den Fall, dass ein Dritter ohne verwandtschaftliche Beziehung zum Erblasser die ausländische Luxusimmobilie erwirbt, ist das spanische Besteuerungsniveau exorbitant hoch und übertrifft selbst die hohe Belastung mit US-amerikanischer und deutscher Erbschaftsteuer.

Die Höhe der einzelnen Besteuerungsniveaus wird deutlich, wenn man die Anrechnungsüberhänge, d.h. die Mehrbelastung durch den ausländischen Fiskus betrachtet, die im Erbfall zusätzlich zur deutschen Erbschaftsteuer entsteht.[292] Im deutsch-spanischen Erbfall etwa, wenn eine Luxusimmobilie im Wert von 2,5 Mio. € auf den Ehegatten übergeht, beträgt die Zusatzbelastung durch den spanischen Fiskus ca. 240.000 €, bei einem Immobilienwert von 5 Mio. € fast 600.000 € und bei einem Wert des Grundvermögens von 10 Mio. € sogar fast 1,2 Mio. €. Erbt ein Kind einen in den USA belegenen Grundbesitz mit einem Wert von 1 Mio. €, beläuft sich das Mehr an US-amerikanischer Steuer auf ca. 130.000 €. Im Falle einer 5 Mio. € teuren Immobilie sind es sogar fast 1,3 Mio. €. Geht eine US-Immobilie im Wert von 5 Mio. € auf die beiden Kinder des Erblassers über, fällt neben der deutschen Erbschaftsteuer i.H.v. betragsmäßig ca. 875.000 € zusätzlich in den USA eine Nachlasssteuer von rd. 1,5 Mio. € an.[293] Für ein Grundvermögen von 10 Mio. € beträgt die Mehrbelastung in den USA sogar über 3,2 Mio. €. Bei Erwerb durch einen Dritten ohne verwandtschaftliche Beziehung zum Erblasser wird das ohnehin hohe deutsche Besteuerungsniveau noch durch Anrechnungsüberhänge in Spanien von über 750.000 € bei einer Immobilie mit einem Wert von 5 Mio. € und über 1,5 Mio. € für eine Grundbesitz mit einem Wert von 10 Mio. € übertroffen.

292 Die folgenden Beträge beziehen sich jeweils auf einen Gesamterwerb von 10 Mio. €.

293 Betragsmäßig deshalb, da zunächst ein Betrag von ca. 2,4 Mio. € in den USA gezahlt werden muss, damit Deutschland diesen Betrag auf die deutsche Erbschaftsteuer i.H.v. rd. 875.000 € anrechnet. Da der deutsche Steuerbetrag aber zugleich den Anrechnungshöchstbetrag darstellt, ist in der Bundesrepublik keine Erbschaftsteuer zu zahlen. Der Differenzbetrag von rd. 1,5 Mio. €, der nicht angerechnet werden kann, wird aber als sog. Anrechnungsüberhang definitiv.

3. Fazit

Während sich bei durchschnittlichen Immobilien die Mehrbelastung mit ausländischer Erbschaftsteuer in einem überschaubaren Rahmen hält, der den Aufwand erbschaftsteuerlicher Planung, Gestaltung und Optimierung nur im Einzelfall trägt, ist dies für Luxusimmobilien anders. Bewegt sich der Wert des ausländischen Grundbesitzes im Hochpreissegment, also in einem Bereich zwischen 1 Mio. € und 10 Mio. €, ist unabhängig davon, wer das Grundvermögen im Erbfall erwirbt, eine Mehrbelastung im Ausland die Regel. Vor allem, wenn der im Ausland belegene Nachlass an den Lebensgefährten oder einen sonstigen Dritten ohne verwandtschaftliche Beziehung zum Voreigentümer übergeht, ergibt sich eine Belastung, die die geschaffenen Werte zu vernichten droht.

Werden Millionenwerte vererbt, steigt zwar auch die Belastung mit deutscher Erbschaftsteuer, die höheren Tarife einiger ausländischer Erbschaftsteuerrechtsordnungen wirken sich aber umso deutlicher aus. Damit ist zugleich der Anreiz offenkundig, der von diesen hohen relativen und absoluten Steuerbelastungen für eine steuerzentrierte Rechtsberatung ausgeht.[294] Ob und ggf. wie sich die Steuerbelastung in den hier behandelten Konstellationen reduzieren lässt, lohnt deshalb aber auch aus einer genuin steuerrechtswissenschaftlichen Sicht einer näheren Analyse.

294 Erbschaftsteuerliche Optimierungsmöglichkeiten werden ab S. 133 dargestellt.

4. Kapitel: Auslandsimmobilien – Steuerliche Optimierung für den Erbfall

A. Einleitung

Insgesamt haben die vorstehenden Belastungsrechnungen gezeigt, dass bei Auslandsgrundbesitz im Erbfall oftmals mit einer deutlich größeren steuerlichen Belastung zu rechnen ist, als für den Fall, dass das Grundvermögen in Deutschland belegen wäre. Nicht nur wer den Erwerb eines Ferienhauses, einer Ferienwohnung oder eines sonstigen privat genutzten Objekts im Ausland plant, sollte für seine konkrete Situation eine umfassende Auswertung aller steuerlichen Belastungsmomente mit Blick auf den Erbfall vornehmen lassen; auch für alle, die bereits Eigentümer von Auslandsgrundvermögen sind, empfiehlt sich eine frühzeitige Auseinandersetzung mit der Thematik. Sich des Besteuerungsumfangs bewusst zu sein, ist aber nur der erste Schritt. Wer um die steuerlichen Gefahren bei der Vererbung einer Auslandsimmobilie weiß, wird als nächstes danach fragen, ob es Möglichkeiten gibt, die Steuerlast zu minimieren oder gänzlich zu vermeiden. Der Frage nach Steueroptimierung soll daher im Folgenden nachgegangen werden.

I. Erbschaftsteuerliche Optimierung als Ergebnis von Steuerplanung und Steuergestaltung

Ausgangspunkt und zugleich Ursache einer Steueroptimierung sind alternative Handlungs- und Gestaltungsmöglichkeiten mit jeweils unterschiedlicher steuerlicher Auswirkung. Von diesen soll dergestalt Gebrauch gemacht werden, dass, auch wenn eine Auslandsimmobilie in den Nachlass fällt, das Vermögen möglichst ungeschmälert auf die Erben übergehen kann.[295]

Als erbschaftsteuerliche Optimierung ist m.E. das Ergebnis einer umfassenden Steuerplanung und Steuergestaltung im Hinblick auf den Erbfall zu verstehen. Wird die gegenwärtige Situation, die die Besteuerungsgrundlage bildet, verändert, steht die gestalterische Tätigkeit im Vordergrund. Es kann von Steuergestaltung gesprochen werden. Steht jedoch ein künftiges Verhalten im Mittelpunkt der Überlegungen und soll entschieden werden, welche von mehreren Handlungsalternativen die steuerlich günstigere ist, ist planerischer, strategischer Rat gefragt. Es geht also weniger um eine einmalig-punktuelle Verände-

---

295 S. hierzu näher unter „Ziele einer Erbschaftsteueroptimierung“, ab S. 135

rung der bestehenden Situation, als um eine planvolle und ggf. mehrphasige Ausrichtung des langfristigen Verhaltens unter dem Gesichtspunkt der Erbschaftsbesteuerung. Ein Beispiel hierfür wäre etwa die sukzessive, schenkweise Überlassung von Vermögensgegenständen an die Abkömmlinge. Aber auch die Erwerbsentscheidung für ein Objekt in einem erbschaftsteuergünstigeren Land ist eher strategischer als gestalterischer Natur. Derartige Entscheidungen werden als Steuerplanung bezeichnet.

Soll also die beste von mehreren Veränderungsmöglichkeiten gefunden werden, handelt es sich mithin um Steuergestaltung. Geht es hingegen um die Wahl der besten künftigen Handlungsalternative kann man dies als Steuerplanung bezeichnen.[296] Die Übergänge sind jeweils fließend. Etwa wenn Vermögen umgeschichtet werden soll, also der Status quo verändert wird, liegt in dieser Gestaltung gleichzeitig auch eine strategische, planerischer Handlung.

Möchte man die Begriffe der Steuergestaltung und der Steuerplanung – von der Rechtsfolge her betrachtet – zusammenfassen, bietet sich der Begriff der Steueroptimierung an. Denn es soll unter Berücksichtigung der steuerlichen Auswirkungen möglichst die beste (gestalterische oder strategische) Entscheidung getroffen werden, d.h. die mit dem geringsten finanziellen Nachteil.

Bei der Erbschaftsteueroptimierung sind zwei Konstellationen zu unterscheiden. Zum einen lohnt die Betrachtung der erbschaftsteuerlichen Situation bereits vor Erwerb einer Auslandsimmobilie, denn die Kaufentscheidung sollte stets auch steuerliche Aspekte umfassen. Besteht die Wahl zwischen einem Objekt in einem erbschaftsteuerlichen Hochsteuerland und einem „Erbschaftsteuerparadies", wird ceteris paribus die Belastung beim Vermögensübergang für den Kauf im anderen Land den Ausschlag geben. Aber auch eine entsprechende Planung der Erwerbsmodalitäten kann dafür Sorge tragen, dass im Erbfall die Steuerbelastung umgangen oder zumindest abgemildert wird.

Die zweite Konstellation betrifft den Fall, dass bereits eine Immobilie im Ausland vorhanden ist, im Vorfeld aber weder bezüglich der Wahl des Belegenheitsorts noch beim Erwerb (ausreichend) geplant wurde. Hier besteht die Gefahr, dass die erbschaftsteuerliche Doppelbelastung ungemindert zum Tragen kommt. Dem soll eine gestalterische Steueroptimierung gerichtet auf den Todesfall entgegenwirken.

Erbschaftsteueroptimierung ist dennoch stets in die Zukunft gerichtet. Da der Zeitpunkt des Ablebens des Erblassers ungewiss und allenfalls statistisch im

296 Eine derartige Differenzierung macht aufgrund des relativ langen Optimierungszeitraums vor allem im Erbschaftsteuerrecht Sinn. Anders ist dies im Bereich der Abschnittsbesteuerung der Einkommens- bzw. Körperschaftsteuer. Hier ist der Planungshorizont weniger weit, so dass oftmals kein Raum für eine solche Unterscheidung bleibt.

Rahmen der durchschnittlichen Lebenserwartung und unter Berücksichtigung persönlicher Faktoren prognostiziert werden kann, stehen die Besteuerungsgrundlagen noch nicht fest. Diese Tatsache eröffnet ein weites Feld für Steuerplanung und -gestaltung im Erbschaftsteuerrecht. Was die zeitliche Perspektive betrifft, sind die planerischen „Spielräume“ größer als etwa im System der Abschnittsbesteuerung des Einkommensteuerrechts. Es geht um einen auf das Ableben ausgerichteten, langfristigen Planungs- und Gestaltungsprozess. Eine einmal getroffene Optimierungsentscheidung muss fortwährend überprüft werden, um der sich verändernden Situation des Erbschaftsteuerrechts im In- und Ausland, aber auch der sich wandelnden Vermögenssituation und den Zielen der beteiligten Personen zu entsprechen.

II. Ziele der (internationalen) Erbschaftsteueroptimierung

Ziel der Steueroptimierung ist es, die finanzielle Belastung im Erbfall so gering wie möglich zu halten. Für das Erbschaftsteuerrecht bedeutet dies insbesondere, dass der Erhalt von Vermögen beim Generationenwechsel bzw. beim Übergang auf den oder die Erben größtmöglich gewährleistet wird.[297]

Ein finanzieller Vorteil kann sich auch aus einem Steueraufschub bzw. aus einer Steuerstundung ergeben.[298] Dieser nachgelagerte Effekt (zu meist in Form eines Zinsvorteils) mag sich zwar bei sehr großen Vermögensübergängen mit einer entsprechend hohen steuerlichen Belastung geringfügig auswirken, soll aber im Folgenden nicht behandelt werden. Im Mittelpunkt der Betrachtung soll als Ergebnis einer Erbschaftsteueroptimierung eine Steuervermeidung bzw. eine Steuerminderung stehen.[299]

Eine gänzliche Erbschaftsteuervermeidung erscheint jedoch unrealistisch, denn Voraussetzung wäre, dass die für eine Steuerpflicht erforderlichen Tatbestandsmerkmale in jedem der beteiligten Staaten nicht erfüllt wären oder trotz Erbschaftsteuerpflicht eine entsprechende Freistellung erfolgt. Um dieses Ziel zu erreichen, dürfte also weder im Ansässigkeitsstaat der beteiligten Personen

297 *Arlt, B.*, Internationale Erbschaft- und Schenkungsteuerplanung, Herne/Berlin, 2001, S. 102.

298 *Grotherr, S.:* Grundlagen der internationalen Steuerplanung, in: *Grotherr, S.* (Hrsg.), Handbuch der internationalen Steuerplanung, 3. Aufl., Herne/Berlin, 2011, S. 3 ff. (7).

299 *Vogel* definiert folgendermaßen: „Steuervermeidung ist die rechtlich nicht anstößige Wahl einer Rechtsform, die für den Steuerpflichtigen günstiger ist als eine andere, in voller Offenheit gegenüber den Steuerbehörden.“ s. *Vogel, K.*, Internationales Steuerrecht, in: DStZ 1997, S. 269 (274).

(Erblasser und Erwerber), noch im Belegenheitsstaat des vererbten Nachlassgegenstandes eine Erbschaftsteuer zu zahlen sein. Auch *Kowallik* stellt fest: „Eine vollständige Vermeidung der Erbschaft- bzw. Nachlasssteuer in Deutschland sowie dem ausländischen Belegenheitsstaat einer Immobilie ist im Fall eines Wohnsitzes des Eigentümers in Deutschland kein realisierbares Gestaltungsziel.“[300]

Eine Steuerminderung ist dagegen einfacher zu erreichen. Denn sie tritt schon dann ein, wenn die absolute Höhe der Steuerzahlung geringer ausfällt, als dies unter den ursprünglichen Umständen der Fall wäre. Eine Steuerminderung wird daher immer erst bezogen auf die Gesamtsteuerbelastungen ohne steuerplanerisches Handeln bzw. steuergestaltende Dispositionen im Vergleich zur Höhe der Belastung im Falle einer Optimierung sichtbar. Eine Minderung der Gesamtbelastung liegt vor, wenn die Steuerzahlungsansprüche der einzelnen Fisci minimiert, aber auch die Steuervergünstigungsansprüche (Anrechnungen, Freistellungen etc.) der Steuerpflichtigen in den betroffenen Erbschaftsteuerordnungen maximiert werden. Eine Steuerminderung kann auch entstehen, wenn eine gänzliche Steuervermeidung in einem der beteiligten Staaten erreicht werden kann.

Die mehrfache Besteuerung einer Vermögensübertragung in verschiedenen Staaten zu vermeiden und die Gesamtsteuerbelastung in allen betroffenen Staaten zu optimieren, ist damit Ziel der Nachfolgeplanung im Bereich des Internationalen Erbschaftsteuerrechts.

III. Legitimität einer erbschaftsteuerlichen Optimierung

Da Steuergesetze vielfach an privatrechtliche Sachverhalte anknüpfen und auf dem Gebiet des Zivilrechts weitgehend Gestaltungsfreiheit herrscht, haben die Steuerpflichtigen grundsätzlich die Möglichkeit, ihre Verhältnisse privatrechtlich so zu gestalten, wie es ihnen unter steuerlichen Aspekten am günstigsten erscheint. Die Tatsache, dass eine bestimmte Gestaltung allein aus steuerlichen Gründen gewählt wurde, kann deshalb nicht zum Entzug von Steuervorteilen führen. Steuerliche Optimierung, auch im grenzüberschreitenden Bereich, ist daher nicht anstößig; ein Übermaß an Steuerplanung bzw. -gestaltung ist lediglich ein Indiz dafür, dass die betreffende Steuergesetzgebung mangelhaft ist.[301]

Das Streben nach Steuervermeidung wird vom Bundesverfassungsgericht[302] und der ständigen Rechtsprechung des Bundesfinanzhofs[303] im Grundsatz aner-

300 *Kowallik, A.*, Erbschaft- und Schenkungsteuerplanung für Auslandsimmobilien, in: DStR 1999, S. 1129 (1131).

301 *Vogel, K.*, Internationales Steuerrecht, in: DStZ 1997, S. 269 (274 f.).

302 BVerfG Urteil v. 14.4.1959 – 1 BvL 23, 34/57, BVerfGE 9, 237 (249 f.).

kannt.[304] In einem Beschluss des BFH v. 20.5.1997 heißt es: „Kein Steuerpflichtiger ist verpflichtet, den Sachverhalt so zu gestalten, dass ein Steueranspruch entsteht. Vielmehr steht es ihm frei, die Steuer zu vermeiden und eine Gestaltung zu wählen, die eine geringere Steuerbelastung nach sich zieht. Eine sog. Steuervermeidung bleibt folgenlos."[305] Ähnlich formuliert *Kirchhof*: „Ein Steuerpflichtiger ist grundsätzlich berechtigt, seine Freiheit über sein Einkommen und Vermögen mit dem Willen gegen die Steuer auszuüben. [...] Eine bewußte Umgehung des steuerbelastenden Tatbestandes ist alltäglich und wird von der Rechtsordnung gebilligt."[306]

Dem Steuerpflichtigen selbst steht es also insoweit frei, den Weg zu bestimmen, wie er seine ökonomischen Ziele erreichen möchte. Hierin liegt für ihn die Möglichkeit, durch eine steuerbewusste Sachverhaltsgestaltung den steuerlich erwünschten Erfolg zu erreichen. Jedem Eigentümer von Auslandsgrundvermögen ist es daher unbenommen, Maßnahmen zu ergreifen, die zu einer Optimierung der Steuerbelastung im Erbfall führen. Jedoch gilt es, die Grenze der Steuerumgehung[307] und der strafbaren Steuerhinterziehung[308] zu beachten.[309]

III. Überblick über die einzelnen Instrumente zur Reduzierung der Erbschaftsteuer

Die einzelnen Instrumente der Erbschaftsteueroptimierung lassen sich nicht nur in die beiden Hauptgruppen der Erwerbsplanung und Erwerbsgestaltung unterteilen. Die einzelnen Gestaltungsmittel lassen sich auch in räumlicher, personel-

303 BFH Urteil v. 16.3.1988 – X R 27/86, BStBl. II 1988, 630(631);BFH Urteil v. 16.1.1992 – V R 1/91, BStBl. II 1992, 541 (542).

304 *Grotherr, S.*: Grundlagen der internationalen Steuerplanung, in: *Grotherr, S.* (Hrsg.), Handbuch der internationalen Steuerplanung, 3. Aufl., Herne/Berlin, 2011, S. 3 ff. (7).

305 BFH Beschluss v. 20.5.1997 – VIII B 108/96, HFR 1997, 750 (751).

306 *Kirchhof, P.*: Die Steuerumgehung - Dogmatik und praktische Bedeutung (Kongressvortrag, Deutscher Steuerberatertag, 1982, Nürnberg), in: DeuStBT 1982, S. 307 (308).

307 § 42 AO. Eine Steuerumgehung führt dazu, dass die gewählte Rechtsform rechtlich nicht anerkannt wird. Steuerlich treten die Rechtsfolgen ein, die sich ergeben hätten, wenn der Steuerpflichtige eine seinen wirtschaftlichen Zielen angemessene rechtliche Gestaltung gewählt hätte.

308 „Steuerhinterziehung ist die strafbare Verletzung von Steuergesetzen durch Verheimlichung von steuerrechtlich erheblichen Sachverhalten oder durch deren fahrlässige Unterdrückung.", *Vogel, K.*, Internationales Steuerrecht, in: DStZ 1997, S. 269 (274).

309 Falls mit einer Optimierungsmaßnahme einer dieser Grenzbereiche tangiert sein könnte, wird hierauf ihm Rahmen der Erläuterung des einzelnen Gestaltungs- bzw. Planungsinstruments eingegangen.

ler, zeitlicher und sachlicher Hinsicht systematisieren. Es ergibt sich dann folgende Untergliederung:

- räumliche Optimierung
  - Wahl des Belegenheitsortes der Immobilie
    - Erbschaftsteuerniveau
    - Sicherstellung eines Doppelbesteuerungsausgleichs
    - Nutzung von Besteuerungsvorteilen aus DBA
  - Wohnsitzverlagerung
- personelle Optimierung
  - Aufgabe der Staatsangehörigkeit
  - Familien- bzw. statusrechtliche Veränderungen
    - Eheschließung
    - Adoption
- zeitliche Optimierung
  - Schenkung/vorweggenommene Erbfolge
- sachliche Optimierung
  - Umqualifizierung
    - Veräußerung der Immobilie vor dem Erbgang
    - Einbringung der Immobilie in eine Gesellschaft
  - Erwerbsmodalitäten
    - Art der Finanzierung
    - Erwerbssplitting
- sonstige Optimierungsmaßnahmen
  - Post-mortem-Ausübung einer transmortalen Verkaufsvollmacht
  - Ausnutzung bzw. Vermeidung von Besonderheiten in der ausländischen Erbschaftsteuerordnung
  - Vermeidung besonderer Doppelbesteuerungskonstellationen

Differenziert man zusätzlich nach den beiden Hauptkategorien Erwerbsplanung und Erwerbsgestaltung ergibt sich folgende Gliederung:

1) erbschaftsteuerlich optimale **Erwerbsplanung** (Erbschaftsteuerplanung)
   - Wahl des Belegenheitsortes der Immobilie
     - Erbschaftsteuerniveau
     - Sicherstellung eines Doppelbesteuerungsausgleichs
     - Nutzung von Besteuerungsvorteilen aus DBA („Treaty Shopping“)
   - Erwerbsmodalitäten
     - Art der Finanzierung
     - Erwerbssplitting

2) erbschaftsteuerlich optimale **Erbfolgegestaltung** (Erbschaftsteuergestaltung)
- räumliche Optimierung
  - Wohnsitzverlagerung
- personelle Optimierung
  - Aufgabe der Staatsangehörigkeit
  - Familien- bzw. statusrechtliche Veränderungen
    - Eheschließung
    - Adoption
- zeitliche Optimierung
  - Schenkung/vorweggenommene Erbfolge
- sachliche Optimierung/Umqualifizierung
  - Veräußerung der Immobilie vor dem Erbgang
  - Einbringung der Immobilie in eine Gesellschaft
- sonstige Optimierungsmaßnahmen
  - Post-mortem-Ausübung einer transmortalen Verkaufsvollmacht
  - Ausnutzung bzw. Vermeidung von Besonderheiten in der ausländischen Erbschaftsteuerordnung
  - Vermeidung besonderer Doppelbesteuerungskonstellationen

B. Erbschaftsteuerliche Optimierungsmöglichkeiten im Einzelnen

Wie bereits oben dargelegt, ist im Rahmen der (internationalen) Erbschaftsteueroptimierung zwischen erbschaftsteuerlicher Erwerbsplanung (Erbschaftsteuerplanung) und erbschaftsteuerlicher Erbfolgegestaltung (Erbschaftsteuergestaltung) zu unterscheiden.[310]

Chronologisch gesehen ist die Erbschaftsteuerplanung, wenn man hierunter im Hinblick auf die erbschaftsteuerlichen Auswirkungen angepasste, künftig vorzunehmende Dispositionen versteht, der Erbschaftsteuergestaltung, die den Status quo so verändert, so dass günstigere erbschaftsteuerliche Ergebnisse eintreten, vorgelagert.

Aus diesem Grund werden auch im Folgenden zunächst die erbschaftsteuerlichen Planungsmöglichkeiten dargestellt, bevor auf gestalterische Aspekte eingegangen wird. Da allerdings der Auslandsgrundbesitz zumeist bereits im Privatvermögen vorhanden ist, ehe man sich über erbschaftsteuerliche Belastungen Gedanken macht, liegt mitunter hier ein Schwerpunkt.

---

310 S. oben S. 133

I. Erbschaftsteuerliche Erwerbsplanung im Rahmen einer internationalen Erbschaftsteueroptimierung (Erbschaftsteuerplanung)

1. Wahl des Belegenheitsortes der Immobilie

Ist der Erwerb einer Immobilie im Ausland geplant, spielt die Wahl des Belegenheitsortes eine entscheidende Rolle. Allein erbschaftsteuerliche Aspekte werden aber bei der Auswahl des Landes, in welchem eine Wohnung oder ein Haus gekauft werden soll, in den seltensten Fällen ausschlaggebend sein. Vielmehr werden die Kaufinteressenten sich bei der Suche nach einem Ort, der zur „zweiten Heimat" werden soll, von vielen gewichtigen außersteuerlichen Kriterien leiten lassen. Am wichtigsten sind wohl die klimatischen Verhältnisse, aber auch Sprache und Kultur im Belegenheitsland. Nicht zuletzt sind pragmatische Gesichtspunkte entscheidend, wie die infrastrukturelle Anbindung oder medizinische Versorgung.

Bei einem oft auch emotionalen Kauf – evtl. sogar aus einer Urlaubslaune heraus – darf aber die erbschaftsteuerliche Situation nicht vergessen werden.[311] Denn hiervon hängt es wesentlich ab, inwieweit das Immobilienvermögen steuerlich belastet oder unbelastet an die nächste Generation bzw. die gewillkürten Erben übergehen kann.

Ist zwischen mehreren Objekten in unterschiedlichen Ländern zu entscheiden, kann die Erbschaftsteuerbelastung den Ausschlag geben. Aber auch Personen, die noch überlegen, in welchem Land sie sich auf die Suche nach ihrer „Traumimmobilie" begeben wollen, sollten sich nicht zuletzt mit den erbschaftsteuerlichen Gegebenheiten auseinandersetzen. Wer hier mit dem nötigen Weitblick vorgeht, kann in erheblichem Maße Erbschaftsteuern sparen.

Aus erbschaftsteuerlicher Sicht ist für die Wahl des Belegenheitsortes einer Auslandsimmobilie das dortige Erbschaftsteuerniveau maßgeblich entscheidend. Denn hieraus ergibt sich, ob bzw. inwieweit die „Investition" im Erbfall zusätzlich mit ausländischer Erbschaftsteuer belastet wird. Für gewöhnlich erhebt auch der Belegenheitsstaat Steuern[312] auf den erbweisen Übergang von Grundvermö-

---

311 Eine Umfrage von FeWo-dirket.de im März 2008 kam zu dem Ergebnis, dass sich 35 % der Ferienimmobilien-Eigentümer spontan für ihre Immobilie entschieden haben – und dies ohne sich über die rechtlichen Rahmenbedingungen im jeweiligen Land informiert zu haben; s. Pressemitteilung v. 28.5.2008.

312 Diese im Ausland erhoben Steuern erschöpfen sich nicht nur in einer Erbschaftsteuer i.e.S. Gerade beim erbweisen Übergang von Grundvermögen können im Rahmen des Erbfalls weitere Steuern anfallen, etwa eine Art Grunderwerbs-, Kataster- oder Wertzuwachssteuer, s. schon S. 29

gen und es ergibt sich zwangsläufig eine Doppelbesteuerung. Als nächstes ist daher zu fragen, ob und ggf. welche Maßnahmen greifen, durch die die steuerliche Mehrfachbelastung abgemildert bzw. im Idealfall gänzlich verhindert wird. Die Berücksichtigung der ausländischen Erbschaftsteuer im Inland kann sich entweder aus nationalem Recht ergeben oder hängt vom Bestehen eines Doppelbesteuerungsabkommens ab. In den meisten Fällen erfolgt im Inland zumindest eine teilweise Anrechnung der im Ausland zu entrichtenden Steuern.[313]

Berücksichtigt man all diese erbschaftsteuerlichen Gesichtspunkte, ergeben sich für die Wahl des Belegenheitslandes folgende Alternativen:

- Inlandsimmobilie
- Auslandsimmobilie in einem DBA-Land
- Auslandsimmobilie in einem Nicht-DBA-Land
  - mit Erbschaftsteuer
  - ohne Erbschaftsteuer

a) Erbschaftsteuerniveau und die hieraus resultierende Belastung im Erbfall

Soll der erbschaftsteuerlich optimale Belegenheitsort der Auslandsimmobilie gefunden werden, ist zunächst das Erbschaftsteuerniveau im jeweiligen Land entscheidend.

Unter dem Begriff Erbschaftsteuerniveau verbergen sich allerdings eine Vielzahl einzelner Kriterien, die es zu beachten gilt, um ein vollständiges Bild der steuerlichen Belastungssituation im Fall des Erbgangs zu erhalten. So hängt die effektive Steuerbelastung nicht nur vom Erbschaftsteuertarif, sondern auch von den gewährten Freibeträgen, den Bewertungs- und sonstigen Befreiungsvorschriften und den übrigen Besonderheiten der jeweiligen Erbschaftsteuerordnung ab.

Daneben ist zu beachten, dass bei Übergang einer Auslandsimmobilie im Erbfall nicht nur eine Erbschaftsteuer im engeren Sinne anfallen kann. Neben der Belastung des Erwerbs von Todes wegen (Erbanfallsteuer) bzw. der letztmaligen Besteuerung des gesamten Nachlassvermögens des Erblassers (Nachlass-

313 Die Anrechnung der ausländischen Erbschaftsteuer auf die im Inland zu zahlende Steuerschuld ist weltweit die am häufigsten angewendete einseitige Technik zur Vermeidung der Doppelbesteuerung; s. *Schindhelm, M.,* Erbfälle mit Auslandsberührung im deutschen Erbschaftsteuerrecht – Grundzüge des deutschen Internationalen Erbschaftsteuerrecht, Hamburg, 1997, S. 44.

steuer) können weitere Steuertatbestände ausgelöst werden, etwa eine Art Grunderwerbs-, Kataster- oder Wertzuwachssteuer.[314]

All diese Aspekte wurden im Rahmen der Belastungsanalyse berücksichtigt.[315] Wie die Auswertung zeigt, bestehen für die jeweilige Immobilienkategorie aber auch je nach Erwerber deutliche Unterschiede. Für eine Wahl des Belegenheitsortes nach dem Erbschaftsteuerniveau kommt es daher stets auf den Einzelfall an. Obige Musterkonstellationen können als Anhaltspunkt dienen. Wer den Erwerb einer Auslandsimmobilie plant, sollte für jeden in Frage kommenden Standort eine eigene Belastungsanalyse vornehmen und so das spezifische Erbschaftsteuerniveau in seinem konkreten Fall ermitteln. Für die Berechnung der steuerlichen Belastung sind der Immobilienwert und die potentiellen Erwerber zu berücksichtigen. Auf dieser Grundlage kann eine fundierte Auswahlentscheidung getroffen werden, die sicherstellt, dass ein Belegenheitsort für die Auslandsimmobilie gefunden wird, der auch aus erbschaftsteuerlicher Sicht den Ansprüchen des Erwerbers genügt.

b) Sicherstellung eines Doppelbesteuerungsausgleichs – Anrechnung nach § 21 ErbStG

Ergibt die Auswertung der konkreten Konstellation, dass im Erbfall mit einer Besteuerung sowohl im In- als auch im Ausland zu rechnen ist, ist im nächsten Schritt zu untersuchen, ob und auf welche Weise ein Ausgleich dieser Doppelbesteuerung gewährleistet wird. Da das Netz der Doppelbesteuerungsabkommen, die die Bundesrepublik auf dem Gebiet der Erbschaft-, Nachlass- und Schenkungsteuern geschlossen hat, äußerst dünn ist[316] und auch in diesen nur ausnahmsweise eine Freistellung vorgesehen ist, kommt es in den meisten Fällen auf eine Sicherstellung der Anrechenbarkeit ausländischer Steuern und damit eine Optimierung der Anwendbarkeit von § 21 ErbStG an.[317]

α) Entsprechungsklausel in § 21 ErbStG

Die Voraussetzung für eine Anrechnung nach § 21 ErbStG wurden bereits erläutert.[318] Bei der Wahl des Belegenheitsortes der Immobilie sollte insbesondere darauf geachtet werden, dass die im Ausland im Erbfall anfallenden Steuern der deutschen Erbschaftsteuer entsprechen. Nur unter der Voraussetzung der Ver-

314 S. oben S. 29

315 S. oben ab S. 47

316 Einzelheiten s. schon oben 2. Kapitel, S. 40

317 Für den Fall des Bestehens eines Doppelbesteuerungsabkommen und den sich hieraus ergebenden Optimierungsmöglichkeiten, s. S. 144

318 S. oben ab S. 35

gleichbarkeit der ausländischen Steuern mit der Erbschaftsteuer ist eine Anrechnung möglich. Vorsicht ist deshalb bei einer Reihe ausländischer Steuern geboten, bei denen sich Qualifikationsprobleme ergeben. Dies ist insbesondere bei Wertzuwachssteuern[319] und bei Registergebühren[320] der Fall, da diese in ein vom deutschen Steuerrecht abweichendes ausländisches Steuersystem eingebettet sind.[321] Ergibt die Analyse der Besteuerungssituation, dass im (potentiellen) Belegenheitsland der Immobilie im Erbfall derartige Steuern erhoben werden, sollte daher konkret untersucht werden, ob die Finanzverwaltung eine Anrechnung zulässt oder ob die ausländische Besteuerung ungemildert die Übertragung von Todes wegen zusätzlich belastet.

Beispiel: Die in Spanien teilweise von den Gemeinden erhobene kommunale Wertzuwachssteuer ist eine solche Steuer, die m.E. nicht zu einer Anrechnung im Rahmen von § 21 ErbStG zugelassen ist.[322] Der Besteuerung unterliegt ein fiktiver Veräußerungsgewinn aus einer typisierten Zunahme des Bodenwerts. Da die Kommunen den Steuersatz auf die Wertsteigerung des Grundstücks selbst festlegen, ergeben sich hinsichtlich der Höhe der Wertzuwachssteuer von Gemeinde zu Gemeinde große Unterschiede. Einige Gemeindeverwaltungen verzichten sogar gänzlich auf ihr Besteuerungsrecht.

ß) Auslandsimmobilien als Auslandsvermögen i.S.d. § 21 ErbStG

Eine Anrechnung ist überdies nur möglich, wenn das vom ausländischen Staat besteuerte Vermögen auch im Sinne der deutschen Erbschaftsteuerordnung als Auslandsvermögen gilt. Insoweit ist eine Identität der Bemessungsgrundlagen im In- und Ausland erforderlich, die auch als „Vermögensgleichheit“ bezeichnet wird.[323] Als Optimierungsmöglichkeit wird daher oftmals empfohlen, das ausländische Vermögen, das aus deutscher Sicht nicht als „Auslandsvermögen“ gilt, gleichwohl aber vom ausländischen Staat besteuert wird, in solches umzustrukturieren, für das eine Anrechnung der ausländischen Erbschaftsteuer möglich ist.[324] Bei Immobilien jedoch ist der Bezugspunkt zum jeweiligen Land eindeutig. Unter diesem Aspekt ergeben sich daher keine Schwierigkeiten für die Anwendung von § 21 ErbStG. In manchen Fällen kann sogar eine Umschichtung in ausländisches Immobilienvermögen sinnvoll sein.

319 Zur spanischen Wertzuwachssteuer, s. Anhang S. 204

320 Zu den in Italien erhobenen Hypothekar- und Katastersteuern, s. Anhang S. 211

321 *Jülicher, M.* in: Troll/Gebel/Jülicher ErbStG, § 21, Rn. 20.

322 S. Anhang S. 205

323 *Jülicher, M.* in: Troll/Gebel/Jülicher ErbStG, § 21, Rn. 29.

324 *Arlt, B.*, Internationale Erbschaft- und Schenkungsteuerplanung, Herne/Berlin, 2001, S. 252.

Beispiel: Nach der Definition des Auslandsvermögens in § 21 Abs. 2 Nr. 1 ErbStG[325] sind nur solche Vermögensgegenstände Auslandsvermögen, die in § 121 BewG genannt sind, aber auf das Ausland entfallen. Da Bankguthaben nicht vom Inlandsvermögensbegriff des § 121 BewG erfasst sind, gelten Einlagen bei ausländischen Kreditinstituten aus deutscher Sicht nicht als Auslandsvermögen. Jedoch besteuern oftmals ausländische Staaten im Rahmen der beschränkten Erbschaftsteuerpflicht derartige Bankguthaben, da sie diese aus ihrer Sicht zu ihrem Inlandsvermögen rechnen. Eine Anrechnung der hierauf entfallenden Steuern nach § 21 ErbStG ist aber mangels „Vermögensgleichheit" nicht möglich. Anders wäre dies bei Grundvermögen, welches von § 121 Nr. 2 BewG erfasst ist. Da im Ausland belegener Grundbesitz aus deutscher Sicht als Auslandsvermögen gilt, ist eine Anrechnung der von dem ausländischen Staat auf dieses aus seiner Sicht inländische Vermögen erhobenen Steuern auf die deutsche Erbschaftsteuer möglich.

γ) Verfahrensrechtliche Sicherstellung der Anrechenbarkeit nach § 21 ErbStG

Verfahrensrechtlich muss vor einer Anrechnung auf die deutsche Erbschaftsteuerschuld nach § 21 ErbStG die ausländische Steuer festgesetzt und tatsächlich gezahlt sein.[326] Erfolgt die Festsetzung und Zahlung der ausländischen Erbschaftsteuer nach Bestandskraft des deutschen Erbschaftsteuerbescheides, handelt es sich hierbei nicht um ein zur Korrektur berechtigendes rückwirkendes Ereignis i.S.d. § 175 Abs. 1 S. Nr. 2 AO.[327] Um eine Anrechnung sicherzustellen, sollte deshalb gegen Erbschaftsteuerbescheide, die während des laufenden, noch nicht abgeschlossenen ausländischen Besteuerungsverfahrens in Deutschland ergehen, Rechtsmittel eingelegt werden.[328] Ausreichend ist in diesen Fällen auch der Antrag auf Steuerfestsetzung unter dem Vorbehalt der Nachprüfung (§ 164 AO) oder auf vorläufige Festsetzung (§ 165 AO).[329]

c) Nutzung von Besteuerungsvorteilen aus DBA

Für einen in Deutschland ansässigen Erblasser kann es aus erbschaftsteuerlicher Sicht interessant sein, den Standort einer Immobilie auch unter dem Blickwinkel eines Erbschaftsteuer-DBA zu wählen. Sinn macht dies vor allem dann, wenn durch eine Freistellung im DBA eine günstigere Erbschaftsteuerbelastung er-

325 Diese Definition des Auslandsvermögens gilt nur für den Fall eines Steuerinländers.

326 *Ebeling, J.* in: Kapp/Ebeling ErbStG, § 21, Rn. 8.

327 FG Düsseldorf Urteil v. 21.8.1998 – 4 K 5740/94 Erb, rkr., ZEV 1998, S. 490.

328 *Jülicher, M.*: Die einseitige Anrechnung ausländischer Erbschaftsteuer nach § 21 ErbStG, in: PIStB 2000, S. 168 (170).

329 *Löber, B./Huzel, E.*, Erben und Vererben in Spanien, neubearbeitete 4. Aufl., Frankfurt a.M., 2004, S. 106.

reicht werden kann.[330] Ein erbschaftsteuerlicher Vorteil ergibt sich immer dann, wenn der Vermögensgegenstand im Belegenheitsstaat günstiger als im Wohnsitzstaat besteuert wird und keine (Nach-)Besteuerung im Wohnsitzstaat erfolgt.[331] Bei der bloßen Inanspruchnahme einer Vergünstigung, die sich aus einem Doppelbesteuerungsabkommen ergibt, handelt es sich noch nicht um sog. „Treaty Shopping". Hiervon wird im Allgemeinen erst gesprochen, wenn ein abkommensrechtlicher Vorteil durch eine missbräuchliche rechtliche Gestaltung erreicht, gleichsam „erkauft" wird.[332]

Beispiel: Art. 10 Abs. 1 Buchst. a Satz 1 des Erbschaftsteuer-DBA mit der Schweiz stellt das gesamte in der Schweiz belegene Immobilienvermögen eines Erblassers mit schweizerischer Staatsangehörigkeit, der einen Wohnsitz in der Bundesrepublik Deutschland hat, von der deutschen Erbschaftsteuer frei.[333] Da die Belastung mit schweizerischer Erbschaftsteuer für dortige Grundstücke in der Regel günstiger ist als in Deutschland, lässt sich auf diese Weise durch eine Immobilieninvestition in der Schweiz gegenüber einem Staat, mit dem eine derartige DBA-Regelung nicht besteht, die Belastung mit Erbschaftsteuer erheblich senken.[334] Nimmt ein Deutscher die eidgenössische Staatsbürgerschaft an, kommt er in den Genuss dieser Vergünstigung aus dem deutsch-schweizerischen Erbschaftsteuer-DBA.

Da die Zahl der von der Bundesrepublik geschlossenen Doppelbesteuerungsabkommen auf dem Gebiet der Erbschaftsteuer gering ist und diese in der Regel zur Vermeidung von Doppelbesteuerungen der Anrechnungsmethode folgen, sind die Optimierungsmöglichkeiten im Rahmen von DBA begrenzt. Dennoch kann sich im Einzelfall die Wahl des Standorts einer Immobilie unter Beachtung der Vorteile aus einem Doppelbesteuerungsabkommen lohnen.

2. Erwerbsmodalitäten

Wer eine Auslandsimmobilie zu kaufen beabsichtigt, kann sich bereits durch eine vorausschauende Gestaltung des Erwerbs des Grundbesitzes erbschaftsteu-

330 Es gilt zu beachten, dass das Erbschafteuer-DBA mit der Republik Österreich, das als einziges DBA (durchgängig) der Freistellungsmethode folgt, von Deutschland zum 31.12.2007 gekündigt wurde.

331 *Kirnberger, C.*: „treaty shopping" im ErbStR, in: ErbStB 2005, S. 319 (320).

332 Unter „Treaty Shopping" versteht man Gestaltungen, die darauf angelegt sind, den Schutz eines Abkommens zu erlangen, das an sich für den Steuerpflichtigen nicht gilt, weil er nicht in einem Vertragsstaat ansässig ist, s. *Prokisch, R.*, in: Vogel/Lehner, DBA, Art. 1, OECD-MA, Rn. 100.

333 Allerdings greift nach Art. 10 Abs. 1 Buchst. a Satz 2 ein Progressionsvorbehalt, d.h. der Wert des freigestellten Grundvermögens wird bei der Bestimmung des deutschen Steuertarifs berücksichtigt.

334 *Kirnberger, C.*: „treaty shopping" im ErbStR, in: ErbStB 2005, S. 319 (321).

erliche Vorteile sichern und so die Erbschaftsteuerbelastung entsprechend planerisch beeinflussen. Hierzu sollen im Folgenden unterschiedliche Möglichkeiten aufgezeigt werden.[335]

a) Art der Finanzierung der Auslandsimmobilie und Schuldenabzug im Erbfall

So können sich erbschaftsteuerliche Auswirkungen aus der Art der Finanzierung der Auslandsimmobilie ergeben. Grundsätzlich ist der Erwerber ausländischen Grundvermögens darin frei, ob er Eigenkapital aufwenden möchte oder ob er Fremdkapital in Anspruch nimmt. Manchmal zwingt das mangelnde Vorhandensein der notwendigen flüssigen Eigenmittel zur Fremdfinanzierung. Aber selbst wenn Liquidität in ausreichendem Umfang zur Verfügung steht, kann eine Kreditfinanzierung aus erbschaftsteuerlichen Gründen günstiger sein. Denn durch Schulden kann unter Umständen Einfluss auf die Bemessungsgrundlage einer künftigen Erbschaftsteuer genommen werden, was sich vorteilhaft auf die Gesamtbelastung auswirkt. Ist hingegen die Berücksichtigung von Verbindlichkeiten im Ausland eingeschränkt, ergeben sich hieraus Besteuerungsnachteile.

Wie sich Schulden bei der Vererbung von Auslandsgrundbesitz auswirken, hängt von den nationalen Steuerrechtsordnungen der beteiligten Staaten und ggf. vom Bestehen eines Doppelbesteuerungsabkommens ab. Die Art und Weise der Berücksichtigung von Verbindlichkeiten kann sehr unterschiedlich ausgestaltet sein.[336]

α) Schuldenabzug in Deutschland im Rahmen unbeschränkter Erbschaftsteuerpflicht

In erbschaftsteuerlichen Outbound-Fällen sind in Deutschland im Rahmen der unbeschränkten Erbschaftsteuerpflicht nach § 10 Abs. 5 Nr. 1 ErbStG grundsätzlich alle vom Erblasser herrührenden Schulden abzugsfähig.[337] Dies gilt unabhängig davon, wo die einzelnen Nachlassgegenstände belegen sind, in deren wirtschaftlichen Zusammenhang die Verbindlichkeiten stehen.[338] Das ausländi-

335 Zu beachten ist jedoch, dass es stets den Aufwand der einzelnen Erwerbsmodalitäten mit der Höhe der potentiellen steuerlichen Einsparungsmöglichkeit abzuwägen gilt.

336 *Piltz, D.*: Schuldenabzug bei internationalen Erbfällen, in: ZEV 1998, S. 461 f.

337 *Götz, H./Jorde, T.*: Auslandsvermögen im Erbfall, in: NWB 2006, Fach 10,S. 1533 (1541).

338 Dies ergibt der Umkehrschluss aus § 10 Abs. 6 S. 2 ErbStG, denn für den Fall der beschränkten Erbschaftsteuerpflicht (§ 2 Abs. 1 Nr. 3 ErbStG) sind nach § 10 Abs. 6 S. 2 ErbStG nur die Schulden abzugsfähig, die in wirtschaftlichen Zusammenhang zu Vermögensgegenständen stehen, die aufgrund ihrer Belegenheit im Inland der deutschen Erbschaftsteuer unterliegen.

sche Vermögen wird mit seinem Nettowert in die erbschaftsteuerliche Bemessungsgrundlage einbezogen.[339]

ß) Schuldenabzug im Ausland im Rahmen beschränkter Erbschaftsteuerpflicht

Im Ausland hingegen, wo aufgrund beschränkter Erbschaftsteuerpflicht die Besteuerung auf die dort belegenen Nachlassgegenstände begrenzt ist, ist auch die Berücksichtigung der vom Erblasser eingegangenen Verbindlichkeiten oftmals nur eingeschränkt möglich.

(1) Schuldenabzugsverbot im Ausland – Eigenkapitalfinanzierung

Manche Staaten verweigern beschränkt Erbschaftsteuerpflichtigen den Schuldenabzug vollständig, so dass im Ergebnis eine Bruttobesteuerung der Auslandsimmobilie stattfindet.[340] In dieser Konstellation wird dem Umstand, dass die Verbindlichkeiten des Erblassers eine Bereicherungsminderung des Erben darstellen,[341] im Ausland nicht Rechnung getragen. Es fällt nicht nur im Ausland aufgrund der unverminderten Bemessungsgrundlage eine höhere Erbschaftsteuer an, auch ergeben sich Anrechnungsnachteile in Deutschland. Für die Berechnung des Anrechnungshöchstbetrags nach § 21 Abs. 1 ErbStG ist nämlich, auch wenn im Ausland der Bruttowert besteuert wurde, der Nettowert des Auslandvermögens ausschlaggebend,[342] so dass sich oftmals Anrechnungsüberhänge ergeben, die zu einer Überbesteuerung führen.[343] Um diesem Nachteil zu entgehen, sollte, wer als Steuerinländer den Erwerb ausländischen Grundbesitzes mittels Fremdkapital plant, seine Investition aus erbschaftsteuerlicher Sicht bevorzugt in einem Staat tätigen, in dem kein Schuldenabzugsverbot für beschränkt Erbschaftsteuerpflichtige greift. Umgekehrt empfiehlt sich bei einer Investition in einem solchen Staat möglichst eine Finanzierung mit Eigenkapital.[344]

---

339 *Arlt, B.*, Internationale Erbschaft- und Schenkungsteuerplanung, Herne/Berlin, 2001, S. 276.

340 Für den Bereich der EU ist das Urteil des EuGH Urteil v. 11.12.2003 – RS. C-364/01, „Barbier", EuGHE I 2003, 15013 – zu beachten, wonach eine derartige Beschränkung des Schuldenabzugs als Eingriff in das Grundrecht der Kapitalverkehrsfreiheit unzulässig sein dürfte. Vgl. auch *Götz, H./Jorde, T.*: Auslandsvermögen im Erbfall, in: NWB 2006, Fach 10,S. 1533 (1542).

341 *Gebel, D.* in: Troll/Gebel/Jülicher ErbStG, § 21, Rn. 105.

342 *Jülicher, M.* in: Troll/Gebel/Jülicher ErbStG, § 21, Rn. 58.

343 *Piltz, D.*: Schuldenabzug bei internationalen Erbfällen, in: ZEV 1998, S. 461

344 *Arlt, B.*, Internationale Erbschaft- und Schenkungsteuerplanung, Herne/Berlin, 2001, S. 277.

(2) Individueller Schuldenabzug im Ausland – Fremdkapitalfinanzierung

In manchen Erbschaftsteuerordnungen, so auch in der deutschen,[345] ist im Rahmen der beschränkten Steuerpflicht die Berücksichtigung von „negativen“ Vermögenswerten auf einen sog. individuellen Schuldenabzug begrenzt.[346] Schulden, die in einem wirtschaftlichen Zusammenhang zu besteuerten Nachlassgegenständen stehen, können abgezogen werden. In diesem Fall unterliegt das ausländische Grundvermögen auch im Belegenheitsland nur einer Nettobesteuerung. In Abhängigkeit davon, wie der Belegenheitsstaat den Grundbesitz und die abzugsfähigen Schulden bewertet, kann eine Fremdfinanzierung der Immobilie zu einer Minderung der erbschaftsteuerlichen Bemessungsgrundlage, im günstigsten Fall zu einer Reduzierung auf Null, führen. Insbesondere bei einer Investition in einem Land, in dem ein höheres Erbschaftsteuerniveau als in Deutschland herrscht, ergeben sich aus einer Fremdfinanzierung des Immobilienerwerbs erhebliche erbschaftsteuerliche Vorteile. Wird bei der Berechnung der ausländischen Erbschaftsteuer ein Abzug von Fremdfinanzierungsaufwand, der mit dem Erwerb der Immobilie in unmittelbarem wirtschaftlichen Zusammenhang steht, zugelassen, verringert sich die Bemessungsgrundlage und damit die Steuerlast. Selbst wenn sich eine Erbschaftsteuerbelastung im Ausland nicht immer gänzlich vermeiden lässt, so kann sie zumindest der Höhe nach so weit reduziert werden, dass der Anrechnungshöchstbetrag in Deutschland nach § 21 Abs. 1 ErbStG nicht überschritten wird, so dass auf diese Weise eine Mehrbelastung im Ausland vollständig vermieden wird.

Um einen Schuldenabzug im Ausland zu gewährleisten, sollte jedoch darauf geachtet werden, dass die Verbindlichkeiten unmittelbar dem ausländischen Grundbesitz zuordenbar sind.[347] Hierzu kann u.U. auch eine Umpositionierung von Verbindlichkeiten notwendig werden.[348] Insbesondere kann etwa eine dingliche Besicherung am erworbenen Auslandsgrundbesitz eine entsprechende wirtschaftliche Verknüpfung sicherstellen und damit erst einen Abzug ermöglichen.[349]

---

345 § 10 Abs. 6 S. 2 ErbStG.

346 *Piltz, D.*: Schuldenabzug bei internationalen Erbfällen, in: ZEV 1998, S. 461

347 Etwa für § 10 Abs. 6 ErbStG ist der Hauptfall des wirtschaftlichen Zusammenhangs mit Inlandsvermögen der, dass die Verbindlichkeit zum Erwerb des beschränkt steuerpflichtigen Vermögensgegenstandes eingegangen worden ist; BFH Urteil v. 21.7.1972 – III R 44/70, BStBl. II 1973, 3.

348 *Arlt, B.*, Internationale Erbschaft- und Schenkungsteuerplanung, Herne/Berlin, 2001, S. 279.

349 Eine derartige Verknüpfung zu ausländischem Grundbesitz verlangt etwa Art. 8 Abs. 1 OECD-MA.

Auch wenn mittels einer Fremdfinanzierung der Auslandsimmobilie Einfluss auf die Erbschaftsteuerlast im Belegenheitsstaat genommen werden kann, muss dieser steuerliche Vorteil in einem ausgewogenen Verhältnis zu den Finanzierungskosten stehen. Es empfiehlt sich daher vor Erwerb der Immobilie eine Wirtschaftlichkeitsanalyse. Entscheidend ist hierbei die Differenz zwischen dem Zinsaufwand für die Fremdfinanzierung und dem Zinsvorteil, der sich aus der Anlage des aufgrund der Kreditfinanzierung ungebundenen Eigenkapitals ergibt, bezogen auf die Dauer bis zum Erbfall,[350] im Verhältnis zur erwarteten steuerlichen Ersparnis.

(3) Besonderheiten bei Anwendbarkeit eines Doppelbesteuerungsabkommens

Auch im DBA-Fall kann eine Fremdfinanzierung von ausländischem Grundbesitz, insbesondere wenn im Vertragsstaat das Erbschaftsteuerniveau höher als in Deutschland ist, zweckmäßig sein.[351] Kommt ein Doppelbesteuerungsabkommen zur Anwendung, sind die darin enthaltenen Sondervorschriften zum Schuldenabzug zu beachten, die vorrangig vor den nationalen Regelungen Anwendung finden.[352] Insbesondere sollte drauf geachtet werden, dass das im jeweiligen DBA vorgesehene Zuordnungskriterium für Verbindlichkeiten erfüllt ist. So kann auch nach DBA erst eine besondere Besicherung der Schulden durch das unbewegliche Vermögen deren Abziehbarkeit ermöglichen.[353] Daneben kann sich eine wirtschaftliche Verknüpfung daraus ergeben, dass die Verbindlichkeiten im Zusammenhang mit dem Erwerb, der Änderung, Instandsetzung oder Instandhaltung der Immobilie eingegangen wurden.[354]

Beispiel: Der verwitwete, 68-jährige Rentner E plant den Erwerb eines Ferienhauses in Spanien mit einem Wert von 339.000 €, wo er die Wintermonate verbringen möchte. Da er über ein Vermögen in Deutschland von ca. 1 Mio. € verfügt, könnte er die Immobilie mit Eigenmitteln finanzieren. Er überlegt, ob eine Fremdfinanzierung aus erbschaftsteuerlicher Sicht günstiger wäre, zumal bei seinem Ableben das Haus an seine neue Lebensgefährtin L fallen soll, mit der er nicht verheiratet ist.

Würde E die Immobilie mit Eigenmitteln finanzieren und geht das Ferienhaus nach seinem Tod auf L über, fällt für die unbelastete Immobilie eine Erbschaftsteuer in Spanien i.H.v. 130.823,62 € an.

---

350 Hierzu kann die durchschnittliche Lebenserwartung des Eigentümers herangezogen werden.

351 Ein Beispiel im Rahmen eines deutsch-US-amerikanischen Erbfalls liefert *Piltz, D.*: Schuldenabzug bei internationalen Erbfällen, in: ZEV 1998, S. 461 (462).

352 Vgl. etwa Art. 8 OECD-MA.

353 Art. 8 Abs. 1 S. 1 OECD-MA.

354 Art. 8 Abs. 1 S. 2 OECD-MA.

Nimmt E hingegen zur Finanzierung des Hauskaufs 339.000 € bei einer spanischen Bank auf und besichert den Kredit mit dem in Spanien belegenen Grundvermögen, könnte eine Erbschaftsteuer in Spanien theoretisch gänzlich vermieden werden. Dies setzt voraus, dass eine dier Darlehenssumme noch nicht getilgt ist. Dann mindern die Verbindlichkeiten des Erblassers den Erwerb. Da sich Belastung und Wert der Immobilie höhenmäßig entsprechen, reduziert sich die Bereicherung der L in Spanien auf Null. Eine Erbschaftsteuer fällt nicht an.[355]

b) Erwerb durch die künftigen Erben mit geschenkten Mitteln (vorweggenommene Erbfolge)

Ist der Erwerb einer Auslandsimmobilie in einem Land mit hoher Erbschaftsteuerbelastung beabsichtigt, kann eine Gestaltung vor dem Kauf unter Ausnutzung der relativ hohen deutschen Freibeträge für Schenkungen unter nahen Angehörigen eine nicht unerhebliche Erbschaftsteuerersparnis im Erbfall bedeuten. Hierzu überträgt der Immobilieninteressent zunächst seinem bzw. seinen künftigen Erben (zumeist den Kindern) unter Ausnutzug der deutschen Schenkungsteuerfreibeträge[356] Mittel zum Kauf der Auslandsimmobilie. Diese erwerben dann mit dem ihnen überlassenen Kapital erwartungsgemäß das gewünschte Haus oder die gewünschte Wohnung im Ausland und ermöglichen ihm die Benutzung.

Diese Erwerbsgestaltung birgt zum einen eine zeitliche, zum anderen eine räumliche Dimension: Die Vererbung der Immobilie wird durch eine lebzeitige Schenkung eines entsprechenden Gegenwertes ersetzt und damit vorweggenommen. Über den „Umweg" der Schenkung zweckgebundener Mittel werden die künftigen Erben direkt Eigentümer der Immobilie, ohne dass das Eigentum zunächst dem Erblasser zustand. Erbschaftsteuerlich entscheidend ist jedoch die räumliche Begrenzung auf einen inländischen Steuersachverhalt. Denn durch die Schenkung von Geldvermögen im Inland wird eine ausländische Steuerordnung nicht berührt. Unter Ausnutzung der entsprechenden Freibeträge führt die inländische Übertragung auch nicht zu einer Schenkungsteuerpflicht in Deutschland. Auf diese indirekte Weise kann die Auslandsimmobilie damit sogar gänzlich steuerfrei auf die Erben übergehen. Ist der Erwerb von ausländischem Immobilienvermögen geplant, das im Wert die zur Verfügung stehenden Freibeträge überschreitet, ergibt sich die Vorteilhaftigkeit dieser Erwerbsmodalität daraus,

355 Zur Fremdfinanzierung bzw. zum Schuldenabzug im deutsch-spanischen Erbfall s. *Hellwege, S.*: Mittel zur Vermeidung/Reduzierung der spanischen Erbschaftsteuer, in: ErbStB 2006, S. 58 ff.

356 § 16 ErbStG.

dass neben einer deutschen Schenkungsteuer im Ausland keine Erbschaftsteuer entsteht.[357]

Wie die Eigentümer dem Schenker dann ein Recht zur Nutzung der Immobilie einräumen, hängt vom Einzelfall ab.[358] Oft kann eine bloße Abrede genügen. Um Sicherheit zu erhalten, empfiehlt sich aber die Einräumung eines Wohnrechts, eines Nießbrauchs oder eines ähnlichen Rechts an dem ausländischen Grundbesitz, das möglichst dinglich abzusichern ist. Hier gilt es, die Möglichkeiten des Immobilienrechts im Belegenheitsland zu eruieren.

Da das Eigentum damit aber noch zu Lebzeiten des Erblassers den künftigen Erben zusteht, birgt diese Gestaltung einige Gefahren. Denn auch wenn an sich gewünscht wird, dass die Erwerber nur pro forma zu Eigentümern werden, so sind sie es in dieser Konstellation de facto. Sie können etwa die Immobilie gegen den Willen des Schenkers belasten oder veräußern. Im Falle einer Überschuldung kann eine Zwangsvollstreckung in den Auslandsgrundbesitz drohen. Auch ist die Möglichkeit des Vorversterbens der Eigentümer vor dem Nutzungsberechtigten zu beachten.[359] Diese Risiken können aber – etwa durch ein verlängertes Rückforderungsrecht an den geschenkten Mitteln – abgemildert werden. Inwieweit ein solches auch am Auslandsgrundbesitz abgesichert werden kann, hängt wiederum von den Möglichkeiten des ausländischen Immobilien- bzw. Grundbuchrechts ab.[360]

Zu beachten gilt es ferner, dass im Fall des Vorversterbens des Eigentümers (etwa des Kindes), auch wenn ihn der Schenker beerbt, eine Erbschaftsteuer im Ausland entsteht. In diesem Fall hat der Nutzungsberechtigte für „seine" Auslandsimmobilie Erbschaftsteuer zu zahlen.

---

357 In Deutschland mindern die Freibeträge, soweit vorhanden, die Belastung mit Schenkungsteuer.

358 Mit dem Recht auf Nutzung der Immobilie korrespondiert zumeist die Pflicht, die aus dem Grundvermögen rührenden Lasten, Instandhaltungskosten etc. zu tragen. Auch hierüber sollte Einigkeit erreicht werden.

359 Ein „Schreckensszenario" beschreibt *Gantzer, P.*: Nießbrauchs-Modell zur Erbschaftsteuerersparnis in Spanien, in: informaciones 2003, S. 158 f.

360 Um im Rückforderungsfall auch Handlungsfähig zu sein, wird daher empfohlen, dass der Eigentümer dem Schenker eine unwiderrufliche Generalvollmacht bzgl. des Auslandsvermögens erteilt, welche auch ein Selbstkontrahieren erlaubt; *Gantzer, P.*: Nießbrauchs-Modell zur Erbschaftsteuerersparnis in Spanien, in: informaciones 2003, S. 158 (159).

Die steuerliche Anerkennung dieses Modells steht außer Frage, wenn die Schenkung der erforderlichen Geldmittel in Deutschland erfolgt und dem Finanzamt gemeldet wird.[361]

Beispiel: Das in Deutschland ansässige, vermögende Ehepaar S mit zwei volljährigen Kindern plant den Erwerb einer spanischen Immobilie. Jeder Elternteil überträgt daher auf die beiden Kinder einen Betrag bis zur Höhe des zulässigen Freibetrages von 400.000 €.[362] Auf diese Weise können von Vater und Mutter in der Summe jedem Kind bis zu 800.000 € steuerfrei übertragen werden. Die beiden Kinder verwenden so dann diese Beträge, also bis zu 1,6 Mio. €, erwartungsgemäß für den Erwerb des Ferienhauses in Spanien, das sie den Eltern zur Benutzung überlassen. Versterben die Eltern, fällt weder in Spanien noch in Deutschland eine Erbschaftsteuer an, da die Kinder bereits Eigentümer des Ferienhauses sind.[363]

c) *Erwerbssplitting*

Eine Sonderform der soeben dargestellten Erwerbsform stellt das sog. Erwerbssplitting oder Nießbrauchs-Modell dar.[364] Es findet v.a. bei Erwerb von Immobilien in Spanien Anwendung, wo das Erbschaftsteuerniveau besonders hoch ist.[365]

Hier werden wiederum den künftigen Erben Mittel zum Kauf der Auslandsimmobilie schenkweise unter Ausnutzung der deutschen Freibeträge überlassen, allerdings erfolgt eine Aufspaltung in zwei Erwerbsteile. Der Verkäufer der Immobilie veräußert an die zukünftigen Erben das „nackte" Eigentum, während in der gleichen Notarurkunde der zukünftige Erblasser den lebenslangen Nießbrauch erwirbt. Es findet also ein Splitting der Rechte an der Immobilie statt. Das „nackte" Eigentum und das lebenslange Nießbrauchsrecht an dem ausländischen Objekt ergeben zusammen das Vollrecht.[366] Damit steht beispielsweise

361 Für den speziellen Unterfall des sog. Erwerbssplittings, welches sogleich vorgestellt wird, vgl. *Gantzer, P.*: Nießbrauchs-Modell zur Erbschaftsteuerersparnis in Spanien, in: informaciones 2003, S. 158.

362 § 16 Abs.1 Nr.2 ErbStG.

363 Ein ähnliches Beispiel mit Darstellung der Besonderheiten des sog. Erwerbssplitting findet sich bei *Löber, B./Huzel, E.,* Erben und Vererben in Spanien, neubearbeitete 4. Aufl., Frankfurt a.M., 2004, 135 ff.

364 Zu diesem Modell s. *Löber, B./Huzel, E.,* Erben und Vererben in Spanien, neubearbeitete 4. Aufl., Frankfurt a.M., 2004, S. 135 ff.; *Gantzer, P.*: Nießbrauchs-Modell zur Erbschaftsteuerersparnis in Spanien, in: informaciones 2003, S. 158 f.

365 Vgl. Belastungsanalyse, ab S. 55 für Durchschnittsimmobilien und ab S. 100 für Luxusimmobilien.

366 *Löber, B.*: Deutsch-spanisches Erbschaftsteuermodell: Schenkung in Deutschland; Erwerbssplitting in Spanien: Nießbrauch und "nacktes Eigentum", in: informaciones 2003, S. 47 (48).

den Eltern das lebenslange Nutzungsrecht unter Ausschluss der Kinder als eigentliche Eigentümer zu. Im Falle des Todes des Nießbrauchsberechtigten erlischt das Nutzungsrecht und das „nackte" Eigentum erstarkt zum Vollrecht. Der steuerliche Vorteil liegt darin, dass nur eine Erbschaftsteuer bezogen auf den Nießbrauch anfällt, dessen Wert für den Fall einer in Spanien belegenen Immobilie umso niedriger ist, je älter der Erblasser im Todeszeitpunkt war.[367] Ein Vorzug des Erwerbssplittings ergibt sich auch daraus, dass eine Veräußerung des Grundstücks zu Lebzeiten der Nutzungsberechtigten aufgrund der Belastung praktisch unmöglich ist.[368]

d) *Erwerb der Auslandsimmobilie über eine „Holding"-Gesellschaft*

Auch die Zwischenschaltung einer Gesellschaft birgt gegenüber dem direkten Halten einer Auslandimmobilie Vorteile. Diese können durch die Einbringung von ausländischem Grundbesitz in das Vermögen einer solchen „Holding"-Gesellschaft erreicht werden.[369] Da sich aber bereits bei Anschaffung des Auslandsgrundbesitzes mittels Erwerb durch eine Gesellschaft, die dann nicht mehr erst nachträglich dazwischengeschaltet werden muss, Transaktionskosten sparen lassen, sei schon an dieser Stelle, wo es um Erwerbsmodalitäten geht, auf eine solche Möglichkeit hingewiesen.

II. Erbschaftsteuerliche Erbfolgegestaltung im Rahmen einer internationalen Erbschaftsteueroptimierung (Erbschaftsteuergestaltung)

Ist bereits eine Immobilie im Ausland vorhanden, können Gestaltungsmaßnahmen die steuerliche Belastung im Erbfall verringern oder vermeiden.

---

367 Die Bewertung dinglicher Nutzungsrechte richtet sich nach Art. 26 LISD. Zu beachten gilt es, dass seit dem Erwerb drei Jahre vergangen sein müssen. Andernfalls vermutet der spanische Fiskus, dass der Erwerb des „nackten" Eigentums aus Mitteln des Erblassers herrührt, vgl. Art. 11 Abs. 1 Buchst. b LISD. Es empfiehlt sich eine Abwicklung über verschiedene Konten; s. *Löber, B.*: Deutsch-spanisches Erbschaftsteuermodell: Schenkung in Deutschland; Erwerbssplitting in Spanien: Nießbrauch und "nacktes Eigentum", in: informaciones 2003, S. 47 (48).

368 *Piske, P.*: Vorweggenommene Erbfolge in Spanien, in: ZEV 2003, S. 495 (497).

369 S. unten ab S. 176

1. Räumliche Optimierung: Wohnsitzverlagerung

Für Personen, die über Immobilienvermögen im Ausland verfügen oder solches erwerben wollen, rückt eine Wohnsitzverlagerung in (scheinbar) greifbare Nähe. Es steht ein Haus oder eine Wohnung zur Verfügung, die nach den persönlichen Bedürfnissen eingerichtet wurde; die Umgebung wird zunehmend vertrauter, es werden soziale Kontakte vor Ort geknüpft; Sprachbarrieren werden überwunden und man gewöhnt sich an kulturelle Unterschiede. Besteht auch keine Erwerbsverpflichtung in Deutschland mehr, weil der künftige Erblasser bereits das Rentenalter erreicht hat, scheint einer „Erbschaftsteuerflucht" nichts im Wege zu stehen.

Zwar gilt die Wohnsitzverlagerung als eine der wichtigsten erbschaftsteuerlichen Gestaltungsmaßnahmen, sie ist aber gleichzeitig auch besonders kompliziert.[370] Insbesondere ist zu beachten, dass es einen steuerlichen Wegzug nicht gibt, sondern nur einen tatsächlichen. Die Tragweite einer steuerlichen Auswanderung wird daher häufig unterschätzt. Denn der Betroffene muss trotz allen Heimwehs, bestehender sozialer Kontakte und familiärer Bindung in Deutschland seine inländischen Wurzeln weitgehend kappen.

Im Folgenden soll die Wohnsitzverlagerung des Erblassers und des Erben als Instrument zur Reduzierung der Erbschaftsteuerbelastung eingehend untersucht werden.

a) Funktionsweise

Durch eine Wohnsitzverlagerung des Erblassers und des Erben soll die Erbschaftsteuerbelastung dadurch verringert werden, dass die Erbschaftsteuerpflicht in Deutschland und damit die deutsche Besteuerungskompetenz ausgeschlossen bzw. im Rahmen der beschränkten Erbschaftsteuerpflicht auf das Inlandsvermögen beschränkt wird. Damit scheidet – jedenfalls im Grundsatz – das Auslandsvermögen aus der deutschen Besteuerungskompetenz aus.[371]

Damit die Wohnsitzverlagerung des Erblassers und des Erben auch tatsächlich zu einer Beschneidung des deutschen Besteuerungsrechts führt, sind alle Tatbestände, die eine Erbschaftsteuerpflicht in Deutschland begründen, zu untersuchen. Erst wenn alle Tatbestände nicht mehr verwirklicht werden, die eine Besteuerung in Deutschland eröffnen, scheidet ein Zugriff des deutschen Fiskus vollständig aus.

370 *Fischer, L.*: Erbschaftsteuerplanung bei Auslandsanlagen, in: BB 1984, S. 1033 (1036).

371 So auch *Fischer, L.*: Erbschaftsteuerplanung bei Auslandsanlagen, in: BB 1984, S. 1033 (1036).

Den rechtlichen Rahmen einer Wohnsitzverlagerung des Erblassers und des Erben bilden daher alle steuerkompetenzbegründenden Normen des deutschen Erbschaftsteuerrechts.[372]

Entsprechend können fünf Phasen der Erbschaftsteuerpflicht unterschieden werden:[373]

- Phase 1: einfache unbeschränkte Erbschaftsteuerpflicht in Deutschland
- Phase 2: erweiterte unbeschränkte Erbschaftsteuerpflicht in Deutschland
- Phase 3: erweiterte beschränkte Erbschaftsteuerpflicht in Deutschland
- Phase 4: einfache beschränkte Erbschaftsteuerpflicht in Deutschland
- Phase 5: ausschließliche Erbschaftsteuerpflicht im Ausland

Ausgangspunkt eines erbschaftsteuermotivierten Wegzugs bildet die unbeschränkte Erbschaftsteuerpflicht in Deutschland (Phase 1). Hier gilt das sog. Universalitätsprinzip, so dass das Weltvermögen, also das gesamte Vermögen des Erblassers unabhängig von der Belegenheit, von der deutschen Erbschaftsteuer erfasst wird. Mit zunehmender zeitlicher Dauer des Wegzugs aus der Bundesrepublik nimmt die Intensität des deutschen Besteuerungszugriffs ab (Phasen 2 und 3), bis schließlich im Rahmen der einfachen beschränkten Erbschaftsteuerpflicht nur noch das Inlandsvermögen erbschaftsteuerverstrickt ist. Ist kein Vermögen mehr vorhanden, das als in Deutschland belegen gilt, fehlt jeder Bezug zum Hoheitsgebiet der Bundesrepublik, und ein Zugriff des deutschen Fiskus ist nicht mehr möglich (Phase 5).

α) Phase 1: Einfache unbeschränkte Erbschaftsteuerpflicht in Deutschland

Die unbeschränkte Erbschaftsteuerpflicht nach § 2 Abs. 1 ErbStG knüpft an die Inländereigenschaft des Erblassers (zur Zeit seines Todes) und des Erwerbers (zum Zeitpunkt der Steuerentstehung nach § 9 ErbStG) an. Hieraus ergibt sich die erste Schwierigkeit der Wohnsitzverlagerung aus Gründen der Erbschaftsteuervermeidung bzw. -reduzierung. Da die unbeschränkte Erbschaftsteuerpflicht nicht nur vom Erblasser, sondern auch vom bzw. von den Erwerber(n) abhängt, reicht es nicht aus, wenn allein der künftige Erblasser ins Ausland verzieht. Vielmehr müssen auch alle Personen, denen der Erblasser Vermögen zuwenden möchte, den Wohnsitz wechseln, damit diese Gestaltung vollständig zum Tragen kommt. Anders als dies möglicherweise beim potentiellen Erblasser

372 S. bereits oben S. 12

373 So auch *Wachter, T.*: Beschränkte Erbschaftsteuerpflicht - Grundlagen und ein ABC des Inlandvermögens, in: ErbStB 2004, S. 25 ff., der bei einer Betrachtung der deutschen Besteuerungshoheit nur vier Abschnitte unterscheidet.

der Fall ist, sind die Erwerber aber zumeist beruflich an einen bestimmten Ort gebunden. Der Lebensmittelpunkt lässt sich dann nur unter Schwierigkeiten und mit hohem Aufwand verlagern. Soll das Vermögen gar auf eine Vielzahl von Nachkommen übergehen, dürfte es in der Praxis fast unmöglich sein, alle Beteiligten zu einem Wegzug in ein bestimmtes Land zu bewegen.

Erschwerend kommt hinzu, dass natürliche Personen nach § 2 Abs. 1 Nr. 1 Buchst. a ErbStG schon dann als Inländer gelten, wenn sie im Inland zwar keinen Wohnsitz, aber ihren gewöhnlichen Aufenthalt haben. Allerdings hängt die (erbschaft)steuerliche Inländereigenschaft nicht von der Staatsangehörigkeit ab.[374]

Zunächst ist aber ein Wohnsitz in der Bundesrepublik entscheidend. Erst wenn alle inländischen Wohnsitze aufgegeben wurden, kommt es auf den gewöhnlichen Aufenthalt an.

Im Normalfall haben die Beteiligten vor dem Wegzug mindestens einen Wohnsitz in Deutschland.[375] Denn einen Wohnsitz hat jemand nach § 8 AO dort, wo er eine Wohnung (oder ein Haus) unter Umständen innehat, die darauf schließen lassen, dass er sie beibehalten und benutzen will.[376] Als Wohnung sind eingerichtete Räume zu verstehen, die objektiv zum dauernden Aufenthalt von Menschen geeignet sind; wobei eine subjektive Widmung zu Wohnzwecken nicht erforderlich ist.[377] Jedoch können die Lebensbedürfnisse des Inhabers eine Rolle spielen.[378] Innehaben bedeutet, dass die tatsächliche Verfügungsgewalt über die Wohnung besteht.[379] Dieses Verfügungsrecht kann auch von Angehörigen ausgeübt werden.[380] Das Innehaben einer Wohnung umfasst auch ein zeitli-

374 BFH Urteil v. 18.4.1962 – II 272/60 U, BStBl. III 1962, 276.

375 *Richter, A.*: in: *Ostertun, D./Reimer, E. (Hrsg.),* Wezugsbesteuerung - Wegzusberatung, München, 2007, § 10 Rn. 5.

376 Anders als im Zivilrecht (§ 7 BGB) ist damit für das Steuerrecht nicht eine Willenserklärung von Bedeutung, sondern das Bild, das sich dem Betrachter von den tatsächlichen Verhältnisse bietet; so *Birkholz, H.*: Der Wohnsitz, seine Begründung, seine Aufgabe und deren Bedeutung im Rahmen des Steuerrechts, in: DStZ/A 1979, S. 247

377 Vgl. BFH Urteil v. 24.4.1991 – II R 2/89, BStBl. II 1991, 683.

378 BFH Urteil v. 23.10.1985 – I R 274/82, BStBl. II 1986, 133.

379 BFH Urteil v. 22.4.1994 – III R 22/92, BStBl. II 1994, 887. Ein Strafgefangener hat mangels Verfügungsbefugnis keinen Wohnsitz in der Strafanstalt, RFH v. 19.10.1940 – GrS D 3/40, RStBl. 1940, 925.

380 *Tiedtke, K./Langheim, H.*: Die Voraussetzungen und Rechtsfolgen der beschränkten und der (fiktiven) unbeschränkten Steuerpflicht, in: DStZ 2003, S. 10. Im Fall eines im Ausland beschäftigten Arbeitnehmers, der seine Familie im Inland zurücklässt, übt dessen Ehefrau die Verfügungsgewalt über die Wohnung aus, so dass weiterhin ein Wohnsitz im Inland besteht; BFH Urteil v. 17.5.1995 – I R 8 /95, BStBl. II 1996, 2; BFH Beschluss v. 2.11.1995 – I B 110/94, BFH/NV 1995, 753.

ches Moment. Dieses bezieht sich auf die Begründung des Wohnsitzes und ist von diesem Zeitpunkt aus in die Zukunft gerichtet. Zur Bestimmung des Zeitmoments kann auf die Frist von sechs Monaten nach § 9 S. 2 AO zurückgegriffen werden.[381]

Zu beachten ist, dass § 2 Abs. 1 Nr. 1 Buchst. a ErbStG die Inländereigenschaft und damit die unbeschränkte Steuerpflicht ausdrücklich an *einen* Wohnsitz knüpft. Da ein Steuerpflichtiger mehrere Wohnsitze haben kann,[382] reicht es aus, wenn sich einer der Wohnsitze in der Bundesrepublik Deutschland befindet, auch wenn ein ausländischer Wohnsitz häufiger oder überwiegend genutzt wird.[383] Deshalb können auch Ferien-, Jagd-[384] und Wochenendhäuser[385] einen Wohnsitz in Deutschland begründen.[386] Erst wenn die Beteiligten über keinerlei Räume mehr verfügen, die Wohnzwecken dienen können, fehlt es an einem Anknüpfungspunkt für einen inländischen Wohnsitz.

Für den Wegzug ins Ausland ist daher entscheidend, wie ein deutscher Wohnsitz aufgegeben werden kann. Hierbei kommt es wiederum nicht auf einen Willensakt, sondern auf die tatsächlichen Verhältnisse an.[387] Die Aufgabe einer Wohnung im Inland bei einer Übersiedlung ins Ausland wird durch die Aufgabe der Gewohnheit der regelmäßigen Rückkehr in diese Räumlichkeiten nach außen deutlich.[388] Dies ist etwa der Fall, wenn der Haushalt aufgelöst, ein Mietverhältnis gekündigt oder die bisher selbst genutzte Wohnung vermietet wird. Die Wegzugswilligen müssen daher als ersten Schritt alle Räumlichkeiten, die sie bewohnen, verkaufen oder fremd vermieten.

Für Personen, die in Deutschland einen Wohnsitz haben, ist es ohne Belang, ob sie sich für gewöhnlich im Inland oder (aus welchen Gründen auch immer)

---

381 BFH Urteil v. 30.8.1989 – I R 215/85, BStBl. II 1989, 956.

382 BFH Urteil v. 16.12.1998 – I R 40/97, BStBl. II 1999, 207.

383 Der inländische Wohnsitz muss insbesondere nicht der Lebensmittelpunkt sein. Vgl. auch FG Hamburg Urteil v. 18.2.1988 – II 297/85, EFG 1988, S. 424.

384 RFH Beschluss v. 3.4.1941 – IV B 1/41, RStBl. 1941, 290.

385 BFH Urteil v. 4.6.1964 – IV 28/64 U, BStBl. III 1964, 535.

386 So ist z.B. bereits die Beibehaltung einer Wohnung im Inland, die jährlich zweimal zu bestimmten Zeiten für einige Wochen zur Rehwildjagd genutzt wird, ein fortbestehender Wohnsitz i.S.d. § 8 AO (BFH Urteil v. 23.11.1989 – II R 139/87, BStBl. II 1989, S. 182).

387 Vgl. BFH Urteil v. 23.11.1988 – I R 215/85, BStBl. II 1989, 182.

388 *Birkholz, H.*: Der Wohnsitz, seine Begründung, seine Aufgabe und deren Bedeutung im Rahmen des Steuerrechts, in: DStZ/A 1979, S. 247 (248). Wer dagegen in gewisser Regelmäßigkeit für Arztbesuche eine Wohnung im Inland aufsucht, die ihm früher selbst gehörte und für die er noch über ein Wohnrecht verfügt, hat einen Wohnsitz in der Bundesrepublik; FG München Urteil v. 23.10.1993 – 4 K 10085/87, UVR 1993, S. 148.

im Ausland aufhalten. Erst wenn alle Wohnsitze im Inland aufgegeben wurden, gewinnt die Frage nach dem gewöhnlichen Aufenthalt an Bedeutung.[389]

Nach § 9 AO hat jemand dort seinen gewöhnlichen Aufenthalt, wo er sich unter Umständen aufhält, die erkennen lassen, dass er an diesem Ort oder in diesem Gebiet nicht nur vorübergehend verweilt. Der Begriff „gewöhnlich" ist gleichbedeutend mit „dauernd", wobei „dauernd" keine ununterbrochene Anwesenheit erfordert.[390]

Wer sich während eines zusammenhängenden Zeitraums von mehr als sechs Monaten in der Bundesrepublik aufhält, hat seinen gewöhnlichen Aufenthalt nach § 9 S. 2 AO im Inland. Dies gilt nur dann nicht, wenn der Aufenthalt ausschließlich zu Besuchs-, Erholungs-, Kur- oder ähnlichen privaten Zwecken erfolgt und nicht länger als ein Jahr dauert (§ 9 S. 3 AO).

Bei einer Unterbrechung der Anwesenheit kommt es darauf an, ob noch ein einheitlicher Aufenthalt gegeben ist oder ob mehrere getrennte Aufenthalte anzunehmen sind. Ein einheitlicher Aufenthalt ist gegeben, wenn der Aufenthalt nach den Verhältnissen fortgesetzt werden sollte und die Unterbrechung nur kurzfristig ist.[391]

Auch wenn jemand über mehrere Wohnsitze verfügen kann, kann der gewöhnliche Aufenthalt nicht gleichzeitig an mehreren Orten bestehen. Die Finanzverwaltung stellt auf den sog. Schwerpunktaufenthalt ab.[392] Danach sind bei fortdauerndem Schwerpunktaufenthalt im Ausland kurzfristige Aufenthalte im Inland z.B. Geschäfts- oder Dienstreisen, Schulungen etc. unschädlich.

Wegzügler haben daher zu beachten, dass sie sich nach dem Wegzug am Stück nicht länger als sechs Monate in Deutschland aufhalten dürfen, wenn sie die unbeschränkte Erbschaftsteuerpflicht vermeiden wollen. Dient der Besuch in der Heimat rein privaten Zwecken, kann er auch länger dauern, darf aber keinesfalls die Jahresfrist überschreiten. Wer jedoch plant, eine berufliche oder geschäftliche Tätigkeit in Deutschland aufrechtzuerhalten, sollte beachten, dass der Tatbestand des gewöhnlichen Aufenthalts auch bei einem weniger als sechs Monate dauernden Aufenthalt verwirklicht werden kann, wenn die Inlandsauf-

389 *Birkholz, H.*: Der Wohnsitz, seine Begründung, seine Aufgabe und deren Bedeutung im Rahmen des Steuerrechts, in: DStZ/A 1979, S. 247 (248).

390 *Ebeling, J.* in: Kapp/Ebeling ErbStG, § 2 Rz. 7. „Dauernd" ist nach BFH Urteil v. 30.8.1989 – I R 215/85, BStBl II 1989, 182. wiederum als „nicht nur vorübergehend" zu verstehen.

391 AEAO zu § 9 Nr. 1.

392 AEAO zu § 9 Nr. 3.

enthalte nacheinander erfolgen, sachlich miteinander verbunden und als nicht nur vorübergehend geplant sind.[393]

ß) Phase 2: Erweiterte unbeschränkte Erbschaftsteuerpflicht in Deutschland[394]

Aber auch wenn der Wohnsitz in Deutschland vollständig und vorbehaltlos aufgegeben wurde und der gewöhnliche Aufenthalt nun im Ausland liegt, besteht für die Dauer von fünf Jahren die unbeschränkte Erbschaftsteuerpflicht in Deutschland fort. Denn deutsche Staatsangehörige,[395] die sich noch keine fünf Jahre im Ausland aufgehalten haben, unterliegen der erweiterten unbeschränkten Erbschaftsteuerpflicht nach § 2 Abs. 1 Nr. 1 Buchst. b ErbStG.

In diesem Rahmen richtet sich die Steuerpflicht ausnahmsweise nach dem Nationalitätsprinzip.[396] Hier ergibt sich ein weiterer Ansatzpunkt für eine Gestaltung durch die Aufgabe der deutschen Staatsangehörigkeit.[397]

Bei einer nur kurz andauernden Verlegung des Wohnsitzes ins Ausland kann daher die deutsche Erbschaftsbesteuerung nicht umgangen werden. Insbesondere macht ein Wegzug „im letzten Moment" vor dem Erbfall keinen Sinn. Im Rahmen der Wegzugsüberlegungen ist daher auch der Gesundheitszustand des künftigen Erblassers zu berücksichtigen. Denn verstirbt der Vermögensinhaber innerhalb des Fünf-Jahres-Zeitraums des § 2 Abs. 1 Nr. 1 Buchst. b ErbStG, greift der deutsche Fiskus nach wie vor voll, d.h. unbeschränkt, auf das gesamte Weltvermögen zu. Sind jedoch sowohl der künftige Erblasser als auch dessen Erbe ins Ausland verzogen, dürfte es für die deutsche Finanzverwaltung schwierig sein, von der Übertragung von Auslandsvermögen im Rahmen der erweitert unbeschränkten Steuerpflicht zu erfahren.[398] Diese Tatsache wird oftmals zur Erbschaftsteuerhinterziehung genutzt.

Überdies ist zu beachten, dass die fünfjährige Nachversteuerungsfrist durch ein DBA zwischen Deutschland und dem Zuzugsland abgeändert sein kann.

---

393 Vgl. BFH Urteile v. 27.7.1962 – VI 156/59 U, BStBl. III 1962, 429 und v. 3.8.1977 – I R 210/75, BStBl. II 1978, 118.

394 Die erweitert unbeschränkte Erbschaftsteuerpflicht nach § 2 Abs. 1 Nr. 1 Buchst. b wird auch als „verlängert unbeschränkte" Erbschaftsteuerpflicht bezeichnet; vgl. *Weinmann, N.* in: Moench ErbStG, § 2 Rn. 12. *Weinmann* hält die Bezeichnung „erweiterte" unbeschränkte Erbschaftsteuerpflicht sogar für irreführend, da keine Erweiterung der Steuerpflicht dem Umfange nach, sondern lediglich eine Ausdehnung in zeitlicher Hinsicht erfolgt.

395 Zur deutschen Staatsangehörigkeit s. §§ 1 ff. StAG.

396 *Ebeling, J.* in: Kapp/Ebeling ErbStG, § 2, Rn. 53.1.

397 Zur Aufgabe der Staatsangehörigkeit als Mittel „personelle Optimierung", s. S. 164

398 *Fischer, L.*: Erbschaftsteuerplanung bei Auslandsanlagen, in: BB 1984, S. 1033 (1037).

Dies ist etwa für die USA der Fall. Denn durch das Zustimmungsgesetz zum Protokoll von 1998[399] wurde im DBA mit den USA die erweitert unbeschränkte Steuerpflicht nach § 2 Abs. 1 Buchst. b ErbStG von fünf Jahren auf zehn Jahre ausgedehnt.[400] Mit dieser Erweiterung wird die sonst bei Wegzug u.U. zum Tragen kommende erweiterte beschränkte Erbschaftsteuerpflicht nach § 4 AStG insoweit überholt.[401]

γ) Phase 3: Erweitert beschränkte Erbschaftsteuerpflicht in Deutschland

Für den Fall eines Wegzugs in ein Niedrigsteuerland kann jedoch noch für die Dauer von zehn Jahren eine erweitert beschränkte Erbschaftsteuerpflicht in Deutschland nach § 4 AStG bestehen.

In subjektiver Hinsicht stellt § 4 AStG nur auf den Erblasser (bzw. Schenker) und nicht auf den oder die Erwerber ab.[402] Voraussetzung für die erweitert beschränkte Erbschaftsteuerpflicht ist, dass der Erblasser in den letzten zehn Jahren vor seiner Auswanderung als Deutscher insgesamt mindestens fünf Jahre in Deutschland unbeschränkt einkommensteuerpflichtig war, er seinen dauernden Aufenthalt in einem Niedrigbesteuerungsland nach § 2 Abs. 2 AStG hatte und er unmittelbar oder zumindest mittelbar wesentliche wirtschaftliche Interessen i.S.v. § 2 Abs. 3 und 4 AStG in der Bundesrepublik Deutschland verfolgte.

Die erweitert beschränkte Erbschaftsteuerpflicht nach § 4 AStG kann sich in zeitlicher Hinsicht mit der erweiterten unbeschränkten Erbschaftsteuerpflicht nach § 2 Abs. 1 Nr. 1 Buchst. b EStG überschneiden. Ist dies der Fall, geht jedoch die unbeschränkte der beschränkten Steuerpflicht vor, so dass für die ersten fünf Jahre nach dem Wegzug die verlängerte unbeschränkte Steuerpflicht nach § 2 Abs. 1 Nr. 1 Buchst. b und für die folgenden fünf Jahre die erweiterte beschränkte Steuerpflicht nach § 4 AStG greift.[403]

Nach § 4 Abs. 2 AStG entfällt die erweiterte beschränkte Erbschaftsteuerpflicht, wenn für die nach § 4 AStG zusätzlich steuerpflichtigen Vermögensgegenstände im Ausland eine Erbschaftsteuer von mindestens 30 % der deutschen Erbschaftsteuer zu zahlen ist.[404]

Im Falle der erweiterten beschränkten Erbschaftsteuerpflicht unterliegt nicht mehr das gesamte Weltvermögen der deutschen Besteuerung, sondern es ist auf

399 Gesetz v. 15.9.2000, BGBl. II 2000, S. 1170.

400 Art. 1 Änderungsprotokoll v. 14.12.1998, BGBl. II 2000, S. 1172 bzw. Art. 4 Abs. 2 Buchst. c DBA.

401 *Baßler, J.* in: Flick/Wassermeyer/Baumhoff/Schönfeld AStG, § 4 Rn. 22.

402 *Baßler, J.* in: Flick/Wassermeyer/Baumhoff/Schönfeld AStG, § 4 Rn. 8.

403 *Weinmann, N.* in: Moench ErbStG, § 2, Rn. 13; *Jülicher, M.* in: Troll/Gebel/Jülicher ErbStG, § 2, Rn. 81.

404 *Baßler, J.* in: Flick/Wassermeyer/Baumhoff/Schönfeld AStG, § 4 Rn. 8.

das erweiterte Inlandsvermögen abzustellen. Eine Erweiterung gegenüber dem Inlandsvermögen nach § 2 Abs. 1 Nr. 3 ErbStG i.V.m. § 121 BewG im Rahmen der beschränkten Erbschaftsteuerpflicht ergibt sich aus der Erstreckung auf alle Teile des Erwerbs, deren Erträge bei unbeschränkter Einkommensteuerpflicht nicht ausländische Einkünfte i.S.v. § 34c Abs. 1 EStG wären. Das erweiterte Inlandsvermögen umfasst damit praktisch das gesamte in Deutschland befindliche Vermögen,[405] insbesondere erfolgt eine Erweiterung auf Kapitalforderungen gegen Schuldner im Inland, Spar- und Bankguthaben bei inländischen Geldinstituten, Aktien und Anteile an Kapitalgesellschaften im Inland und bewegliche Wirtschaftsgüter, die sich im Inland befinden.[406]

Grundvermögen gehört jedoch nach § 121 Nr. 2 BewG schon zum „einfachen" Inlandsvermögen. Insofern kommt die Erweiterung des § 4 AStG bei Immobilien nicht zum Tragen. Die erweiterte beschränkte Erbschaftsteuerpflicht führt daher, wenn es darum geht, dass in Deutschland belegener Grundbesitz übertragen werden soll, nicht zu einer Ausdehnung der deutschen Besteuerungskompetenz.

Da im Ausland belegene Immobilien aber weder dem „einfachen" Inlandsvermögen nach § 121 BewG zugehören, noch der Erweiterung durch die Erbschaftsteuerpflicht nach § 4 AStG unterfallen, spielt die Zehn-Jahres-Frist auch für Auslandsimmobilien keine Rolle. Vielmehr scheidet die Besteuerungskompetenz des deutschen Fiskus bezüglich ausländischen Grundbesitzes mit Beendigung der unbeschränkten Erbschaftsteuerpflicht, also spätestens mit Ablauf der Fünf-Jahres-Frist der erweiterten unbeschränkten Erbschaftsteuerpflicht nach § 2 Abs. 1 Nr. 1 Buchst. b EStG aus.[407]

δ) Phase 4: Einfache beschränkte Erbschaftsteuerpflicht in Deutschland

Unabhängig von Wohnsitz oder gewöhnlichem Aufenthalt des Erblassers oder der Erben unterliegt die unentgeltliche Übertragung von Inlandsvermögen stets der beschränkten Erbschaftsteuerpflicht nach § 2 Abs. 1 Nr. 3 ErbStG. Zum Inlandsvermögen gehören alle in § 121 Nr. 1 bis 9 aufgeführten Vermögensgegenstände – insbesondere Immobilien, wenn sie im Inland belegen sind (§ 121 Nr. 2 BewG).

Da die beschränkte Erbschaftsteuerpflicht ausschließlich an der Belegenheit der Vermögensgegenstände anknüpft, spielen die persönlichen Verhältnisse der

405 *Wachter, T.*: Beschränkte Erbschaftsteuerpflicht - Grundlagen und ein ABC des Inlandvermögens, in: ErbStB 2004, S. 25 (26).

406 Zum Umfang der erweiterten beschränkten Erbschaftsteuerpflicht s. AEAStG v. 14.5.2004, Tz. 4.1.1.

407 Zu beachten ist jedoch eine Ausweitung der erweitert unbeschränkten Erbschaftsteuerpflicht durch DBA, wie es im DBA mit den USA der Fall ist; s. oben S. 159

Beteiligten keine Rolle.[408] Dies wirkt sich u.a. auf den persönlichen Freibetrag,[409] den Umfang des Schuldenabzugs[410] und die Anrechenbarkeit ausländischer Steuern aus.[411]

Ist daher umfangreiches Immobilienvermögen in Deutschland vorhanden, hat der Wegzug aufgrund des auf 2.000 € beschränkten Freibetrags, des eingeschränkten Schuldenabzugs und des Ausschlusses der Anrechnung ausländischer Steuern eine Erhöhung der Erbschaftsteuerschuld in Deutschland zur Folge. Grundbesitz in der Bundesrepublik sollte daher vor dem Erbgang veräußert werden.[412]

ε) Phase 5: Ausschließliche Erbschaftsteuerpflicht im Ausland

Auslandsimmobilien können ab Erlöschen der unbeschränkten Erbschaftsteuerpflicht in Deutschland bezogen auf die Bundesrepublik erbschaftsteuerfrei vererbt werden. Bei inländischem Grundbesitz stellt sich die Situation allerdings grundlegend anders dar: Da inländischer Grundbesitz dem „einfachen" Inlandsvermögen zuzurechnen ist, erlischt dessen Erbschaftsteuerverstrickung nicht schon mit Beendigung der erweitert beschränkten Erbschaftsteuerpflicht gem. § 4 AStG nach zehn Jahren. Vielmehr bleiben deutsche Inlandsimmobilien dauerhaft von der deutschen Besteuerungskompetenz erfasst.

Eine ausschließliche Erbschaftsteuerpflicht im Ausland und damit eine vollständige Erbschaftsteuerflucht vor dem deutschen Fiskus kann nur erreicht werden, wenn kein Inlandsvermögen mehr vorhanden ist. Alle in § 121 Nr. 1 bis 9 BewG genannten Vermögensgegenstände sind daher zu veräußern bzw. ins Ausland zu verlagern. Für Immobilien bedeutet dies deren Verkauf.

---

408 *Ostertun, D.*: in: *Ostertun, D./Reimer, E. (Hrsg.)*, Wegzugsbesteuerung - Wegzugsberatung, München, 2007, § 12 Rn. 323.

409 Der persönliche Freibetrag beträgt nach § 16 Abs. 2 ErbStG unabhängig von den persönlichen Verhältnissen lediglich 1.100 €.

410 Schulden sind nach § 10 Abs. 6 S. 2 ErbStG nur insoweit zum Abzug zugelassen, als dass die Schulden oder Lasten in einem wirtschaftlichen Zusammenhang mit den der Besteuerung unterliegenden Vermögensgegenständen stehen.

411 Die Anrechnung ausländischer Steuern ist im Rahmen der beschränkten Erbschaftsteuerpflicht nach § 21 Abs. 1 S. 1 ErbStG ausgeschlossen.

412 Der Erlös aus der Veräußerung des Grundbesitzes sollte, um der erweitert beschränkten Erbschaftsteuerpflicht zu entgehen, ins Ausland transferiert werden. Denn erst nach Ablauf der Zehn-Jahresfrist des § 4 AStG i.V.m. § 2 Abs. 2 S. 1 AStG ist eine Anlage bei einem deutschen Kreditinstitut unschädlich.

b) *Wahl des Zuzugslandes*

Allein steuerliche Gesichtspunkte werden bei der Wahl des Landes, in welches der Lebensmittelpunkt verlagert werden soll, in den seltensten Fällen entscheidend sein. Vielmehr spielen bei der Suche nach einer neuen sog. „Wahlheimat" viele gewichtige außersteuerliche Kriterien eine Rolle. So sind Sprache, Kultur und klimatische Verhältnisse im Zuzugsstaat von erheblicher Bedeutung, aber auch das wirtschaftliche Umfeld, eine gute infrastrukturelle Anbindung oder eine ausreichende medizinische Versorgung können den Ausschlag geben. Nicht zu vergessen sind die vom deutschen Niveau oft erheblich abweichenden Lebenshaltungskosten, aber auch aufenthaltsrechtliche Aspekte, insbes. in Nicht-EU-Staaten sind zu berücksichtigen.[413]

Da es Ziel dieser Gestaltung ist, durch die Wohnsitzverlagerung mit möglichst dem gesamten Nachlassvermögen in den Genuss eines niedrigeren ausländischen Erbschaftsteuerniveaus zu kommen, ist das wichtigste Auswahlkriterium bei einem Wegzug aus Gründen der Erbschaftsteuerreduzierung die steuerliche Situation im Zuzugsstaat und ggf. das Bestehen eines Doppelbesteuerungsabkommens.

Welche Aspekte im Einzelnen aus erbschaftsteuerlicher Sicht eine Rolle spielen, wurde bereits im Rahmen der Wahl des steuerlich optimalen Belegenheitsortes einer Auslandsimmobilie dargestellt.[414] Letztlich ist eine zeitlich vorausschauende Planung und Vergleichskalkulation nötig.[415]

c) *Fazit*

Eine Wohnsitzverlagerung ist insbesondere dann sinnvoll, wenn das Auslandsimmobilienvermögen hauptsächlich in einem einzigen Land belegen ist, und der Erblasser und sein Erbe dorthin verziehen. Ist der Grundbesitz dagegen weltweit verstreut, sollte das Zuzugsland so gewählt werden, dass dieses vollständig auf eine Erbschaftsbesteuerung verzichtet oder nach nationalem (internationalen) Erbschaftsteuerrecht oder entsprechend eines DBA den ausländischen Grundbesitz freistellt,[416] jedenfalls aber die im Ausland zu entrichtenden Erbschaftsteuern vollständig anrechnet.

---

413 So auch *Ettinger, J.*, Wohnsitzverlagerung ins Ausland, 1. Aufl., Berlin, 2006, S. 11 f.

414 S. oben ab S. 140

415 *Bader, A.*: Wohnsitzverlagerung ins Ausland - Steuerliche Gestaltungsmöglichkeiten und deren Grenzen, in: INF 2002, S. 523

416 Dies ist allerdings die Ausnahme. Eine Freistellung war in dem inzwischen gekündigten DBA mit Österreich vorgesehen. Nach dem mit der Schweiz geschlossenen DBA erfolgt eine Freistellung mit Progressionsvorbehalt für Erblasser mit schweizerischer Staatsangehörigkeit; s. oben S. 42

2. Personelle Optimierung

a) Aufgabe der Staatsangehörigkeit

Für sich genommen ist die Aufgabe der Staatsangehörigkeit kein selbständiges Gestaltungsinstrument im Rahmen der Erbschaftsteueroptimierung. Sie spielt jedoch in zwei Fällen eine Rolle; nämlich wenn ein Deutscher ins Ausland verzieht und wenn ein ausländischer Staatsbürger mit Wohnsitz oder gewöhnlichem Aufenthalt in Deutschland aufgrund seiner Staatsangehörigkeit auch im Ausland unbeschränkt erbschaftsteuerpflichtig ist.[417]

α) Aufgabe der Staatsangehörigkeit in Wegzugsfällen

Sowohl im Rahmen der erweiterten unbeschränkten als auch der erweiterten beschränkten Erbschaftsteuerpflicht spielt die deutsche Staatsangehörigkeit eine Rolle.

(1) Staatsangehörigkeit bei erweiterter unbeschränkter Erbschaftsteuerpflicht

Wie bereits dargestellt,[418] greift die unbeschränkte Erbschaftsteuerpflicht nach § 2 Abs. 1 Nr. 1 Buchst. b ErbStG, wenn der Wegzug erst weniger als fünf Jahre zurück liegt, noch ein, solange der Auswanderer die deutsche Staatsangehörigkeit besitzt.[419] Diese „Nachversteuerung" ist von der deutschen Staatsbürgerschaft abhängig und folgt damit (ausnahmsweise) dem Nationalitätsprinzip.[420] Es kommt nicht darauf an, wie lange eine betreffende Person einen Wohnsitz im Inland hatte. Die unbeschränkte Steuerpflicht kommt auch dann zum Tragen, wenn der deutsche Staatsangehörige für kurze Zeit in Deutschland über einen Wohnsitz verfügt hat.[421] Sie lässt sich dann nur durch Abwarten der Fünf-Jahres-Frist oder durch Aufgabe der deutschen Staatsangehörigkeit vermei-

417 So auch *Plewka, H./Watrin, C.*: Steuerliche Strukturierung internationaler Vermögensnachfolgen, in: ZEV 2002, S. 253 (256).

418 S. oben S. 159

419 Nach § 2 Abs. 1 Nr. 1 Buchst. b ErbStG gelten „deutschen Staatsangehörige, die sich nicht länger als fünf Jahre dauernd im Ausland aufgehalten haben, ohne im Inland einen Wohnsitz zu haben" im Rahmen der (erweitert) unbeschränkten Erbschaftsteuerpflicht als Inländer. Dies gilt selbst dann, wenn der deutsche Staatsbürger über eine weitere Staatsbürgerschaft verfügt; vgl. *Plewka, H./Watrin, C.*: Steuerliche Strukturierung internationaler Vermögensnachfolgen, in: ZEV 2002, S. 253 (257).

420 *Ebeling, J.* in: Kapp/Ebeling ErbStG, § 2 Rn. 53.1.

421 *Plewka, H./Watrin, C.*: Steuerliche Strukturierung internationaler Vermögensnachfolgen, in: ZEV 2002, S. 253 (257).

den.[422] Da § 2 Abs. 1 Nr. 1 Buchst. b ErbStG in diesem Fall keine Anwendung mehr findet, bleibt dem deutschen Fiskus bei Aufgabe der deutschen Staatsangehörigkeit ein Zugriff auf im Ausland belegenes Grundvermögen verwehrt. Die Fünf-Jahres-Frist kann so verkürzt bzw. gänzlich ausgeschlossen werden, wenn bereits mit Wegzug auch die Staatsbürgerschaft zurückgegeben wird.[423]

(2) Staatsangehörigkeit bei erweiterter beschränkter Erbschaftsteuerpflicht

Die erweiterte beschränkte Erbschaftsteuerpflicht nach § 4 AStG setzt voraus, dass der Wegziehende in den letzten zehn Jahren vor der Auswanderung „als Deutscher" mindestens fünf Jahre unbeschränkt einkommensteuerpflichtig gewesen ist.[424] Erfüllt der Betreffende diese Voraussetzung für die Vergangenheit, spielt es keine Rolle, welche Staatsangehörigkeit er nach der Auswanderung besitzt. Eine Aufgabe der deutschen Staatsangehörigkeit beseitigt damit nur die Wirkung der erweiterten unbeschränkten Erbschaftsteuerpflicht nach § 2 Abs. 1 Nr. 1 Buchst. b ErbStG, nicht jedoch die der erweiterten beschränkten Erbschaftsteuerpflicht nach § 4 AStG.[425]

(3) Verlust der deutschen Staatsangehörigkeit

Die deutsche Staatsangehörigkeit geht nach § 17 StAG verloren durch

- Entlassung (§ 18 bis 24 StAG): Hat ein Deutscher den Erwerb einer ausländischen Staatsangehörigkeit beantragt und hat ihm die zuständige Stelle die Verleihung zugesichert (§ 18 StAG), so wird er auf Antrag aus der deutschen Staatsangehörigkeit entlassen.
- Erwerb einer ausländischen Staatsangehörigkeit (§ 25 StAG): Ein Deutscher verliert seine deutsche Staatsangehörigkeit mit dem Erwerb einer ausländischen Staatsangehörigkeit, wenn dieser Erwerb auf seinen Antrag oder auf Antrag seines gesetzlichen Vertreters erfolgt. Dies gilt jedoch u.a. nicht bei Erwerb der Staatsbürgerschaft eines Mitgliedsstaast der Europäischen Union oder der Schweiz.[426]

---

422 *Weinmann, N.* in: Moench ErbStG, § 2 Rn. 12.

423 Zu beachten ist aber, dass nach wie vor die erweitert beschränkte Erbschaftsteuerpflicht nach § 4 AStG greifen kann; s. sogleich.

424 § 2 Abs. 1 S. 1 AStG auf den § 4 AStG verweist.

425 Die erweitert beschränkte Erbschaftsteuerpflicht nach § 4 AStG hat bei der Übertragung von Grundvermögen ohnehin keine Bedeutung, da in Deutschland belegene Immobilien bereits Teil des „einfachen" Inlandvermögens sind und daher stets der beschränkten Erbschaftsteuerpflicht nach § 2 Abs. 1 Nr. 3 ErbStG; s. oben S. 160

426 § 23 Abs. 1 S. 2 StAG. Dies gilt auch für Staaten mit denen die Bundesrepublik Deutschland einen völkerrechtlichen Vertrag nach § 12 Abs. 3 StAG geschlossen hat.

- Verzicht (§ 26 StAG): Besitzt ein Deutscher mehrere Staatsangehörigkeiten, so kann er auf seine deutsche Staatsangehörigkeit verzichten.
- Annahme als Kind durch einen Ausländer (§ 27 StAG): Ein minderjähriger Deutscher verwirkt mit der nach den deutschen Gesetzen wirksamen Annahme als Kind durch einen Ausländer die deutsche Staatsangehörigkeit, wenn er dadurch die Staatsangehörigkeit des Annehmenden erwirbt.
- Eintritt in die Streitkräfte oder anderen bewaffneten Verband eines ausländischen Staates (§ 28 StAG).
- Erklärung (§ 29 StAG): Durch Geburt im Inland können Kinder ausländischer Eltern neben der ausländischen die deutsche Staatsangehörigkeit erwerben;[427] nach Erreichen der Volljährigkeit muss das Kind sich für die deutsche oder die ausländische Staatsangehörigkeit entscheiden.

Über die Endgültigkeit der Entscheidung sollte man sich bewusst sein.[428]

ß) Doppelte unbeschränkte Erbschaftsteuerpflicht aufgrund ausländischer Staatsangehörigkeit

Einige Staaten knüpfen die unbeschränkte Erbschaftsteuerpflicht zugunsten ihres Fiskus auch ohne zeitliche Begrenzung an die Staatsangehörigkeit des Erblassers an, so z. B. die USA.[429] Verfügen Angehörige solcher Staaten über einen Wohnsitz in Deutschland oder haben sie hier ihren gewöhnlichen Aufenthalt, kommt es bei Vermögensübertragungen zu einer doppelten unbeschränkten Erbschaftsteuerpflicht. Um daraus resultierende Doppelbesteuerungen zu vermeiden, muss entweder der deutsche Wohnsitz (bzw. der gewöhnliche Aufenthalt in Deutschland) oder die ausländische Staatsbürgerschaft aufgegeben werden.

b) Familien- bzw. statusrechtliche Veränderungen – Eheschließung und Adoption

Im Zusammenhang mit einer „personellen Optimierung" sei auch zu erwähnen, dass durch familienrechtliche Status-Veränderungen, die das Verwandtschaftsverhältnis des künftigen Erben zum Erblasser verändern, insbesondere durch Eheschließung oder Adoption, eine erbschaftsteuerliche Optimierung erreicht werden kann. Nicht nur die deutsche Erbschaftsteuerordnung gewährt dem Ehe-

427 § 4 Abs. 3 und § 40b StAG.

428 *Gebel, D.* in: Troll/Gebel/Jülicher ErbStG, § 2 Rn. 26.

429 Bei einer Aufgabe der (US-)Staatsangehörigkeit („Expatriation") innerhalb von zehn Jahren vor dem Ableben aus Gründen der Steuervermeidung kann eine Besteuerung mit Federal Estate Tax nicht vermieden werden; s. Sec. 2107 (a) (2) i.V.m. Sec. 877 (a) (2) IRC; vgl. *Bauen, M.,* Das internationale Steuerrecht der USA, 2. Aufl., Wien, 2007, S. 288 f.

gatten und den Kindern des Erblassers in vielfacher Hinsicht Vergünstigungen – etwa durch höhere Freibeträge[430], einen zusätzlichen Versorgungsfreibetrag[431] und einen weniger belastenden Steuertarif[432] – auch ausländische Erbschaftsteuerordnungen verschonen erbweise Vermögensübergänge auf den Ehegatten oder die Kinder auf unterschiedlichste Weise und in variierender Höhe. Hier gilt es, die Besonderheiten der erbschaftsteuerlichen Situation im Belegenheitsland der Auslandsimmobilie zu ermitteln.[433]

Ein Hinweis darauf, dass eine Eheschließung oder Adoption äußerst weitreichende Konsequenzen birgt und daher auf keinen Fall vorschnell und aus bloßen erbschaftsteuerlichen Motiven eingegangen werden sollte, erübrigt sich.[434]

α) Adoption

Die steuerlichen Folgen der Adoption beruhen auf den durch die Annahme als Kind neu geschaffenen verwandtschaftlichen Beziehungen.[435] Nach deutschem Recht ist nicht nur die Annahme eines Minderjährigen (§§ 1741-1766 BGB), sondern auch eines Volljährigen (§§ 1767-1771 BGB) möglich. Probleme können sich insbesondere im Rahmen des (gesetzlichen) Erbrechts eines adoptierten Kindes oder aus einer erbschaftsteuerlichen Anerkennung einer Erwachsenenadoption im Ausland ergeben.[436] Insbesondere bedarf eine Adoption gem. § 1767 BGB einer „sittlichen Rechtfertigung", wovon etwa auszugehen ist, wenn zwischen den Beteiligten ein „Eltern-Kind-Verhältnis" besteht.[437] Das Familiengericht wird eine Adoption ohne persönlichen Bezug, die allein aus steuerlichen Motiven geschieht, verweigern.[438]

---

430 § 16 Abs. 1 ErbStG.

431 § 17 ErbStG.

432 § 19 i.V.m. § 15 ErbStG.

433 So spielt die verwandtschaftliche Nähe des Erwerbers zum Erblasser in Staaten z.B. des anglo-amerikanischen Rechtskreises, wo teilweise eine Nachlasssteuer vom ungeteilten Nachlass erhoben wird, keine Rolle. Dennoch werden oftmals Verschonungen für Ehegattenerwerbe gewährt.

434 So auch *Jülicher, M.* in: Troll/Gebel/Jülicher ErbStG, § 15, Rn. 12.

435 *Weinmann, N.* in: Moench ErbStG, § 15, Rn. 19.

436 *Heiderhoff, B.*: Das Erbrecht des adoptierten Kindes nach der Neuregelung des internationalen Adoptionsrechts, in: FamRZ 2002, S. 1682 ff.

437 Zu den Voraussetzungen einer Erwachsenenadoption s. *Steiner, A.*: Die Erwachsenenadoption im Lichte der Erbschaftsteuerreform, in: ErbStB 2008, S. 83 ff.

438 *Jülicher, M.* in: Troll/Gebel/Jülicher ErbStG, § 15, Rn. 12.

ß) Eheschließung

Soll eine Auslandsimmobilie auf den Lebensgefährten übergehen, ist dies nach deutschem Erbschaftsteuerrecht im Vergleich zu einem Erwerb durch den Ehegatten deutlich ungünstiger.[439] Denn nichteheliche Lebensgemeinschaften, also persönliche Näheverhältnisse rein tatsächlicher Art finden im ErbStG keine Berücksichtigung.[440] Eine Eheschließung „lohnt" sich daher schon aus Gesichtspunkten der Belastung mit deutscher Erbschaftsteuer. Oftmals ergeben sich aber auch Vorteile im Ausland. Hier gilt es, die Besonderheiten der Erbschaftsteuerordnung des Belegenheitslandes zu prüfen und nutzbar zu machen.

Beispiel: Der verwitwete P ist Eigentümer eines Ferienhauses in Spanien (mit einem Wert von 339.000 €). Seit einigen Jahren ist er mit der gleichaltrigen L liiert, der im Falle seines Todes die Auslandsimmobilie zukommen soll. Da die beiden ohnehin eheähnlich zusammenleben, überlegt L, inwieweit sich eine Eheschließung auch erbschaftsteuerlich vorteilhaft auswirken würde.

Geht ein Ferienhaus mit einem Wert von 339.000 € auf eine Person über, die in keiner verwandtschaftlichen Beziehung zum Erblasser steht, fallen hierfür in Spanien rd. 131.000 € an Erbschaftsteuer an, was ca. 39 % des Immobilienwerts entspricht. Für Ehegatten hingegen beläuft sich die Belastung mit spanischer Erbschaftsteuer auf nur rd. 61.000 €, also ca. 18 % des Wertes des Grundvermögens. Durch eine Eheschließung lassen sich damit rd. 70.000 € sparen. Diese Ersparnis tritt, da im deutsch-spanischen Erbfall nach Eheschließung insoweit Anrechnungsüberhänge bestehen, effektiv ein.

3. Zeitliche Optimierung

Auch aus der Wahl des Zeitpunkts der Übertragung von ausländischem Grundvermögen können sich erbschaftsteuerliche Vorteile ergeben.

Der Zeitpunkt der Übertragung von Todes wegen ist grundsätzlich nicht planbar, sondern höchstens unter Berücksichtigung der durchschnittlichen Lebenserwartung, des Gesundheitszustandes, dem erreichten Lebensalter der Vorfahren etc. unzuverlässig prognostizierbar. Anders ist dies bei lebzeitigen Vermögensübertragungen. Hier kann der Schenker frei bestimmen, wann er einem Dritten, etwa seinen künftigen Erben einen Vermögensgegenstand zuwenden möchte. Eine zeitliche Optimierung ist daher nur im Fall der vorweggenomme-

439 S. Belastungsanalyse, S. 53 f. (für Durchschnittsimmobilien) bzw. S. 97 ff. (für Luxusimmobilien).

440 Ausländische Rechtsordnungen sind teilweise fortschrittlicher, indem sie auch einen nachgewiesenen längeren Verbund tatsächlicher Art, z.B. durch mehrjährige Haushaltsgemeinschaft, gegenüber dem gewöhnlichen Rechtsverhältnis zwischen Fremden besser stellen; *Jülicher, M.* in: Troll/Gebel/Jülicher ErbStG, § 15, Rn. 2.

nen Erbfolge, d.h. im Rahmen von vor dem Todesfall ausgeführten Schenkungen möglich.

Für den Fall, dass eine Auslandsimmobilie von einem Steuerinländer auf einen anderen Steuerinländer übergehen soll, ist zu beachten, dass in Deutschland stets unbeschränkte Schenkungsteuerpflicht gem. § 2 Abs. 1 Nr. 1 Buchst. a i.V.m. § 1 Abs. 1 Nr. 2 ErbStG besteht. Diese erfasst die übergehenden Vermögensgegenstände unabhängig von deren Belegenheit, d.h. auch im Ausland belegener Grundbesitz unterliegt der Besteuerung. Mittels einer lebzeitigen Übertragung kann jedoch u.U. nicht nur die Belastung mit deutscher Erbschaftsteuer verringert werden, sondern es kann sich auch im Ausland ein Einsparpotential ergeben.

Soll eine zeitliche Optimierung erfolgen, muss sowohl im Inland als auch im Belegenheitsland die steuerliche Belastung für den Erbfall und im Rahmen einer Schenkung ermittelt und verglichen werden. Hierzu ist eine umfassende Analyse des Erbschaft- und Schenkungsteuersituation für die jeweilige deutsch-ausländische Konstellation notwendig. Ergeben sich Vorteile aus einer lebzeitigen Übertragung, gilt es, diese nutzbar zu machen.

a) Besonderheiten im Rahmen der vorweggenommenen Erbfolge

Die Erbschaftsteuer erfasst den Vermögensübergang von Todes wegen, die Schenkungsteuer regelmäßig Vermögensübergänge durch bestimmte, freigebige Verfügungen unter Lebenden. Die Schenkungsteuer flankiert somit zumeist die Erbschaftsteuer und fungiert als Ergänzungstatbestand zur Vermeidung von Umgehungen.[441]

Jedoch ist die Erhebung einer Schenkungsteuer trotz Bestehens einer Besteuerung von Vermögensübergängen von Todes wegen keinesfalls zwingend. In einigen Ländern wird auf eine Steuer auf lebzeitige Übertragungen verzichtet.[442] Ist die Immobilie in einem Land belegen, das keine Schenkungsteuer kennt, kann durch eine Eigentumsübertragung im Rahmen der vorweggenommenen Erbfolge eine Besteuerung im Ausland und damit eine Doppelbesteuerung gänzlich vermieden werden.

Sind nach der ausländischen Steuerordnung auch Schenkungen steuerpflichtig, so ist danach zu unterscheiden, ob die Besteuerung freigebiger Zuwendungen zu Lebzeiten von der des Erbfalls abweicht. Je nach dem, ob eine lebzeitige Übertragung höher oder niedriger belastet wird, kann eine Schenkung bzw. das Abwarten bis zum Todesfall sinnvoll sein. So ist etwa die vorweggenommene

441 *Gebel, D.* in: Troll/Gebel/Jülicher ErbStG, Einführung, Rn. 1.

442 *Schindhelm, M.*, Erbfälle mit Auslandsberührung im deutschen Erbschaftsteuerrecht – Grundzüge des deutschen Internationalen Erbschaftsteuerrecht, Hamburg, 1997, S. 73.

Erbfolge durch lebzeitige Zuwendung von Grundbesitz in Spanien aus steuerlichen Gründen nicht attraktiv. Denn das insoweit einschlägige spanische Erbschaft- und Schenkungsteuergesetz besteuert Schenkungen schärfer als Erbschaften.[443] Da es im US-amerikanischen Schenkungsteuerrecht eine Gutschrift für im Ausland oder in den einzelnen US-Bundesstaaten gezahlte Schenkungsteuern – vergleichbar den Secs. 2011 ff. IRC der Nachlasssteuer – nicht gibt, kann es auch bei US-Immobilien vorteilhaft sein, das Vermögen anstelle einer lebzeitigen Schenkung zu vererben.[444] Besteht hingegen im Ausland Belastungsidentität zwischen der Besteuerung von Schenkungen und erbweisen Vermögensübergängen, können dennoch die Besonderheiten des deutschen Schenkungsteuerrechts für eine (insbes. sukzessive) vorweggenommene Übertragung sprechen.

Für den Fall, dass zwischen Deutschland und dem Belegenheitsland ein Doppelbesteuerungsabkommen auf dem Gebiet der Erbschaftsteuer besteht, gilt es zu beachten, ob dieses auch für die Schenkungsteuer greift.[445] Ist die Anwendbarkeit des DBA auf den Erbfall beschränkt, kann sich eine schenkweise Vermögensübertragung ebenfalls nachteilig auswirken.

b) Sukzessive Übertragung zu Lebzeiten

Die schrittweise Überlassung einzelner Vermögensgegenstände in gewissen zeitlichen Abständen kann in zweifacher Hinsicht vorteilhaft sein. Eine sukzessive Vermögensübertragung ist v.a. dann sinnvoll, wenn der Erbschaftsteuertarif im Auslandmit mit der Höhe des steuerlichen Werts des übertragenen Vermögens progressiv ansteigt, wie es auch in Deutschland der Fall ist.[446] Wenn nicht gleich das gesamte (ausländische) Vermögen übertragen wird, sondern zunächst nur ein Teil übergeht, ergibt sich ein Progressionsvorteil. Durch mehrere „kleine" Übertragungen kann die Progressionswirkung gemildert werden. Denn ist der Erwerb weniger umfangreich, unterfällt er einer niedrigeren Tarifstufe und die schenkungsteuerliche Belastung ist geringer. Gerade bei großen Vermögen ist daher eine Aufteilung sinnvoll. Im Falle von Immobilienvermögen können nach und nach einzelne Objekte übertragen werden oder die Schenkung wird zunächst auf einen Bruchteil an einer Liegenschaft beschränkt.[447]

---

443 *Selbherr, B.*: Immobilien in Spanien im Erbfall, in: MittBayNot 2002, S. 165 (172).

444 *Wassermeyer, W.*, Das US-amerikanische Erbschaft- und Schenkungsteuerrecht, Köln, 1996, S. 229, Rn. 415.

445 S. Übersicht über die von Deutschland geschlossenen erbschaftsteuerlichen DBA, S. 42

446 *Arlt, B.*, Internationale Erbschaft- und Schenkungsteuerplanung, Herne/Berlin, 2001, S. 270.

447 Voraussetzung ist allerdings, dass die ausländische Zivilrechtsordnung dies zulässt.

Neben einer optimalen Nutzung der Tarifzonen können u.U. auch die persönlichen Freibeträge der Beteiligten oder sonstige Befreiungen oder Vergünstigungen mehrfach in Anspruch genommen werden. Zwar werden im Regelfall persönliche Freibeträge nur von der Steuerrechtsordnung gewährt, in der die Übertragung des ausländischen Vermögens der unbeschränkten Steuerpflicht unterliegt,[448] im Einzelfall können aber auch im Ausland bestimmte Erleichterungen greifen, die mehrfach in Anspruch genommen werden können. Allerdings sind Sonderregelungen zu beachten, die dies zu verhindern suchen und etwa zu einer Zusammenrechnung mehrere Schenkungen und ggf. des erbweisen Vermögensübergangs (innerhalb eines bestimmten Zeitraums) führen. Im System einer Erbanfallsteuer ist zwar grundsätzlich eine isolierte Behandlung der einzelnen steuerpflichtigen Erwerbe vorgesehen, jedoch macht etwa § 14 ErbStG hiervon eine Ausnahme.[449] Danach sind alle Übertragungen, die innerhalb von zehn Jahren zwischen denselben Personen stattfinden, zusammenzurechnen. Mit einer schrittweisen Vermögensübertragung sollte daher frühzeitig begonnen werden, um diese Zehn-Jahres-Zeiträume möglichst mehrfach auszuschöpfen. Andernfalls entfällt aufgrund der Zusammenrechnung der Progressionsvorteil, und auch der Freibetrag gilt nur einmalig. Nur wenn erwartet werden kann, dass der Vermögensüberträger noch mindestens zehn Jahre lebt, kann aus Sicht der deutschen Erbschaftsteuerordnung eine Vorwegnahme der Erbfolge unter diesem Gesichtspunkt sinnvoll sein.

Folgt die ausländische Erbschaftsteuerordnung – wie im Fall der USA – dem Konzept einer Steuer auf den ungeteilten Nachlass bzw. auf alle Schenkungen, die von einer Person ausgehen, erübrigen sich Überlegungen, durch Verteilung des Vermögens den progressiven Tarif zu umgehen oder Freibeträge mehrfach zu nutzen.[450]

c) Exkurs: Anrechnungsproblem im Rahmen des § 21 ErbStG

Problematisch bei der Zusammenrechnung mehrerer Erwerbe von ausländischem Vermögen ist die für eine Anwendung der Anrechnungsmethode erforderliche zeitliche Voraussetzung.[451] Nach § 21 Abs. 1 Satz 4 ErbStG ist eine Anrechnung der ausländischen Steuer nur zulässig, wenn die ausländische Steuer nicht früher als fünf Jahre vor der Entstehung der deutschen Erbschaftsteuer ent-

448 *Arlt, B.*, Internationale Erbschaft- und Schenkungsteuerplanung, Herne/Berlin, 2001, S. 272.

449 *Jülicher M.* in: Troll/Gebel/Jülicher ErbStG, § 14, Rn. 1.

450 *Jülicher, M.*: Der deutsch-US-amerikanische Erbfall (und lebzeitige Vermögensübergänge), in: ZErb 2003, S. 34 (36).

451 *Arlt, B.*, Internationale Erbschaft- und Schenkungsteuerplanung, Herne/Berlin, 2001, S. 271 f.

standen ist. Bei der Zusammenrechnung von Schenkungen kann dies zu Problemen führen, wenn im Ausland früher als vor fünf Jahren Schenkungsteuer festgesetzt wurde, in Deutschland jedoch wegen der Freibeträge zunächst keine Schenkungsteuer angefallen ist. Wurde etwa eine Auslandsimmobilie aufgrund des Freibetrages auf ein Kind schenkungsteuerfrei übertragen und löst nun allerdings eine weitere Übertragung, die innerhalb eines Zeitraums von zehn Jahren nach § 14 ErbStG mit der ursprünglichen Schenkung zusammengerechnet wird, eine Schenkungsteuer auf die Auslandsimmobilie aus, ist eine Anrechnung der ausländischen Steuer auf diesen Betrag nicht möglich, wenn die Überlassung des ausländischen Grundbesitzes länger als fünf Jahre zurückliegt. Teilweise wird hierin eine verdeckte Gesetzeslücke gesehen.[452]

d) „Kettenschenkung“

Unter einer Kettenschenkung versteht man die „Umleitung“ einer Vermögenszuwendung über einen Zwischenerwerber.[453] Der Eigentümer überträgt den Vermögensgegenstand zunächst schenkweise auf einen Dritten, der dann seinerseits dem eigentlichen Erwerber den Gegenstand unentgeltlich überlässt. Insofern besteht eine Weitergabepflicht. Durch eine solche Zwischenschaltung von Personen, für die im Verhältnis zum Schenker, aber auch in Bezug auf den Nächst- bzw. Enderwerber ein höherer Freibetrag bzw. eine günstigere Steuerklasse gilt als bei einer direkten Zuwendung, wird Schenkungsteuer vermieden. Durch die Weitergabe innerhalb einer „Kette“ werden die Freibeträge und die ggf. die Steuerklassen der Beteiligten optimal ausgeschöpft, worin das Einsparungspotential der Gestaltung liegt.

> Beispiel: Großvater G möchte seinem Enkel E eine Ferienwohnung im Ausland mit einem (steuerlichen) Wert von 400.000 € schenken. Er überträgt die Immobilie daher zunächst auf seine Tochter T, die Mutter des E, die die Wohnung nach einer „Schamfrist“ von acht Monaten auf den E weiterüberträgt. Für die Übertragung von G auf T greift gem. § 16 Abs. 1 Nr. 2 ErbStG ein Freibetrag von 400.000 €. Das Gleiche gilt für die Übertragung von T auf E. Eine Schenkungsteuer wurde so gänzlich vermieden. Bei einer direkten Schenkung von G an E hätte lediglich ein Freibetrag von 200.000 € bestanden. Es wäre zu einer Belastung mit Schenkungsteuer i.H.v. 22.000 € gekommen.[454] Da möglicherweise jedoch für beide Übertragungen im Belegenheitsland der Immobilie eine Schenkungsteuer anfällt, kann die Steuerer-

452 *v. Pach-Hassenheimb, F.*: in: *Hörger, H./Stephan, R. (Hrsg.),* Die Vermögensnachfolge im Erbschaft- und Ertragsteuerrecht, 1. Aufl., Stuttgart, 1998, Rn. 614 ff.

453 *Gebel, D.* in: Troll/Gebel/Jülicher ErbStG, § 7, Rn. 236 ff. und *Jülicher, M.* in: Troll/Gebel/Jülicher ErbStG, § 15, Rn. 13.

454 (400.000 € - 200.000 €) × 11 % = 22.000 €.

sparnis in Deutschland vollständig aufgezehrt werden. Hier gilt es, die Besonderheiten des Einzelfalls zu beachten.

In der Regel stellt die Wahl eines günstigen Leistungsweges keinen Gestaltungsmissbrauch i.S.d. § 42 AO dar.[455] Ist jedoch von Anfang geplant, dass das Eigentum nur pro forma bei der zwischengeschalteten Mittelsperson entstehen soll und verbleibt dieser aufgrund einer Weitergabeanordnung (Weiterschenkungsklausel oder -auflage) kein eigener Dispositionsspielraum, handelt es sich um einen Gestaltungsmissbrauch, der an sich keinen Bestand hat.[456] Als Anhaltspunkt für einen eigenen Entscheidungsspielraum des Zwischenempfängers kann der Zeitraum zwischen Erhalt und Weitergabe gelten. Je mehr Zeit zwischen den einzelnen Übertragungen liegt, desto schwieriger dürfte es für die Finanzverwaltung sein, eine mangelnde Dispositionsfreiheit nachzuweisen. Auch wenn eine Weitergabeanordnung nicht ausdrücklich besteht, wird dennoch das Abwarten einer gewissen „Schamfrist" von einigen Monaten empfohlen.

Ein solches Vorgehen kann auch bei der Übertragung von Auslandsimmobilien sinnvoll sein, um die Freibeträge oder die Vergünstigungen im Rahmen unterschiedlicher Steuerklassen, die die ausländische Schenkungsteuerordnung ggf. nahen Angehörigen gewährt, optimal zu nutzen. Zu beachten sind allerdings Vorschriften, die eine solche Gestaltung zu verhindern versuchen.[457]

e) Berücksichtigung der Wertentwicklung[458]

Die Bewertung von Grundvermögen orientiert sich in den meisten ausländischen Steuerordnungen am Markt- bzw. Verkehrswert.[459] Durch die Nutzung von Wertschwankungen kann eine direkte Beeinflussung der Bemessungsgrundlage erreicht werden. Je geringer der Wert des Grundbesitzes zum Übertragungszeitpunkt veranschlagt wird, umso niedriger ist die Belastung mit ausländischer Erbschaftsteuer. Die Vermögensübertragung sollte daher zu einem Zeitpunkt erfolgen, in dem das ausländische Grundvermögen einen möglichst niedrigen steuerlichen Wert besitzt.

---

455 *Gebel, D.* in: Troll/Gebel/Jülicher ErbStG, § 7, Rn. 239.

456 Da der Empfänger, wenn er das Erhaltene sogleich an einen Dritten weitergeben muss, lediglich Durchgangs- oder Mittelsperson ist und er insofern nicht bereichert ist, handelt es sich nach der Rspr. des BFH um einen einheitlichen Schenkungsvorgang an den Letzterwerber. Vgl. etwa BFH Urteil v. 13.10.1993 – II R 92/91, BStBl. II 1994, 128.

457 In den USA sind dies etwa die Regln über die Generation Skipping Transfer Tax, s. Anhang S. 221

458 *Arlt, B.,* Internationale Erbschaft- und Schenkungsteuerplanung, Herne/Berlin, 2001, S. 274 f.

459 S. oben S. 26

f) Verhinderung von Unsicherheiten aufgrund möglicher Rechtsänderungen

Ein weiterer Vorteil der Verfügung unter Lebenden liegt darin, dass die rechtlichen Rahmenbedingungen zum Zeitpunkt des Vermögensübergangs besser eingeschätzt werden können.[460] Möglicherweise tritt der Erbfall erst lange nach Vornahme einer Optimierungsmaßnahme ein. In der Zwischenzeit kann sich jedoch die erbschaftsteuerliche Lage zuungunsten der Beteiligten verändert haben. Durch eine Vorwegnahme der Erbfolge durch eine lebzeitige Schenkung lassen sich solche Unsicherheiten bezüglich möglicher nachteiliger Veränderungen der Rechtslage im In- und Ausland beseitigen. Allerdings werden insoweit auch vollendete Tatsachen geschaffen, so dass auf Veränderungen, die sich vorteilhaft auswirken, nicht mehr reagiert werden kann.

4. Sachliche Optimierung/Umqualifizierung

Ergibt eine Belastungsanalyse, dass die Immobilie im Erbfall im Ausland einer höheren erbschaftsteuerlichen Belastung als in Deutschland unterliegt und damit aufgrund beschränkter Anrechenbarkeit in Deutschland mit einem Mehr an Erbschaftsteuer zu rechnen ist, kann durch eine Vermögensumschichtung vor dem Erbgang das Anfallen einer ausländischen Erbschaftsteuer vermieden werden. Ziel der Umschichtung der künftigen Nachlassgegenstände ist es, Auslandsvermögen in inländisches Vermögen umzuwandeln, das allein einer deutschen Besteuerung unterliegt.[461]

a) Veräußerung der Auslandsimmobilie vor dem Erbgang

Zur Minimierung von ausländischem Nachlassvermögen kann bewegliches Vermögen relativ einfach ins Inland verbracht werden. Für Immobilien scheidet eine solche physische Verlagerung aus. Jedoch kann durch eine Veräußerung des Objekts zumindest der wirtschaftliche Gegenwert des Auslandsgrundvermögens ins Inland transferiert werden.

Wird die Immobilie eines Steuerinländers, die im Erbfall auf einen anderen Steuerinländer übergehen soll, liquidiert und der Verkaufserlös nach Deutsch-

---

460 Vgl. *Schindhelm, M.*, Erbfälle mit Auslandsberührung im deutschen Erbschaftsteuerrecht – Grundzüge des deutschen Internationalen Erbschaftsteuerrecht, Hamburg, 1997, S. 74 und auch *Arlt, B.*, Internationale Erbschaft- und Schenkungsteuerplanung, Herne/Berlin, 2001, S. 273 f.

461 Bei einer ungünstigen, ausländischen Erbschaftsteuersituation hält auch *Wacker* eine „behutsame Nachlassminimierung im Ausland" für angezeigt, s. *Wacker, W.*: Internationale Besteuerung von Schenkungs- und Erbfällen, in: IStR 1998, S. 33 (43).

land verbracht, so unterliegt dieser allein der deutschen Erbschaftsteuerbelastung. Auf diese Weise wird der Anknüpfungspunkt zur ausländischen Erbschaftsteuerordnung gekappt. Dem ausländischen Fiskus fehlt es an einer Rechtfertigung für eine Besteuerung. Unbillig hohe Belastungen im Ausland können durch eine solche Vermögensumschichtung effektiv vermieden werden. Voraussetzung ist allerdings, dass sich ein Käufer findet, der bereit ist, einen adäquaten Kaufpreis zu entrichten, und ein Verkauf nicht aus Affektionsinteresse scheitert, weil der Erbe nicht nur den wirtschaftlichen Wert erhalten möchte, sondern ein gesteigertes Interesse am Objekt selbst hat.

Beispiel: A ist Eigentümerin eines Ferienhauses in Spanien mit einem Wert von 1 Mio. €. Nach ihrem Tod möchte sie das Haus bzw. dessen Wert ihrem Lebensgefährten L zukommen lassen. Da sie die äußerst hohe Belastung mit spanischer Erbschaftsteuer vermeiden möchte, entschließt sie sich, das Haus zu veräußern. Sie legt den Verkaufserlös bei einer deutschen Bank zinsbringend an. Im Erbfall ist eine ausländische Erbschaftsteuerordnung nicht berührt. Eine Mehrbelastung mit spanischer Erbschaftsteuer, die im Fall der Vererbung einer Immobilie im Wert von 1 Mio. € an einen nicht verwandten Dritten über 125.000 € betragen hätte, wurde vollständig vermieden.

b) Veräußerung in Kombination mit einer „Rückmietung“, einem Vorkaufsrecht, einer Option auf Rückkauf oder einer Rückkaufverpflichtung

Soll die Immobilie zur weiteren Nutzung zur Verfügung stehen, bietet sich eine Art „sale-and- lease-back“-Konstruktion an.[462] Dies bedeutet, dass die Immobilie an einen Dritten veräußert wird, der dem Voreigentümer im Rahmen eines Mietverhältnisses weiterhin die Nutzung der Wohnung oder Hauses ermöglicht. Eine solche Gestaltung kann mit einem Vorkaufsrecht für den Weiterveräußerungsfall oder sogar mit einer Option auf Rückkauf oder einer Verpflichtung zum Rückerwerb (evtl. sogar zu einem vorher festgelegten Mindestpreis) kombiniert werden, so dass nach dem Tod des Voreigentümers dessen Erbe das Eigentum am Grundbesitz erlangen kann. Wird ein solches Geschäft mit einem professionellen Investor getätigt, ist zu berücksichtigen, dass hierfür nicht unerhebliche Kosten anfallen. Dieser wird nicht nur im Rahmen der Vermietung eine Rendite erzielen wollen und daher den Mietvertrag fremdüblichen Konditionen unterstellen, sondern auch Wertsteigerungen realisieren wollen und sich das Risiko eines Wertverlustes der Immobilie vergüten lassen. Als Alternative bietet

---

462 „Sale-and-lease-back“ (engl.) bedeutet wörtlich „verkaufen und zurückmieten.“ Ein Objekt wird hierbei von vom Leasingnehmer („seller-lessee“) an den Leasinggeber („buyer-lessor“) veräußert und zurückgeleast. Vgl. *Mellwig, W.*: Leasing (Rechnungslegung), in: *Handelsblatt* Wirtschaftslexikon - Band 07, Stuttgart, 2006, S. 3451(3462 f.).

sich daher eine Gestaltung über einen (nahen) Angehörigen oder eine sonstige Vertrauensperson an.[463] Steuerliche Anerkennung findet eine solche Vorgehensweise aber nur, wenn der erzielte Veräußerungserlös im Erbfall gegenüber dem deutschen Fiskus offenbart wird und auch unter dem Gesichtspunkt eines Gestaltungsmissbrauches keine Regelungen im Ausland entgegenstehen.[464]

c) Einbringung der Auslandsimmobilie in eine Kapital- oder Personengesellschaft

Dem gleichen Grundgedanken, wie die Veräußerung des ausländischen Grundvermögens vor dem Erbgang, folgt die Einbringung in eine Kapital- oder Personengesellschaft. Auch hier wird durch eine „Umwandlung" des Immobilienvermögens in einen Vermögensgegenstand, der im Rahmen der beschränkten Erbschaftsteuerpflicht im Ausland nicht erfasst wird, eine Belastung mit ausländischer Erbschaftsteuer vermieden. Anders als bei einer Veräußerung handelt es sich jedoch bei einer Überführung der Auslandsimmobilie in ein Gesellschaftsvermögen um eine rein „formale" Transformation von Auslandsvermögen in Inlandsvermögen ohne den oft nicht gewünschten realen Wechsel der Belegenheit durch eine Veräußerung.[465]

Ziel der Einbringung einer Auslandsimmobilie in ein Gesellschaftsvermögen ist es, durch die Zwischenschaltung eine Umqualifizierung in Inlandsvermögen zu erreichen und so ein (beschränktes) Besteuerungsrecht des ausländischen Staates im Erbfall aufgrund der Belegenheit der Immobilie auszuschließen. Aus dem ausländischen Immobilienvermögen sollen inländische Gesellschaftsanteile werden, die einer Erbschaftsbesteuerung allein durch die Bundesrepublik Deutschland unterliegen. Die Wirksamkeit dieser Gestaltung hängt davon ab, ob die jeweilige ausländische Erbschaftsteuerordnung an die Belegenheit der Gesellschaftsanteile anknüpft oder ob nicht von einer Transparenz der Gesellschaft ausgegangen wird, so dass es dennoch auf die Belegenheit der ein-

463 Damit ein solches Vorgehen aber sowohl im Inland als auch im Ausland anerkannt wird, sollte stets darauf geachtet werden, dass eine derartige Vereinbarung nicht zu sehr von dem abweicht, was fremde Dritte in einem solchen Fall vereinbart hätten. Auch kann der Zeitraum, wie lange ein anderer Eigentümer war, bevor ein Erbe die Immobilie erwirbt, eine Rolle spielen.

464 Besteht etwa eine Verpflichtung zum Rückkauf zu einem festgelegten Mindestkaufpreis, könnte hierin ein Gestaltungsmissbrauch zu sehen sein, da als erstrebtes Ziel einer solchen Vereinbarung allein die Umgehung der ausländischen Erbschaftsteuer angenommen werden könnte.

465 *Fischer, L.*: Erbschaftsteuerplanung bei Auslandsanlagen, in: BB 1984, S. 1033 (1037).

zelnen Gegenstände des Gesellschaftsvermögens und damit der Auslandsimmobilie ankommt.[466]

Nach einer Einbringung ist der inländische Erblasser unmittelbar an dem zwischengeschalteten Rechtsträger und somit mittelbar an dem ausländischen Grundvermögen beteiligt. Die zwischengeschaltete Personen- oder Kapitalgesellschaft fungiert als Träger des ausländischen Vermögens.[467]

Ein steuerlicher Nachteil liegt in der Steuerverstrickung der Auslandsimmobilie, die durch die Einbringung zum Betriebsvermögen gehört.[468] Zu einer Aufdeckung der stillen Reserven kommt es aber nur, wenn ein Verkauf der Immobilie beabsichtigt ist, nicht aber, wenn diese ohnehin langfristig dem Familienvermögen erhalten werden soll.[469] Darüber hinaus ergeben sich nach Einlage der Immobilie in eine Gesellschaft auch im Rahmen der laufenden Besteuerung einkommen- bzw. körperschaftsteuerliche Besonderheiten.[470]

Eine Gestaltung mittels Einbringung in ein Gesellschaftsvermögen empfiehlt sich, wenn die ausländische Erbschaftsteuerbelastung für die Auslandsimmobilie höher ist als die inländische. Ein ausschließlicher Anfall einer deutschen Erbschaftsteuer ist aber auch dann von Vorteil, wenn die im Ausland auf das Auslandsvermögen erhobene Erbschaftsteuer der deutschen Erbschaftsteuer nicht entspricht und daher eine Anrechnung nach § 21 ErbStG ausscheidet, wodurch es zu einer ungemilderten Doppelbesteuerung des Auslandsvermögens käme.[471]

Die Kosten und Steuern, die im Zusammenhang mit der Gründung der Gesellschaft und der Einbringung der Immobilie anfallen, sind im Verhältnis zu einem möglichen Einsparungspotential an Erbschaftsteuer gering. Ein erhebli-

466 Vgl. auch *Arlt, B.,* Internationale Erbschaft- und Schenkungsteuerplanung, Herne/Berlin, 2001, S. 286 ff.

467 *Arlt, B.,* Internationale Erbschaft- und Schenkungsteuerplanung, Herne/Berlin, 2001, S. 285.

468 *Kowallik, A.,* Erbschaft- und Schenkungsteuerplanung für Auslandsimmobilien, in: DStR 1999, S. 1129 (1132).

469 *Wachter, T.*: Gestaltungsüberlegungen zur steueroptimalen Übertragung von Immobilien in Spanien, in: ZEV 2003, S. 137 (143).

470 *Letzsch, A. P.*: Die selbstgenutzte Ferienimmobilie eines deutschen Steuerpflichtigen im Ausland, in: IWB 2003, Fach 3, Gruppe 2,S. 1057 (1060 f.); *Hellwege, S.*: Spanien: Einschaltung von Immobiliengesellschaften - Konsequenzen bei laufender Besteuerung und Veräußerung, in: ErbStB 2006, S. 353 ff.

471 *Fischer, L.*: Erbschaftsteuerplanung bei Auslandsanlagen, in: BB 1984, S. 1033 (1037).

cher Teil der Transaktionskosten entfällt zudem, wenn die Immobilie von Anfang an über eine Gesellschaft erworben wird.[472]

α) Einbringung in eine Kapitalgesellschaft

Die meisten ausländischen Steuerrechtsordnungen erkennen die eigene Rechtspersönlichkeit einer Kapitalgesellschaft als juristische Person steuerlich an.[473] Aus dieser ergibt sich die Abschirmwirkung dieses Gesellschaftstyps. Wird eine ausländische Immobilie über eine zwischengeschaltete Kapitalgesellschaft gehalten, unterliegen daher in vielen Staaten allein die Anteile an einer solchen – nicht aber die Immobilie selbst – der Erbschaftsteuer. Da die Anteile an Kapitalgesellschaften häufig nur einmal, nämlich im Wohnsitzstaat des Anteilseigners erfasst werden, kann auf diese Weise eine erbschaftsteuerliche Belastung der Immobilie im Belegenheitsstaat vollständig vermieden werden, so dass nur in Deutschland als Wohnsitzstaat des Erblassers bzw. des Erben eine Erbschaftsteuer anfällt.[474] Es ist jedoch nach in- und ausländischen Kapitalgesellschaften zu unterscheiden.

(1) Inländische Kapitalgesellschaft

Wird eine Auslandsimmobilie in eine deutsche Kapitalgesellschaft eingelegt, rechnet sie zumeist auch die ausländische Erbschaftsteuerordnung dem Vermögen der deutschen Gesellschaft zu, so dass sich die steuerliche Belegenheit nach dem Sitz bzw. dem Ort der Geschäftsleitung der Gesellschaft bestimmt. Befindet sich dieser in Deutschland, unterliegt eine Vererbung des Gesellschaftsanteils zumeist ausschließlich der Besteuerung mit deutscher Erbschaftsteuer. Denn im Todesfall gehen nur die Gesellschaftsanteile über, die – aus Sicht des Belegenheitsstaates – in der Regel als Auslandsvermögen gelten. Da es damit an einem Anknüpfungspunkt der ausländischen Erbschaftsteuerordnung fehlt, kommt es nicht zu einer Erbschaftsteuerbelastung der Immobilie im Ausland. Eine Mehrbelastung wird so vollständig vermieden.[475]

---

472 *Wachter, T.*: Gestaltungsüberlegungen zur steueroptimalen Übertragung von Immobilien in Spanien, in: ZEV 2003, S. 137 (143).

473 *Arlt, B.*, Internationale Erbschaft- und Schenkungsteuerplanung, Herne/Berlin, 2001, S. 289. Zum Erwerb einer spanischen Immobilie über eine zwischengeschaltete Kapitalgesellschaft s. *Pfaar, M./Calvo, M. T.*: Spanischer Immobilienbesitz von Deutschen - Steuerliche Gestaltungsüberlegungen, in: IWB 2000, Fach 5, Gruppe 2,S. 263 (270 ff.).

474 *Kowallik, A.*, Erbschaft- und Schenkungsteuerplanung für Auslandsimmobilien, in: DStR 1999, S. 1129 (1132).

475 Etwa in Spanien werden Beteiligungen an Immobiliengesellschaft nicht als transparent angesehen. Auch wenn das Vermögen der Gesellschaft überwiegend oder sogar ausschließlich aus – spanischer Sicht – ausländischem Grundbesitz besteht, kommt es al-

Es können aber Sonderregeln – etwa für den Fall eines Gestaltungsmissbrauchs – bestehen, die die Abschirmwirkung einer Kapitalgesellschaft in bestimmten Ausnahmefällen aufheben.[476] Diese gilt es zu beachten.

Beispiel: Der vermögende K verfügt über ein Vermögen von 10 Mio. €. Darunter befindet sich eine luxuriöse Ferienvilla in Spanien mit einem Wert von 2,5 Mio. €. Die Ehe des K mit A blieb kinderlos. Nach seinem Tod soll sein gesamtes Vermögen auf A übergehen. K hat erfahren, dass die Belastung mit spanischer Erbschaftsteuer sehr hoch ist. Er möchte das Haus daher einer Erbschaftsbesteuerung in Spanien entziehen.

Er errichtet deshalb eine GmbH mit Sitz und Geschäftsleitung in Deutschland, deren alleiniger Gesellschafter und Geschäftsführer er ist, und legt das spanische Ferienhaus in die deutsche GmbH ein. K verstirbt. A wird seine Alleinerbin.

Der Erwerb der A könnte in Spanien einer beschränkten Erbschaftsteuerpflicht unterliegen. Jedoch gehören die Anteile an einer GmbH mit Sitz und Geschäftsleitung in Deutschland nicht zum spanischen Inlandsvermögen. Eine beschränkte Erbschaftsteuerpflicht im Königreich Spanien besteht daher nicht. Durch die Einbringung in das Gesellschaftsvermögen der deutschen GmbH konnte eine Belastung mit spanischer Erbschaftsteuer vollständig vermieden werden. Gegenüber einer Vererbung der Ferienvilla im Privatvermögen ergibt sich allein aufgrund der Vermeidung einer Erbschaftsteuerpflicht im Belegenheitsort der Immobilie eine steuerliche Ersparnis von über 230.000 €.[477]

(2) Ausländische Kapitalgesellschaft

Ob die Einbringung der Auslandsimmobilie in eine ausländische Kapitalgesellschaft ebenso vorteilhaft ist, hängt davon ob, unter welchen Umständen die ausländische Steuerordnung die Gesellschaftsanteile ihrem Inlandsvermögen zurechnet und infolgedessen einer (beschränkten) Besteuerung unterwirft. Es besteht die Gefahr, dass Anteile an einer – aus Sicht des ausländischen Staates – inländischen Kapitalgesellschaft generell als Inlandsvermögen gelten,[478] oder dass es darauf ankommt, wie sich das Vermögen der Kapitalgesellschaft zu-

---

lein auf den Sitz der Gesellschaft und nicht auf die Belegenheit des Vermögens an; *Wachter, T.*: Gestaltungsüberlegungen zur steueroptimalen Übertragung von Immobilien in Spanien, in: ZEV 2003, S. 137 (141).

476 Für den Fall der Einbringung einer spanischen Immobilie in eine deutsche Kapitalgesellschaft S. *Wachter, T.*: Gestaltungsüberlegungen zur steueroptimalen Übertragung von Immobilien in Spanien, in: ZEV 2003, S. 137 (141).

477 Vgl. Belastungsanalyse, S. 100 Zu den Auswirkungen auf die Erbschaftsteuerbelastung in Deutschland s. ähnliches Beispiel von *Wachter, T.*: Gestaltungsüberlegungen zur steueroptimalen Übertragung von Immobilien in Spanien, in: ZEV 2003, S. 137 (142).

478 Was der Fall ist, wenn in der ausländischen Erbschaftsteuerordnung eine äquivalente Regelung zu § 2 Abs. 1 Nr. 3 ErbStG i.V.m. § 121 Nr. 4 BewG besteht.

sammensetzt, so dass die Immobilie weiterhin im Belegenheitsstaat erfasst wird.[479]

ß) Einbringung in eine Personengesellschaft

Die Subjektsqualifikation von Personengesellschaften ist in den einzelnen Rechtsordnungen uneinheitlich, woraus sich Abgrenzungsprobleme hinsichtlich von Art und Ort des der Erbschaftsteuer unterliegenden Vermögens ergeben.[480] Entscheidend für die Vorteilhaftigkeit der Zwischenschaltung einer Personengesellschaft ist, ob die ausländische Steuerrechtsordnung diese als intransparente Einheit qualifiziert. Wird die Personengesellschaft im Ausland als transparent angesehen, wird dem Gesellschafter das ausländische Gesellschaftsvermögen unmittelbar (anteilig) zugerechnet. Es ergibt sich kein Unterschied zu einem direkten Halten der Auslandsimmobilie im Privatvermögen; der ausländische Grundbesitz wird erbschaftsteuerlich im Belegenheitsland erfasst. Auch im Falle von Personengesellschaften ist zwischen solchen, die nach inländischem Recht, und solchen, die nach ausländischem Recht gegründet wurden, zu differenzieren.

(1) Inländische Personengesellschaft

Bei der Zwischenschaltung einer deutschen Personengesellschaft ist es somit zwingend erforderlich, dass diese im Ausland steuerlich eine intransparente Einheit bildet. Nur dann werden durch die Abschirmwirkung der Gesellschaft alle objektiven Anknüpfungspunkte der ausländischen Erbschaftsteuerordnung vermieden, so dass die Übertragung von Anteilen ausschließlich der deutschen Besteuerung unterliegt. Damit wird das gleiche Ergebnis erzielt, wie wenn das ausländische Immobilienvermögen über eine deutsche Kapitalgesellschaft gehalten wird.[481]

Es gilt jedoch auch hier die Besonderheiten bei der Anerkennung der Abschirmwirkung einer Personengesellschaft im Ausland – gerade auch unter Gesichtspunkten des Gestaltungsmissbrauchs – zu beachten.[482]

479 *Kowallik, A.*, Erbschaft- und Schenkungsteuerplanung für Auslandsimmobilien, in: DStR 1999, S. 1129 (1132).

480 *Kowallik, A.*, Erbschaft- und Schenkungsteuerplanung für Auslandsimmobilien, in: DStR 1999, S. 1129 (1132).

481 *Arlt, B.*, Internationale Erbschaft- und Schenkungsteuerplanung, Herne/Berlin, 2001, S. 268 ff.

482 *Arlt, B.*, Internationale Erbschaft- und Schenkungsteuerplanung, Herne/Berlin, 2001, S. 288 f.

(2) Ausländische Personengesellschaft

Bei einer transparenten ausländischen Personengesellschaft wird deren im Sitzstaat belegenes Immobilienvermögen erbschaftsteuerlich im Ausland nach dem Belegenheitsprinzip erfasst. Da im Rahmen der unbeschränkten Erbschaftsteuerpflicht die Vererbung ausländischer Personengesellschaftsanteile auch einer Besteuerung in Deutschland unterliegt, ist die Einbringung der Auslandsimmobilie in eine solche transparent besteuerte ausländische Personengesellschaft keine interessante Gestaltung.[483]

Etwas anderes gilt jedoch dann, wenn bestimmte ausländische Personengesellschaften ertragssteuerlich entweder grundsätzlich als Kapitalgesellschaft besteuert werden oder hierzu optieren können. Wird diese Personengesellschaft dann auch für erbschaftsteuerliche Zwecke wie eine intransparente Kapitalgesellschaft behandelt und gelten die Anteile an dieser nicht als Inlandsvermögen i.S.d. ausländischen Erbschaftsteuerordnung, so kann es wiederum nur zu einer ausschließlichen erbschaftsteuerlichen Erfassung in Deutschland kommen.[484] Es ergibt sich der gleiche Effekt wie bei einer Einbringung in eine deutsche Kapitalgesellschaft, die im Belegenheitsland der Immobilie als intransparent gilt.

γ) Fazit

Die Wahl der entsprechenden in- oder ausländischen Gesellschaftsform hängt davon ab, ob die Gesellschaft im Ausland als transparent oder intransparent angesehen wird und, falls kein Durchgriff auf die in das Gesellschaftsvermögen eingebrachte Immobilie erfolgt, die Gesellschaftsanteile nicht zum Inlandsvermögen gehören und daher allein der deutschen Erbschaftsbesteuerung unterliegen. Entscheidend ist damit die ausländische Steuerordnung im konkreten Einzelfall.

5. Post-mortem-Ausübung einer transmortalen Verkaufsvollmacht

Um (ausländische) Erbschaftsteuer zu hinterziehen, erteilen manche Eigentümer von Auslandsgrundbesitz, insbesondere von in Spanien belegenen Immobilien, zu Lebzeiten demjenigen, dem nach dem Tod der wirtschaftliche Wert der Immobilie zukommen soll, eine über den Todesfall hinausreichende Verkaufsvoll-

483 *Kowallik, A.*, Erbschaft- und Schenkungsteuerplanung für Auslandsimmobilien, in: DStR 1999, S. 1129 (1132).

484 *Kowallik, A.*, Erbschaft- und Schenkungsteuerplanung für Auslandsimmobilien, in: DStR 1999, S. 1129 (1133).

macht.[485] Die Urkunde wird so verwahrt, dass der Berechtigte die Vollmacht erst nach dem Tod des Eigentümers ausüben kann. Ist der Immobilieneigentümer dann verstorben, veräußert der Bevollmächtigte die Auslandsimmobilie, ohne dessen Ableben offenbaren zu müssen.[486] Ist ein Selbstkontrahieren ausdrücklich gestattet, kann der Berechtigte die Immobilie u.U. auch auf sich selbst übertragen.[487]

Um die Wirksamkeit der Vollmacht über den Tod des Vollmachtgebers hinaus zu erhalten, ist es erforderlich, dass als Vollmachtstatut ausdrücklich deutsches Recht gewählt wird, da andernfalls das Recht des Gebrauchsorts maßgeblich sein kann, wonach eine Vollmacht mit dem Tod des Vertretenen erlöschen kann.[488] Probleme können sich nicht nur daraus ergeben, dass es im deutschen Zivilrecht umstritten ist, ob die Vollmacht erlischt, wenn der Bevollmächtigte den Vollmachtgeber allein beerbt.[489] Die Wirksamkeit einer deutschen transmortalen Vollmacht ist auch unter dem Aspekt der Umgehung, etwa derjenigen Vorschriften, die sicherstellen sollen, dass eine Grundbucheintragung o.Ä. erst nach Zahlung der Erbschaftsteuer erfolgt, bedenklich.[490]

Bei einem solchen Vorgehen ist zu beachten, dass die erbschaftsteuerlichen Pflichten aller Beteiligten unberührt bleiben.[491] Wie eine Aufforderung zur Steuerhinterziehung klingt daher der folgende Rat:

> „Wer Erbschaftsteuer vermeiden will, erteilt mit dem Kauf einer Immobilie immer sogleich eine Veräußerungsvollmacht an ein Rechtsanwaltsbüro oder an einen renommierten Gestor. Kommt es dann zu einem Todesfall, kann das bevollmächtigte Büro ohne weiteres die Veräußerung vornehmen, ohne das lästige Erbschaftsteuerverfahren durchzuziehen bzw. ohne die Erbschaftsteuer zu zahlen."[492]

---

485 Man spricht von einer transmortalen Vollmacht. Hiervon zu unterscheiden ist eine sog. postmortale Vollmacht, die unter der aufschiebenden Bedingung des Todes des Vollmachtgebers steht; s. auch *Weidlich, D.* in Palandt, Einf. v. § 2197, Rn. 9 ff.

486 *Gantzer, P.,* Spanisches Immobilienrecht, 6. Aufl., Fankfurt a.M., 1995, VIII. 6., S. 91 f.; *Eberl, M./Selbherr, B.*: Spanien, in: *Frank, S./Wachter, T. (Hrsg.),* Handbuch Immobilienrecht in Europa, Heidelberg, 2004, S. 1437 (Rn. 293).

487 *Norbisrath, K.,* Spanisches Immobilien- und Steuerrecht, 4. Aufl., Andechs, 1995, S. 207.

488 *Eberl, M./Selbherr, B.*: Spanien, in: *Frank, S./Wachter, T. (Hrsg.),* Handbuch Immobilienrecht in Europa, Heidelberg, 2004, S. 1424 (Rn. 201), 1437 (Rn. 293).

489 *Heinrichs, H.* in: Palandt, § 168 BGB, Rn. 4.

490 *Börner, A.-R.*: Gebrauch einer deutschen postmortalen Vollmacht in Spanien?, in: ZEV 2005, S. 146 ff.

491 *Eberl, M./Selbherr, B.*: Spanien, in: *Frank, S./Wachter, T. (Hrsg.),* Handbuch Immobilienrecht in Europa, Heidelberg, 2004, S. 1437 (Rn. 293).

492 *Norbisrath, K.,* Spanisches Immobilien- und Steuerrecht, 4. Aufl., Andechs, 1995, S. 207.

6. Nutzung bzw. Vermeidung von Besonderheiten in der ausländischen Erbschaftsteuerordnung

Dass keine Erbschaftsteuerordnung wie die andere ist, liegt auf der Hand.[493] Nicht nur die grundsätzliche systematische Ausgestaltung etwa als Erbanfall- oder als Nachlasssteuer, sondern auch unterschiedlichste Regelungen über Tarif, Freibeträge oder Befreiungen führen zu verschiedenartigen Ausformungen der Besteuerung, welche den Tod einer Person zum Anlass nimmt. Dennoch ergeben sich gelegentlich Ähnlichkeiten zum deutschen ErbStG, aber auch vielfach spezifische Besonderheiten. Gerade Regelungen, die dem deutschen Steuerrecht fremd sind, machen den internationalen Erbfall aus steuerlicher Sicht anspruchsvoll und stellen den Eigentümer einer Auslandsimmobilie vor große Schwierigkeiten, wenn er sein Vermögen möglichst ungeschmälert auf seine Erben übertragen wissen möchte. Die Besonderheiten der ausländischen Erbschaftsteuerordnung können aber, will man die Vererbung einer Auslandsimmobilie steuerlich optimieren, teils von Vorteil aber auch von Nachteil sein. Führt eine Regelung des ausländischen Erbschaftsteuerrechts zu einer Erhöhung des Belastungsumfangs, gilt es, diese möglichst zu vermeiden. Auf der anderen Seite sollten spezielle Befreiungen und andere Regelungen, die zu einer geringen Steuerschuld führen, nutzbar gemacht werden. Erst eine intensive Auseinandersetzung mit der jeweiligen Erbschaftsteuerordnung offenbart Optimierungsmöglichkeiten, die mit den Besonderheiten der ausländischen Erbschaftsteuerordnung in Zusammenhang stehen. Die Faktoren, die im konkreten Einzelfall zu einer Ent- oder Belastung führen können, sind höchst unterschiedlich.

Beispiel 1: Besonderheit der spanischen Erbschaftsteuerordnung, die zu einer Erhöhung der steuerlichen Belastung führen kann: Der Korrekturkoeffizient nach Art. 22 LISD[494]

Die wohlhabende F hatte vor einigen Jahren das in Spanien belegene, luxuriöse Ferienhaus ihres Vaters mit einem Wert von 2,5 Mio. € geerbt. Sie ist mit dem ebenfalls nicht unvermögenden M liiert, der sich, um den aufwendigen Lebensstil während der Aufenthalte in Spanien zu finanzieren, immer wieder höhere Geldbeträge auf ein Konto bei einer spanischen Filiale seiner deutschen Hausbank überweisen lässt. F kommt bei einem Badeunfall ums Leben. M erwirbt als Vermächtnisnehmer die spanische Immobilie. Auf dem spanischen Konto des M befinden sich zum Todeszeitpunkt der F ca. 100.000 €. Darüber hinaus hat er ca. 400.000 € bei einer spanischen Bank angelegt.

493 S. schon oben ab S. 18

494 Ausführlich zur spanischen Besonderheit eines sog. Korrekturkoeffizienten, der unter Berücksichtigung des Vorvermögens des Erben zu einer höheren Erbschaftsteuerbelastung führt, s. Anhang S. 200

Erwirbt ein unverheirateter Partner eine Auslandsimmobilie mit einem Wert von 2,5 Mio. € beträgt die Erbschaftsteuer in Deutschland bei einem Gesamterwerb von 10 Mio. € hierfür rd. 1.250.000 €. Dies entspricht 50 % des Immobilienwerts. In Spanien hingegen beläuft sich die Erbschaftsteuer grundsätzlich auf ca. 1.560.000 €.[495] Allerdings ergibt sich aufgrund der Regelung in Art. 22 LISD eine Erhöhung. Danach ist abhängig vom Vorvermögen des Erwerbers eine Korrektur der Erbschaftsteuerschuld vorzunehmen. Ausschlaggebend ist hierbei allein der Umfang des spanischen Vermögens, das der Erwerber bereits vor dem Erbfall besaß. Was aus spanischer Sicht zum Inlandsvermögen gehört, richtet sich nach Art. 7 LISD. Hierunter fallen das Guthaben bei Filialen deutscher Banken in Spanien und Einlagen bei spanischen Kreditinstituten. Für Dritte ohne verwandtschaftliche Beziehung zum Erblasser kommt ab einem Vorvermögen von 402.678,11 € (bis 2.007.380,43 €) ein Korrekturkoeffizient von 2,100 zur Anwendung. Dies bedeutet eine Erhöhung der spanischen Erbschaftsteuerschuld auf rd. 1.635.000 €. Die Tatsache, dass M bei Ableben der F über ein Vorvermögen in Spanien von ca. 500.000 € verfügte, führt zu einer Erhöhung der effektiven Erbschaftsteuerlast um ca. 75.000 €. Hätte er die 400.000 € nicht in Spanien, sondern anderswo angelegt, hätte er diese Mehrbelastung vermeiden können.

Beispiel 2: Besonderheit der spanischen Erbschaftsteuerordnung, die zu einer Verringerung der steuerlichen Belastung führen kann: Der besondere Freibetrag für Immobilien bei Erwerb der ständigen Wohnung („vivienda habitual") des Erblassers nach Art. 20 Ziff. 2 Buchst. c Abs. 3 LISD.

R hatte sich Ende der 90er Jahre eine kleines Häuschen im Südosten Spaniens mit einem (aktuellen) Wert von 152.000 € gekauft, wo er mit seiner Ehefrau F die Wintermonate verbrachte. In der übrigen Zeit lebten die beiden in einer Mietwohnung in Berlin, während das Haus in Spanien leer stand. R verstirbt. Seine Erbin wird seine 74-jährige Ehefrau.

Während der Erwerb einer Auslandsimmobilie mit einem Wert von 152.000 € in Deutschland (aufgrund des Ehegatten- und eines Versorgungsfreibetrages) erbschaftsteuerfrei möglich ist, fallen hierfür in Spanien bei Vererbung an den Ehegatten grundsätzlich rd. 19.000 € an Erbschaftsteuer an.[496]

Jedoch greift in der vorliegenden Konstellation ein spezieller Freibetrag für den erbweisen Erwerb der eigengenutzten Wohnung des Erblassers, da die Voraussetzungen des Art. 20 Ziff. 2 Buchst. c Abs. 3 LISD erfüllt sind:[497] R hatte das Haus in Spanien zu eigenen Wohnzwecken genutzt. Er wird von seiner Ehefrau beerbt, die älter als 65 Jahre ist und die mit ihm zusammengelebt hat. Die Freistellung beträgt 95 % des Immobilienwerts. Dies wären 144.400 € (95 % von 152.000 €). Der besondere Freibetrag für die „vivenda habitual" ist allerdings auf maximal 122.606,47 € begrenzt. Dieser Betrag kann von der Bemessungsgrundlage abgezogen werden. Es ergibt sich dann unter Berücksichtigung eines Freibetrags für den Ehegatten i.H.v. 15.956,87 € ein steuerpflichtiger Erwerb von 13.436,66 €

495 Vgl. Belastungsanalyse, ab S. 100

496 S. oben Belastungsanalyse ab S. 55

497 Zu dieser speziellen Freistellung s. im Einzelnen Anhang S. 198

(152.000 € - 122.606,47 € - 15.956,87 €). Für diesen fällt eine spanische Erbschaftsteuer i.H.v. 1.074,17 € an.[498] Zu beachten ist jedoch eine Haltefrist von zehn Jahren. Veräußert F das Haus innerhalb von zehn Jahren nach dem Tod des R, hat sie anteilig einen entsprechenden Erbschaftsteuerbetrag nebst Zinsen nachzuentrichten.[499]

Im Ergebnis können unter Berücksichtigung der besonderen Freistellung für die eigengenutzte Wohnung des Erblassers (und unter Beachtung der Haltefrist) rd. 18.000 € gespart werden.

7. Vermeidung besonderer Doppelbesteuerungssituationen

Wie bereits dargestellt,[500] ergibt sich im erbschaftsteuerlichen Outbound-Fall, also beim Übergang einer Auslandsimmobilie von einem verstorbenen Steuerinländer auf einen anderen Steuerinländer, die unbeschränkte Erbschaftsteuerpflicht in Deutschland aufgrund subjektiver Anknüpfung, nämlich dem Wohnsitz bzw. gewöhnlichen Aufenthalt des Erblassers und des Erben in der Bundesrepublik.[501] Diese in der Person mindestens eines Beteiligten liegende Verbindung zum Inland führt zu einer Erfassung aller Erwerbsgegenstände unabhängig von deren Belegenheit.[502] Hingegen beruht das (beschränkte) Besteuerungsrecht des ausländischen Staates allein auf dem objektiven Kriterium der Belegenheit des Nachlassgegenstandes und ist insoweit auf Vermögen beschränkt, das sich auf seinem Staatsgebiet befindet. Die Besteuerung im In- und Ausland und die damit verbundene Doppelbesteuerung wurzelt somit auf dem Zusammentreffen von unbeschränkter Erbschaftsteuerpflicht im Inland und beschränkter Erbschaftsteuerpflicht im Ausland und damit auf dem gleichzeitigen Erfüllen subjektiver und objektiver Anknüpfungskriterien, mit denen die beteiligten Staaten ihre jeweilige Besteuerungskompetenz begründen. Sie ist insoweit auf diesen sich überschneidenden Kompetenzbereich begrenzt, nämlich auf das Auslandsvermögen.

Um den erbschaftsteuerlichen Zugriff des Belegenheitsstaates aber nicht auch noch auf das übrige (bspw. in Deutschland belegene) Vermögen auszudehnen, sollte es dringend vermieden werden, einen (zusätzlichen) subjektiven Anknüpfungspunkt zum ausländischen Staat herzustellen. Ein solcher würde zur

---

498 Für einen zu versteuernden Betrag bis zu 7.993,46 € ergibt sich eine Steuerschuld von 611,50 €. Für den Restbetrag 5.443,20 € (13.436,66 € - 7.993,46 €) beträgt der Steuersatz 8,50 %, so dass hierfür 462,67 € anfallen. In der Summe beträgt die Steuerschuld damit 1.074,17 €.

499 Art. 20 Ziff. 2 Buchst. c Abs. 4 LISD.

500 S. oben S. 12

501 Vgl. § 2 Abs. 1 Nr. 1 ErbStG.

502 „Die Steuerpflicht tritt ein … für den gesamten Vermögensanfall." s. § 2 Abs. 1 Nr. 1 ErbStG.

unbeschränkten Erbschaftsteuerpflicht auch im ausländischen Staat führen, so dass das Weltvermögen nicht nur im Inland, sondern auch im Ausland erfasst wäre. Insbesondere wenn das Haus oder die Wohnung im Ausland über einen längeren Zeitraum im Jahr genutzt bzw. überwiegend dort gewohnt wird, kann hierdurch ein (zusätzlicher) „gewöhnlicher Aufenthalt" im Ausland mit der Folge der unbeschränkten Erbschaftsteuerpflicht begründet werden.

Um die Gefahr einer weiteren unbeschränkten Erbschaftsteuerpflicht nicht eintreten zu lassen, bedarf es einer Analyse der Besteuerungskompetenz begründenden Tatbestände des ausländischen Erbschaftsteuerrechts, die es dann zu vermeiden gilt. So unterschiedlich diese ausgestaltet sein können, entsprechend vielfältig und aufwendig ist deren Vermeidung. Es hat daher stets eine Betrachtung des spezifischen Einzelfalls und der konkreten Situation und Personenkonstellation zu erfolgen.[503]

Folgendes Beispiel soll demonstrieren, wie leicht man in die „Fänge" einer unbeschränkten Erbschaftsteuerpflicht gerade durch eine Zweitimmobilie im Ausland geraten kann, und die angesprochene Bedrohung und deren dramatisches Ausmaß illustrieren.

<u>Beispiel</u>: Während der rüstige Rentner E und seine 60-jährige Ehefrau F früher nur einige Wochen im Jahr in Spanien verbracht hatten, blieben die beiden seit seiner Pensionierung des milden Klimas wegen vor allem im Winter gerne in ihrem Haus in Spanien. Dort fühlten sie sich mehr und mehr zuhause, so dass sie zuletzt nur noch für zwei Monate im Sommer, wenn es in Spanien sehr heiß war, in ihr kleines Haus am Tegernsee zurückkehrten. E verstirbt. Seine Alleinrbin ist seine Ehefrau F. Während die Immobilie in Spanien (mit einem Verkehrswert von 339.000 €) im Eigentum des E stand, gehört das Haus in Deutschland der F. Der übrige Nachlass besteht aus einem Anlagekonto bei einer deutschen Bank. Das Gesamtnachlassvermögen beläuft sich auf 1.000.000 €.

<u>Erbschaftsteuerpflicht</u>: Da F sich länger als 183 Tage in Spanien aufhielt, ist sie gem. Art. 6 LISD im Königreich Spanien unbeschränkt erbschaftsteuerpflichtig. Aber auch in Deutschland greift gem. § 2 Abs. 1 ErbStG die unbeschränkte Erbschaftsteuerpflicht, da das Haus in Oberbayern einen Wohnsitz i.S.v. § 8 AO darstellt. F ist daher sowohl in Spanien, als auch in Deutschland unbeschränkt und damit mit dem gesamten Erwerb steuerpflichtig.

<u>Erbschaftsteuer Deutschland</u>: In Deutschland beläuft sich die Bereicherung bei einem Nachlass von 1.000.000 € (unter Berücksichtigung eines Freibetrags für Ehegatten von 500.000 € und eines Versorgungsfreibetrages i.H.v. 256.000 €) auf 244.000 €. Der Tarif beträgt 11 %, so dass sich zunächst eine Erbschaftsteuerlast von 26.840 € ergibt.

503 Insoweit besteht eine Parallele zum Wegzugsfall (s. oben S. 154). Dort werden die Besteuerungskompetenz begründenden Tatbestände im Inland zu vermeiden versucht.

Erbschaftsteuer Spanien: In Spanien beträgt der Freibetrag für Ehegatten nur 15.956,87 €.[504] Es ergibt sich eine Bemessungsgrundlage von 984.043,13 € (1.000.000 € - 15.956,87 €). Für einen Betrag von 797.555,08 € entstehen 199.291,40 € Erbschaftsteuer. Für den Restbetrag i.H.v. 186.488,05 € (984.043,13 € -797.555,08 €) greift ein Tarif von 34 %, so dass sich hieraus 63.405,94 € an steuerlicher Belastung ergeben. In der Summe errechnet sich somit eine (vorläufige) spanische Erbschaftsteuerschuld von 262.697,34 €.[505]

Anrechnung in Deutschland: Auf Antrag kann gem. § 21 ErbStG auf die deutsche Erbschaftsteuer die in Spanien auf das dort belegene Vermögen gezahlte Erbschaftsteuer angerechnet werden, soweit der deutsche Fiskus das Ferienhaus in Spanien mit Erbschaftsteuer belegt. Bei einem Gesamtnachlassvolumen von 1.000.000 € und einem Wert des Ferienhauses von 339.000 € beträgt der Anteil der spanischen Erbschaftsteuer, der auf die Immobilie entfällt, 33,9 %, mithin 89.054,40 € (33,9 % von 262.697,34 €). Der Anteil der deutschen Erbschaftsteuer für das Ferienhaus beläuft sich allerdings auf nur 9.098,76 € (33,9 % von 26.840 €). Dies entspricht dem Anrechnungshöchstbetrag, so dass nur ein Betrag in dieser Höhe zum Abzug gebracht werden kann.

Anrechnung in Spanien: Spanien hingegen rechnet gem. Art. 23 LISD die in Deutschland zu zahlende Erbschaftsteuer auf das in Deutschland belegene Vermögen (Bankguthaben) an. Für das deutsche Inlandsvermögen fallen in Deutschland 17.741,24 € (66,1 % von 26.840 €) an. Da die spanische Erbschaftsteuer hierfür 173.642,94 € (66,1 % von 262.697,34 €) beträgt, was dem spanischen Anrechnungshöchstbetrag entspricht, kann die deutsche Erbschaftsteuer auf das Bankguthaben vollständig angerechnet werden.

Es ergibt sich folgende Gesamtbelastung:

	Deutschland	**Spanien**
Erbschaftsteuer	26.840,00 €	262.697,34 €
Anrechnung	- 9.098,76 €	- 43.328, 55 €
zahlbarer Betrag	17.741,24 €	219.368,79 €
Summe	**237.110,03 €**	

Das spanische Erbschaftsteuerniveau setzt sich vollständig durch – auch bezüglich des übrigen Vermögens. Hätte F weniger als 183 Tage im Jahr in Spanien verbracht, hätte lediglich eine beschränkte Erbschaftsteuerpflicht bezüglich des Ferienhauses in Spanien bestanden. In Spanien wären dann für das Haus 61.342,81 € zu zahlen gewesen,[506] die in Deutschland wiederum bis zu einer Höhe von 9.098,76 € angerechnet worden wären. In der Summe hätte sich eine Gesamtbelastung von nur 79.084,05 € (61.342,81 € + 26.840,00 € - 9.098,76 €) ergeben, wenn F im Jahr des

504 Da F erst 60 Jahre alt ist greift der spezielle Freibetrag für die ständige Wohnung, die sog. „Vivienda habitual" nicht ein; s. hierzu Anhang S. 198

505 Da F vor dem Erbfall über keinen nennenswertes Vorvermögen ins Spanien verfügte, kommt es nicht zu einer zusätzlichen Erhöhung der Steuerlast durch Anwendung des „Korrekturfaktors" nach Art. 22 Ziff. 1 LISD.

506 S. oben Belastungsanalyse S. 55

Ablebens ihres Ehemanns weniger als 183 Tage in Spanien verbracht hätte.[507] Die ca. vier Monate, die F „zu lange" in Spanien verweilte, haben ihr daher ein Mehr an Erbschaftsteuer in Höhe von 158.025,98 € (237.110,03 € - 79.084,05 €) beschert.

C. Fazit

Auch wenn eine Auslandsimmobilie im Erbfall in der Regel einer Besteuerung sowohl im Inland als auch im Ausland unterliegt und es nur zu einem unvollkommenen Ausgleich dieser Doppelbesteuerung kommt, so bietet sich eine Vielzahl von Optimierungsmöglichkeiten. Wer alternative Handlungs- und Gestaltungsmöglichkeiten nutzt, kann effektiv die Besteuerungsgrundlagen beeinflussen und Besonderheiten des deutschen und des ausländischen Steuerrechts zu seinem Vorteil nutzbar machen, so dass sich eine Reduzierung der Steuerlast erreichen lässt. Das Ziel, das ausländische Vermögen möglichst ungeschmälert auf die nachfolgende Generation zu übertragen, rückt so in greifbare Nähe. Auch wenn eine vollständige Vermeidung von Steuern im Erbfall nur unter hohem Aufwand und in aller Regel nur durch Wegzug des Vermögensinhabers und seiner künftigen Erben verwirklicht werden kann, so bieten sich vielfältige Möglichkeiten, ein sehr hohes ausländisches Erbschaftsteuerniveau abzumildern. Trotz aller Optimierungsmaßnahmen bildet jedoch für den Fall, dass eine Auslandsimmobilie von einem Steuerinländer auf einen anderen Steuerinländer übergehen soll, das deutsche Erbschaftsteuerniveau das Belastungsminimum. Damit aber im Erbfall nicht zusätzliche Steuerlasten entstehen, empfiehlt es sich schon bei Erwerb einer Auslandsimmobilie nicht aus einer Laune heraus und vorschnell eine Kaufentscheidung zu treffen, sondern mit dem nötigen erbschaftsteuerlichen Weitblick vorzugehen. Nicht nur hinsichtlich der Wahl des Standortes der Immobilie, sondern auch die Art und Weise des Erwerbs eröffnet ein nicht geringes Einsparungspotential. Aber auch wenn ausländisches Grundvermögen bereits vorhanden ist, lässt sich auf vielfältige Weise gestalten und planen.

Die aufgezeigten Maßnahmen sollen überdies nicht nur isoliert voneinander betrachtet werden. Insbesondere kann im konkreten Fall erst durch eine Kombination der einzelnen Optimierungsansätze das gewünschte Ziel verwirklicht werden.[508]

Bei Vorhandensein von ausländischem Grundbesitz ist es daher stets zu empfehlen, die rechtliche und steuerliche Situation im jeweiligen Einzelfall von

507 183 Tage sind ca. sechs Monate.

508 Ein Beispiel hierfür ist etwa die Einbringung in GmbH in Kombination mit einer lebzeitigen (sukzessiven) Übertragung der Anteile.

unabhängigen Beratern im In- und Ausland überprüfen zu lassen. Die damit verbundenen Kosten sind im Vergleich zu den möglichen späteren Vermögensnachteilen in der Regel vergleichsweise gering. Aber selbst wenn entsprechende Maßnahmen ergriffen wurden, sind alle Optimierungsmaßnahmen in regelmäßigen Zeitabständen auf ihre Wirksamkeit und Zweckmäßigkeit zu überprüfen. Handlungsbedarf kann sich vor allem aufgrund einer Veränderung der persönlichen Lebensverhältnisse, der individuellen Vermögenssituation oder der rechtlichen bzw. steuerlichen Rahmenbedingungen ergeben.

Anhang

A. Spanien

I. Das spanische Erbschaftsteuersystem

1. Nationales Erbschaftsteuerrecht

a) Allgemeines

Gesetzliche Grundlage der spanischen Erbschaftsbesteuerung ist das Spanische Erbschaft- und Schenkungsteuergesetz (Ley de impuestos sobre sucesiones y donaciones)[509] vom 18.12.1987, welches seit 1.1.1988 in Kraft ist und damit das Vorgängergesetz aus dem Jahre 1964 ablöst.[510] Die zum LISD ergangene Durchführungsverordnung vom 8.11.1991 (Decreto Ley Nr. 1629/91) enthält wichtige Einzelregelungen.[511]

Ähnlich wie in Deutschland liegt die Gesetzgebungshoheit für die Erbschaftsteuer beim Staat, während deren Aufkommen den 17 „Comunidades Autonómas", also den spanischen Bundesländern, zufließt.[512]

Die spanische Erbschaftsteuer entsteht mit Eintritt des Erbfalls bzw. mit Ausführung der Schenkung. Es wird im Rahmen einer Erbanfallsteuer der beim Erwerber angefallene Vermögenszuwachs bzw. dessen Bereicherung besteuert. (Die spanische Erbschaftsteuer folgt damit den gleichen Prinzipien wie ihr deutsches Äquivalent. Im Rahmen der jeweiligen Anrechnungsvorschriften ist daher die Voraussetzung der Vergleichbarkeit erfüllt.)

b) Räumlicher Anwendungsbereich

Nach Art. 2 LISD („räumlicher Anwendungsbereich") gilt das Erbschaft- und Schenkungsteuergesetz im gesamten spanischen Hoheitsgebiet.[513] Jedoch sind

---

509 Im Folgenden abgekürzt als LISD.

510 *Herzig, N./Watrin, C./Walter, M.*: Grundzüge des spanischen Erbschaft- und Schenkungsteuerrechts, in: ZEV 2000, S. 473

511 Eine zweisprachige Ausgabe des Gesetzestextes und der Durchführungsverordnung findet sich bei *Sohst, W.*, Das spanische Erbschaft- und Schenkungsteuergesetz, in: Das spanische Gesetz über die Besteuerung der nicht in Spanien Ansässigen, 7. Aufl., Berlin, 2011..

512 Vgl. Art. 2c Cesión de Tributos del Estado. Das Königreich Spanien ist in 17 „Comunidades Autonómas" (Autonome Regionen) gegliedert, die sich ihrerseits aus „Provincias" (Provinzen) zusammensetzen. Die Autonomen Regionen genießen eine große rechtliche Selbständigkeit und sind daher mit den deutschen Bundesländern vergleichbar.

die autonomen Regionen (u.a. Balearische Inseln[514], Andalusien, Katalonien und Valencia) berechtigt, selbständig den Tarif und die Koeffizienten der Steuersätze unterschiedlich auszugestalten.[515] Da es ihnen an der Kompetenz fehlt, die Besteuerung von Erbschaften und Schenkungen vollständig aufzuheben, haben einige die Besteuerung auf „symbolische" 1 % gesenkt.[516] Voraussetzung für die Anwendung dieser regionalen Erleichterungen ist allerdings, dass der Erwerber seinen Wohnsitz in der entsprechenden Autonomía hat.[517] Die Ermäßigungen gelten daher vielfach nicht für Ferienimmobilien bei beschränkter Erbschaftsteuerpflicht im deutsch-spanischen Erbfall.[518]

c) Steuersubjekte

Nach Art. 5 LISD sind nur natürliche Personen steuerpflichtig, die Vermögenszuwächse aufgrund des Erwerbs von Todes wegen, infolge einer Schenkung oder als Begünstigte einer Lebensversicherung erzielt haben. Bei juristischen Personen werden diese Erwerbstatbestände gem. Art. 3 LISD allein nach dem Körperschaftsteuergesetz (Impuesto sobre Sociedades) erfasst. Steuerpflichtig sind damit die Rechtsnachfolger bzw. die Begünstigten.[519]

d) Steuergegenstand

Folgende Vorgänge sind nach Art. 3 LISD steuerbar:

513 Eine Ausnahme besteht für die besondere Steuergesetzgebung der historischen Gebiete des Baskenlandes und der Foralgemeinschaft von Navarra. Der spanische Gesetzestext spricht von den „Regímes Tributarios Forales". Bei diesem Foralen Recht handelt es sich um lokales, historisch begründetes Recht, welches, soweit es übergeleitet wurde, noch heute gilt; s. *Sohst, W.*, Das spanische Erbschaft- und Schenkungsteuergesetz, in: Das spanische Gesetz über die Besteuerung der nicht in Spanien Ansässigen, 7. Aufl., Berlin, 2011, S. 53, Fn. 3.

514 Speziell zu den Balearen s. *Hellwege, S.*: Spanien: Erbschaft- und Schenkungsteuergesetz der Balearischen Inseln, in: ZEV 2007, S. 223 f.

515 *Börner, A.-R.*: Spanien: Grundbesitz in der Nachlassplanung nach der Steuerreform 2007, in: ZEV 2007, S. 223; *Jülicher, M.* in: Troll/Gebel/Jülicher ErbStG, § 21, Rn. 130.

516 Nach *Jülicher, M.* in: Troll/Gebel/Jülicher ErbStG, § 21 Rn. 130, ist dies auf den Balearen, im Baskenland, Navarra und Madrid sowohl für die Erbschaft- als auch für die Schenkungsteuer der Fall. In Rioja, Stantander und Valencia betrifft dies nur für die Erbschaftsteuer.

517 *Hellwege, S.*: Erbschaft- und Schenkungsteuerrecht in Spanien – Lokales Recht einiger autonomer Gemeinschaften, in: ErbStB 2006, S. 282, geht davon aus, dass der Steuerpflichtige und der Erblasser ihren gewöhnlichen Aufenthalt in Spanien haben müssen.

518 So auch *Jülicher, M.* in: Troll/Gebel/Jülicher ErbStG, § 21, Rn. 130.

519 Vgl. *Herzig, N./Watrin, C./Walter, M.*: Grundzüge des spanischen Erbschaft- und Schenkungsteuerrechts, in: ZEV 2000, S. 473

- Erwerb von Gütern oder Rechten
  - aufgrund einer Erbschaft, wobei der Erbe keine juristische Person sein darf,
  - aufgrund eines Vermächtnisses oder aus einem sonstigen erbrechtlichen Grund (wie etwa einem Pflichtteilsanspruch),
  - aufgrund einer Schenkung oder eines sonstigen unentgeltlichen Rechtsgeschäfts unter Lebenden;
- Zahlungen aus einem Lebensversicherungsvertrag, wenn der Begünstigte mit dem Versicherungsnehmer nicht identisch ist (Drittbegünstigter)

e) Unbeschränkte Erbschaftsteuerpflicht

Die unbeschränkte Erbschaftsteuerpflicht ist in Art. 6 LISD („Obligación Personal") normiert. Es werden alle Erwerbe nach Art. 3 LISD durch natürliche Personen mit gewöhnlichem Aufenthalt in Spanien, unabhängig von der Belegenheit des Erwerbsgegenstandes, erfasst.

Anknüpfungspunkt für die unbeschränkte Erbschaftsteuerpflicht ist der gewöhnliche Aufenthalt (residencia habitual) des Erwerbers. Der gewöhnliche Aufenthalt ist gem. Art. 6 Abs. 2 LISD nach den Bestimmungen des Einkommensteuergesetzes zu ermitteln. Nach Art. 9 des spanischen Einkommensteuergesetzes gilt der Steuerpflichtige als Inländer, wenn er sich mindestens 183 Tage innerhalb der letzten zwölf Monate vor Steuerentstehung tatsächlich in Spanien aufgehalten hat.[520] Es besteht zugunsten des spanischen Fiskus eine widerlegbare Vermutung, dass der Steuerpflichtige seinen gewöhnlichen Aufenthalt in Spanien hat. Es obliegt ihm daher, anderes nachzuweisen. Auch der Schwerpunkt der unternehmerischen oder beruflichen Tätigkeit oder das wirtschaftliche Interesse sind Anknüpfungspunkt für eine widerlegbare Vermutung, dass der gewöhnliche Aufenthalt in Spanien liegt. So wird beispielsweise für einen Arzt mit einer eigenen Praxis in Spanien dessen unbeschränkte Steuerpflicht vermutet.[521]

Eine Anknüpfung an die Ansässigkeit des Erblassers bzw. Schenkers erfolgt, anders als nach deutschem Recht (vgl. § 2 Abs. 1 Nr. 1 Var. 1 und 2 ErbStG), im spanischen Erbschaftsteuerrecht nicht. Sowohl für die beschränkte, als auch für die unbeschränkte Erbschaftsteuerpflicht kommt es allein auf die Person des Erwerbers und deren gewöhnlichen Aufenthalt an. Damit ist nicht

520 *Herzig, N./Watrin, C./Walter, M.*: Grundzüge des spanischen Erbschaft- und Schenkungsteuerrechts, in: ZEV 2000, S. 473 (474).

521 *Löber, B./Huzel, E.*, Erben und Vererben in Spanien, neubearbeitete 4. Aufl., Frankfurt a.M., 2004, S. 109 f.

nur der Erblasser für die Bestimmung des Umfangs der Steuerpflicht irrelevant, sondern auch die Staatsangehörigkeit der Beteiligten spielt keine Rolle.[522]

Beispiel: Der deutsche Staatsangehörige D verstirbt in Spanien, wo er aufgrund seines gewöhnlichen Aufenthalts (von mehr als 183 Tagen im Jahr) unbeschränkt einkommensteuerpflichtig war. Sein in München belegenes Mehrfamilienhaus vererbt er seinem Sohn S, der in Düsseldorf lebt. – Da das spanische Erbschaftsteuerrecht allein an die Ansässigkeit des Erwerbs anknüpft, scheidet eine Erbschaftsteuerpflicht des S in Spanien aus.

f) Beschränkte Erbschaftsteuerpflicht

Art. 7 LISD regelt die beschränkte Erbschaftsteuerpflicht („Obligación Real"). Diese besteht immer dann, wenn der gewöhnliche Aufenthalt des Erwerbers nicht in Spanien liegt. Der spanischen Erbschaftsteuer unterliegen im Fall der unbeschränkten Steuerpflicht aber nur der Erwerb von Inlandsvermögen aus spanischer Sicht, also von Gütern oder Rechten, die sich entweder auf spanischem Hoheitsgebiet befinden oder einen sonstigen Bezug zum Königreich Spanien aufweisen. Zum Inlandsvermögen gehören damit vor allem unbewegliche, in Spanien belegene Gegenstände, also insbesondere spanischer Grundbesitz.[523]

Beispiel: E hat seinen Wohnsitz in Deutschland und ein Appartement in Spanien. Als Alleinrben hinterlässt E seinen Sohn S mit gewöhnlichem Aufenthalt in Deutschland.

S ist in Deutschland hinsichtlich des Weltvermögens des E unbeschränkt erbschaftsteuerpflichtig. In Spanien hingegen ist er nach Art. 7 LISD beschränkt erbschaftsteuerpflichtig. Der spanische Staat besteuert den erbweisen Erwerb des Appartements wegen dessen Belegenheit in Spanien. Nach § 21 ErbStG kann die in Spanien festgesetzte und bezahlte Erbschaftsteuer angerechnet werden.

g) Bemessungsgrundlage und Schuldenabzug

Die Bemessungsgrundlage bildet gem. Art. 9 LISD der Nettowert des einzelnen Erwerbs eines jeden Rechtsnachfolgers. Hierunter ist der tatsächliche Wert der erworbenen Güter und Rechte zu verstehen, vermindert um die auf diesen ruhenden, abzugsfähigen Schulden und Lasten.[524]

Folgende Abzugsposten mindern den Vermögenserwerb:[525]

522 So auch *Hellwege, S.*: Vererbung von Vermögen in Spanien, in: ErbStB 2003, S. 194

523 Für Grundstücke vergleiche insbesondere Art. 18 Abs. 2 Nr. 1 DVO.

524 Zum Abzug von Erblasserschulden und Erbfallschulden vgl. *Gebel, D.*, Erbschaftsteuer bei deutsch-spanischen Nachlässen, Heidelberg, 1999, S. 117 ff.

525 Vgl. auch *Hellwege, S.*, Die Besteuerung deutsch-spanischer Erb- und Schenkungsfälle, Köln, 2002, S. 120 f.

- abzugsfähige Lasten (cargas deducibles, Art. 12 LISD),
- abzugsfähige Schulden (deudas deducibles, Art. 13 LISD),
- abzugsfähige Ausgaben bzw. Kosten (gastos deducibles, Art. 14 LISD).[526]

Nach Art. 13 Abs. 1 LISD können grundsätzlich die Schulden abgezogen werden, die der Erblasser hinterlässt. Voraussetzung ist allerdings, dass ihr Bestehen mittels öffentlicher Urkunde, privatschriftlich oder auf sonstige Weise nachgewiesen werden kann. Schulden gegenüber den Erben oder den Vermächtnisnehmern und deren nahen Angehörigen sind – selbst bei Ausschlagung – nicht abzugsfähig.

h) Bewertung, insbesondere von Immobilien

Das zugewendete Vermögen soll mit dem „wahren Wert" (valor real) bewertet werden. Bewertungsmaßstab bildet der Markt- bzw. Verkehrswert. Bewertungsstichttag ist der Todestag des Erblassers. Das spanische Erbschaftsteuergesetz sieht keine allgemeinen und abschließenden Bewertungsgrundsätze vor.[527] Der Steuerpflichtige hat gem. Art. 18 Abs. 2 i.V.m. Art. 31 LISD den tatsächlichen Wert des steuerpflichtigen Vermögenszuwachses anzugeben. Die Steuerverwaltung überprüft den angegebenen Wert. Der Steuerpflichtige hat mit Sanktionen zu rechnen, wenn er die Bewertungsgrundsätze des Vermögensteuergesetzes nicht beachtet.[528]

Bei Grundvermögen (bienes de naturaleza urbana o rústica) ist nach Art. 10 Abs. 1 des spanischen Vermögensteuergesetzes der jeweils höhere der nachstehenden Werte maßgeblich:

- der Katasterwert (valor castaral), eine Art Einheitswert,
- der im Rahmen anderer Steuern von der Verwaltung bereits festgelegte Wert,
- der Kaufpreis, der beleihbare Wert oder der Anschaffungswert.[529]

Für dingliche Nutzungsrechte (an Grundstücken) gelten nach Art. 26 LISD spezielle Regelungen: Der Nießbrauch und das Wohnrecht werden in Abhängigkeit von der Laufzeit und dem Wert der genutzten Sache bewertet. Das mit dem Nießbrauch belastete Eigentum wird mit der Differenz zwischen Marktwert des Gegenstandes und dem Wert des Nießbrauchs angesetzt. Entsprechendes gilt für

526 Hierunter fallen die Behandlungskosten für die letzte Krankheit des Erblassers, die Kosten für Beerdigung und Begräbnisfeier und Rechtsverfolgungskosten im Rahmen der Erbauseinandersetzung.

527 Das Gesetz gibt keine Auskunft darüber, was realer Wert bedeutet; vgl. *Hellwege, S.*, Die Besteuerung deutsch-spanischer Erb- und Schenkungsfälle, Köln, 2002, S. 105 ff.

528 *Hellwege, S.*: Vererbung von Vermögen in Spanien, in: ErbStB 2003, S. 194 (195).

529 Vgl. *Herzig, N./Watrin, C./Walter, M.*: Grundzüge des spanischen Erbschaft- und Schenkungsteuerrechts, in: ZEV 2000, S. 473 (474 f.).

die sonstigen Nutzungsrechte. Das wertmäßige Verhältnis zwischen nacktem Eigentum (nuda prpeidad) einerseits und dem lebenslangen Nießbrauch (derecho vitalicio de usufructo) richtet sich nach dem Alter des Nießbrauchsberechtigten. Je höher das Alter des Nießbrauchsberechtigten ist, umso geringer ist der Wert dieses Rechts; dementsprechend steigt aber der Wert des bloßen oder nackten Eigentums an.[530]

i) Hinzuzurechnende Vermögensgegenstände

Art. 11 LISD fingiert im Rahmen einer widerlegbaren Vermutung eine höhere Erbmasse. Dem Nachlass werden im Rahmen der sog. „Adición de bienes“ (Zusammenzählung der Güter) auch solche Vermögensgegenstände hinzugerechnet, die während eines bestimmten Zeitraums vor dem Ableben des Erblassers in dessen Eigentum standen, zum Zeitpunkt des Todes aber nicht mehr zu seinem Vermögen gehören. Befinden sich diese hinzuzurechnenden Vermögensgegenstände („bienes adicionales“) im Eigentum des Erwerbers, hat dieser nachzuweisen, dass er die Gegenstände entgeltlich vom Erblasser erworben hat. Dieser Nachweis gelingt aber nur, wenn sich im Nachlass anstelle der vom Erblasser übertragenen Vermögensgegenstände ein Geldbetrag oder andere Güter mit entsprechendem Wert befinden.

Damit wird beispielsweise nach Art. 11 Abs. 1 Ziff. a LISD vermutet, dass etwa ein Ferienhaus, welches innerhalb des letzten Lebensjahres des Erblassers noch in dessen Eigentum stand, zum Nachlass gehört.

Sinn und Zweck dieser Regelung ist es, heimliche Vermögensverschiebungen vor Ableben des Erblassers zu verhindern, durch die eine Erbschaftsteuerpflicht umgangen werden soll.[531]

j) Persönliche Freibeträge (reducciones)

Das spanische Erbschaftsteuerrecht unterscheidet die steuerliche Bemessungsgrundlage und einen zu versteuernden Betrag.[532] Die Verringerung der Bemessungsgrundlage wird „reduccíon“ genannt. Da zahlreiche autonome Gemeinschaften eigene Regelungen über persönliche Freibeträge geschaffen ha-

530 *Löber, B./Huzel, E.*, Erben und Vererben in Spanien, neubearbeitete 4. Aufl., Frankfurt a.M., 2004, S. 118 f.

531 Vgl. *Herzig, N./Watrin, C./Walter, M.*: Grundzüge des spanischen Erbschaft- und Schenkungsteuerrechts, in: ZEV 2000, S. 473 (477).

532 Diese beiden Begriffspaare werden in deutscher Übersetzung auch als „vorläufige“ bzw. als „endgültige Bemessungsgrundlage“ bezeichnet. So etwa *Hellwege, S.*: Vererbung von Vermögen in Spanien, in: ErbStB 2003, S. 194 (195 ff.).

ben,[533] regelt Art. 20 Abs. 1 LISD die Reihenfolge der Kürzungen: Zunächst greifen die staatlichen Kürzungsregeln, dann die der autonomen Gebiete. Art. 20 LISD bestimmt insofern auf übergeordneter Ebene die persönlichen Freibeträge. Der Höhe nach ist dieser vom Verwandtschaftsgrad zum Erblasser abhängig, der in den Steuerklassen I bis IV zum Ausdruck kommt.

α) Übersicht über die Freibeträge

Gruppe I	
Erwerb durch Abkömmlinge und Adoptivkinder unter 21 Jahren	Der Ausgangswert beläuft sich auf 15.956,87 €. Wer als Erwerber jünger als 21 Jahre ist, erhält weitere Freibeträge pro weiterem Jahr unter 21 Jahren in Höhe von 3.999,72 €, begrenzt auf maximal 47.858,59 €.
Gruppe II	
Erwerb durch Abkömmlinge und Adoptivkinder über 21 Jahre, Ehegatten, Verwandte aufsteigender Linie und Adoptiveltern	Der Ausgangswert beläuft sich auf 15.956,87 €.
Gruppe III	
Erwerb durch Geschwister, Neffen, Nichten und Verschwägerte (Seitenlinie des 2. und 3. Gades und verschwägerte Abkömmlinge)	Der Ausgangswert wird um 7.993,46 € reduziert.
Gruppe IV	
Erwerb durch sonstige Verwandte und Fremde, die in keinem verwandtschaftlichen Verhältnis zum Erblasser stehen.	kein Freibetrag

Übersicht 3: Freibeträge in Spanien

Für beschränkt steuerpflichtige Erwerber gelten die gleichen Freibeträge des LISD wie für unbeschränkt Erbschaftsteuerpflichtige. Die Ermäßigungen und

533 S. bereits oben unter „Räumlicher Anwendungsbereich“, S. 191. Nur wenn der Erwerber seinen Wohnsitz in der entsprechenden Autonomía hat, greifen zusätzlich zur allgemeinen Norm des Art. 20 LISD die dortigen Bestimmungen.

Befreiungen beschränken sich jedoch auf Nachlassgegenstände, die der spanischen Besteuerung unterliegen.[534]

ß) Exkurs: Besonderer Freibetrag für Immobilien bei Erwerb der ständigen Wohnung („Vivienda habitual“) des Erblassers

Unter bestimmten Voraussetzungen kann für den Erwerb von Todes wegen der eigengenutzten Wohnung des Verstorbenen, der sog. „Vivienda habitual“, ein besonderer Freibetrag nach Art. 20 Ziff. 2 Buchst. c Abs. 3 LISD zur Anwendung kommen.[535] Dieser wird in Form eines Kürzungsprozentsatzes i.H.v. 95 % des Immobilienwerts gewährt. Die Freistellung ist jedoch auf maximal 122.606,47 € begrenzt.

Bei der sog. „Vivienda habitual“ kann es sich selbstverständlich auch um ein Wohnhaus handeln. Damit die Immobilie als eigengenutzte Wohnung anerkannt wird, ist nicht die Anmeldung in der zuständigen Gemeinde oder das Halten der „residencia“ entscheidend; maßgeblich ist vielmehr das faktische Innehaben zu Wohnzwecken.[536] Der persönliche Freibetrag gilt nur für den Ehegatten, für die Vorfahren oder Nachkommen oder auch seine Verwandten in der Nebenlinie als Rechtsnachfolger des Erblassers. Überdies muss der Erwerber älter als 65 Jahre sein und mit dem Erblasser während der letzten zwei Jahre vor dessen Tod zusammengelebt haben. Auch ist eine Haltefrist zu beachten. Um die Freibetragsregelung voll ausschöpfen zu können, muss der Erwerber den Grundbesitz über die zehn auf den Tod des Erblassers folgenden Jahren halten, außer er verstirbt selbst innerhalb dieses Zeitraums. Veräußert der Erwerber das Objekt innerhalb des Zehnjahreszeitraums, erfolgt eine Nachbesteuerung, wobei auch „Verzugszinsen“ erhoben werden können.[537]

Die Freibeträge gelten nach Art. 20 Ziff. 4 LISD sowohl im Rahmen der unbeschränkten als auch bei Vorliegen beschränkter Erbschaftsteuerpflicht. Zu beachten ist allerdings, dass die Befreiung nicht für einen Nebenwohnsitz, z.B. ein nur wenige Wochen im Jahr genutztes Ferienhaus gilt.[538]

---

534 *Magri, S.*, Erbschaft- und Schenkungsteuerplanung deutsch-spanischer Erbfälle, Hamburg, 2007, S. 89; *Gebel, D.*: Erbschaftsteuer in Spanien - Bemessungsgrundlage und Steuerberechnung, in: RIW 2000, S. 502 (505).

535 Vgl. auch *Hellwege, S.*: Vererbung von Vermögen in Spanien, in: ErbStB 2003, S. 194 (196).

536 *Löber, B./Huzel, E.*, Erben und Vererben in Spanien, neubearbeitete 4. Aufl., Frankfurt a.M., 2004, S. 124 f.

537 Art. 20 Ziff. 2 Buchst. c Abs. 4 LISD.

538 *Jülicher, M.* in: Troll/Gebel/Jülicher ErbStG, § 21, Rn. 130.

k) Steuertarif und Erhöhung der Steuerquote

Zur Berechnung der Steuerschuld wird zunächst anhand eines einheitlichen progressiven Steuertarifs ein Zwischenwert nach Art. 21 LISD errechnet. (Zu beachten ist, dass Regelungen der autonomen Gebiete, soweit diese von ihrer Befugnis Gebrauch gemacht haben, gem. Art. 21 Abs. 2 LISD gegenüber dem Steuertarif nach LISD vorrangig anzuwenden sind.[539])

Die Steuersätze gelten nach Art. 22 Abs. 3 LISD sowohl bei unbeschränkter als auch bei beschränkter Erbschaftsteuerpflicht. Bei beschränkter Steuerpflicht ist regelmäßig aber nur das spanische und nicht auch das deutsche Vermögen ausschlaggebend.[540]

α) Übersicht über den Steuertarif[541]

steuerpflichtiger Erwerb bis Euro	Steuerschuld in Euro	Restwert in Euro	effektiver Steuersatz für übersteigenden Restwert
		7.993,46	7,65 %
7.993,46	611,50	7.987,45	8,50 %
15.980,91	1.290,43	7.987,45	9,35 %
23.968,36	2.037,26	7.987,45	10,20 %
31.955,81	2.851,98	7.987,45	11,05 %
39.943,26	3.734,59	7.987,45	11,90 %
47.930,72	4.685,10	7.987,45	12,75 %
55.918,17	5.703,50	7.987,45	13,60 %
63.905,62	6.789,79	7.987,45	14,45 %
71.893,07	7.943,98	7.987,45	15,30 %
79.880,52	9.166,06	39.877,15	16,15 %
119.757,67	15.606,22	39.877,16	18,70 %
159.634,83	23.063,25	79.754,30	21,25 %
239.389,13	40.011,04	159.388,41	25,50 %
398.777,54	80.655,08	398.777,54	29,75 %
797.555,08	199.291,40	von jetzt an	34,00 %

Übersicht 4: Erbschaftsteuertarif in Spanien

539 vgl. *Hellwege, S.*: Vererbung von Vermögen in Spanien, in: ErbStB 2003, S. 194 (196).

540 So *Jülicher, M.*: Ein deutsch-spanischer Erbfall – Teil 2 Erbschaftsteuerrecht, in: PIStB 2001, S. 263 (266).

541 Der spanische Erbschaftsteuertarif ist – anders als seine deutsche Entsprechung – kein Vollmengentarif, sondern ein progressiver Teilmengentarif, wobei jeder Erwerbsteil in einer verschiedenen Stufe besteuert wird; vgl. *Jülicher, M.*: Ein deutsch-spanischer Erbfall – Teil 2 Erbschaftsteuerrecht, in: PIStB 2001, S. 263 (265).

ß) Korrekturkoeffizient

Aus obiger Übersicht über den Steuertarif ist die endgültige Steuerschuld noch nicht ermittelbar. Vielmehr ist der tarifliche Steuerbetrag noch mit dem sog. Korrekturkoeffizienten gem. Art. 22 Ziff. 1 LISD, der auch „Vorvermögens-Koeffizient" genannt wird, zu multiplizieren.[542] Diese Korrekturfaktoren sind abhängig vom Vorvermögen des Begünstigten und seinem Verwandtschaftsgrad zum Erblasser. Während in Deutschland für den Steuertarif allein der Vermögenszuwachs beim Erben von Bedeutung ist, stellt das spanische Erbschaftsteuerrecht zur Bestimmung der steuerlichen Belastung damit sowohl auf die Bereicherung (Tarif) als auch auf das bereits vorhandene Vermögen des Erwerbers (Korrekturkoeffizient) ab. Allerdings ist im Rahmen der beschränkten Erbschaftsteuerpflicht sowohl für den Steuertarif als auch für den Koeffizienten nach Art. 45 Buchst. e DVO allein das in Spanien belegene Vorvermögen ausschlaggebend.[543] Der Korrekturkoeffizient greift bereits ab einem Vermögen von 0 bis 402.678,11 €. Allerdings gilt in diesem Bereich für Erwerber der Gruppen I und II (Abkömmlinge, Adoptivkinder, Ehepartner und Vorfahren) der Faktor 1,0, so dass er sich höhenmäßig nicht auswirkt. Für Personen ohne Verwandtschaftsverhältnis zum Erblasser (Gruppe IV) ist dies anders. Es greift auch ohne Vorvermögen ein Faktor mit dem Wert 2,0. Für mit dem Erblasser nicht verwandte Erwerber ergibt sich daher gegenüber den vorgenannten Personen der Gruppe I und II eine Verdoppelung der Erbschaftsteuerlast.

542 *Herzig, N./Watrin, C./Walter, M.*: Grundzüge des spanischen Erbschaft- und Schenkungsteuerrechts, in: ZEV 2000, S. 473 (481 f.).

543 *Löber, B./Huzel, E.*, Erben und Vererben in Spanien, neubearbeitete 4. Aufl., Frankfurt a.M., 2004, S. 124 f.

Vermögen in Euro	**Verwandtschaftsgrad zum Erblasser**		**ohne Verwandtschaftsverhältnis zum Erblasser**
	Gruppe I und II Abkömmlinge und Adoptivkinder, Ehepartner und Vorfahren	Gruppe III Geschwister, Neffen, Nichten und Verschwägerte	Gruppe IV
bis 402.678,11	1,0000	1,5882	2,0000
mehr als 402.678,11 bis 2.007.380,43	1,5000	1,6676	2,1000
mehr als 2.007.380,43 bis 4.020.770,98	1,1000	1,7471	2,2000
mehr als 4.020.770,98	1,2000	1,9059	2,4000

Übersicht 5: Korrekturfaktoren gem. Art. 22 Ziff. 1 LISD

l) Übersicht: Berechnung der spanischen Erbschaftsteuer

Berechnungsschema der spanischen Erbschaftsteuer

1. Bestimmung der „Base imponible"
(entspricht dem Nettowert des Vermögensanfalls)

realer Wert des Vermögensanfalls
\+ hinzuzurechnende Vermögensgegenstände, Art. 11 LISD
\+ Hausrat, Art. 15 LISD
./. Schulden, Art. 13 LISD
./. Belastungen, Art. 12 LISD
./. Kosten, Art. 14 LISD
= vorläufige Bemessungsgrundlage

2. Bestimmung der „Base liquidable"
(bereinigte oder endgültige Bemessungsgrundlage)

./. Steuerbefreiungen
./. Freibeträge, Art. 20 LISD

= endgültige Bemessungsgrundlage = steuerpflichtiger Erwerb.

× Steuertarif, Art. 21 LISD
× Koeffizient, Art. 22 LISD

= Steuerschuld

Übersicht 6: Berechnungsschema der spanischen Erbschaftsteuer

2. Internationales Erbschaftsteuerrecht Spaniens

a) Bilaterale Maßnahmen zur Vermeidung der Doppelbesteuerung

Zwischen Spanien und Deutschland besteht auf dem Gebiet der Erbschaft- und Schenkungsteuer kein Doppelbesteuerungsabkommen.

Spanien hat mit folgenden Ländern ein Erbschaftsteuer-DBA geschlossen: Frankreich (DBA vom 8.1.1963, ratifiziert 1.7.1963), Griechenland (DBA vom 6.3.1919, ratifiziert 18.11.1920 und Schweden (DBA vom 25.4.1963, ratifiziert 31.10.1963). Die Doppelbesteuerungsabkommen folgen jeweils der sog. Freistellungsmethode, d.h. es wird festgelegt, welchem Staat das alleinige Besteuerungsrecht bezogen auf einen bestimmten Nachlassgegenstand zusteht, während der andere von einer Besteuerung absieht, wodurch eine Freistellung erfolgt.[544]

b) Unilaterale Maßnahmen zur Vermeidung der Doppelbesteuerung

Ähnlich § 21 ErbStG ist auch im spanischen Erbschaftsteuerrecht ein „Abzug wegen internationaler Doppelbesteuerung" (deducción por doble imposción internacional) vorgesehen. Art. 23 LISD räumt dem unbeschränkt Steuerpflichtigen eine Recht auf Anrechnung ausländischer Erbschaftsteuer ein. Danach kann der geringere der beiden folgenden Beträge zum Abzug gebracht werden:

Der tatsächliche Betrag, der im Ausland infolge einer ähnlichen Besteuerung, wie sie in Spanien als Besteuerung der Vermögensmehrung erfolgt, bezahlt wurde.

Das Ergebnis der Multiplikation des effektiven mittleren Steuersatzes nach dieser Steuer mit der Vermögensmehrung durch die Güter, die sich außerhalb von Spanien befinden, sofern sie im Ausland einer ähnlichen Besteuerung unterworfen sind.[545]

Voraussetzung für die Anrechnung ist daher, wie nach deutschem Recht, die unbeschränkte Steuerpflicht und eine Vergleichbarkeit der jeweiligen Steuern. Die (aus spanischer Sicht) ausländische Steuer muss der inländischen Erbschaftsteuer entsprechen. Auch erfolgt eine Begrenzung der Anrechnung auf die Steuer, die für Auslandsvermögen im Ausland erhoben wurde.[546]

3. Besonderheiten im Rahmen von Schenkungen

Das spanische Erbschaftsteuergesetz erfasst neben dem Erwerb von Todes wegen gleichermaßen auch schenkweise Übertragungen unter Lebenden.[547] Schenkungen unterfallen grundsätzlich denselben Regelungen wie Erwerbe mortis causa. Dies gilt insbesondere für Steuerpflicht, Bewertung, Tarif und Korrekturkoeffizient.[548] Allerdings gelten einige Besonderheiten für lebzeitige Übertragungen. So wird dem Beschenkten anders als dem Erben ein persönlicher Frei-

---

544 *Löber, B./Huzel, E.,* Erben und Vererben in Spanien, neubearbeitete 4. Aufl., Frankfurt a.M., 2004, S. 105.

545 Der mittlere tatsächliche Steuersatz berechnet sich durch Division der Steuerschuld durch den zu versteuernden Betrag, multipliziert mit 100. Er ist mit bis zu zwei Dezimalstellen auszudrücken. Vgl. Art. 46 DVO.

546 Dies ergibt sich aus der zweiten Alternative der abzugsfähigen Beträge.

547 Art. 3 LISD spricht vom „Erwerb von Gütern oder Rechten durch Schenkung oder irgendein anderes Rechtsgeschäft auf unentgeltlicher Basis unter Lebenden".

548 Vgl. *Piske, P.*: Vorweggenommene Erbfolge in Spanien, in: ZEV 2003, S. 495 ff.

betrag nicht zugestanden.[549] Auch entfallen bei lebzeitigen Übertragungen zumeist die übrigen Steuerbefreiungen des Art. 20 LISD. Insbesondere im Rahmen der Abzugsfähigkeit von Schulden und Lasten ist zu beachten,[550] dass bei Schenkungen der Schuldenabzug auf grundpfandrechtlich gesicherte Verbindlichkeiten beschränkt ist.[551] Bei beschränkter Steuerpflicht sind nur Verbindlichkeiten gegenüber Gläubigern in Spanien abzugsfähig.[552] Daneben greifen die Vermutungstatbestände des Art. 11 LISD nicht.[553]

II. Die kommunale Wertzuwachssteuer

Bei der Übertragung von spanischem Grundvermögen kann neben der Erbschaftsteuer auch noch eine kommunale Wertzuwachssteuer anfallen.

1. Wesen der kommunalen Wertzuwachssteuer

Rechtsgrundlage dieser fakultativen Steuer auf die Zunahme des Bodenwertes städtischer Grundstücke („Impuesto sobre el incremento de Valor de los Terrenos de Naturaleza Urbana")[554] sind die Art. 104 bis 110 des Ley de Haciendas Locales.[555] Es handelt sich um eine direkte Steuer, die zu den Gemeindesteuern zählt.[556]

Da zwar hiernach die einzelnen Kommunalverwaltungen ein derartiges Besteuerungsrecht besitzen, jedoch nicht verpflichtet sind, von diesem auch Gebrauch zu machen,[557] wird die Wertzuwachssteuer, die auch „Plusvalia Municipial" bzw. kurz „Plusvalia" genannt wird, in einigen Gemeinden nicht erhoben.

---

549 *Piske, P.*: Vorweggenommene Erbfolge in Spanien, in: ZEV 2003, S. 495 (496).

550 S. Art. 16 und 17 LISD.

551 ‚*Jülicher, M.* in: Troll/Gebel/Jülicher ErbStG, § 21, Rn. 130.

552 *Wachter, T.*: Gestaltungsüberlegungen zur steueroptimalen Übertragung von Immobilien in Spanien, in: ZEV 2003, S. 137 (143 f.).

553 *Hellwege, S.*, Die Besteuerung deutsch-spanischer Erb- und Schenkungsfälle, Köln, 2002, S. 140.

554 Die kommunale Wertzuwachssteuer wird abgekürzt auch als „plus valía" bezeichnet.

555 Vgl. Königliches Gesetzesdekret 2/2004 v. 5.3.2004 (Real Decreto Legislativo 2/2004, de 5 de marzo); Spanisches Gesetzblatt Nr. 59 und 63 v. 9. und 13. März 2004 (BOE n.ºs 59 y 63, de 9 y 13 de marzo de 2004). Das Ley de Haciendas Locales wird im Folgenden als LHL abgekürzt.

556 *Magri, S.*, Erbschaft- und Schenkungsteuerplanung deutsch-spanischer Erbfälle, Hamburg, 2007, S. 100.

557 *Carballo, R./Hoffmann, G.*, Immobilien in Spanien - Erwerb, Verkauf, Vererbung, 6. Aufl., Norderstedt, 2008, S. 85.

Die Steuer fällt, soweit sie erhoben wird, bei der Übertragung von Liegenschaften unter Lebenden (inter vivos) oder von Todes wegen (mortis causa) an. Steuerobjekt ist der (fiktive) Veräußerungsgewinn aus der Wertsteigerung des Grund und Bodens zwischen Anschaffung und Übertragung. Auch wenn bei unentgeltlichen Übertragungen Art. 106 LHL den Erwerber zur Steuerentrichtung verpflichtet, ist Besteuerungssubjekt derjenige, bei dem der (fiktive) Wertzuwachs anfällt, also der Übertragende; im Erbfall mithin der Erblasser.[558]

Bemessungsgrundlage ist gem. Art. 107 LHL der zwischen Anschaffung und Übertragung entstandene (fiktive) Wertzuwachs des bebauten oder unbebauten Grundstücks zum Zeitpunkt des Besitzwechsels. Dieser fiktive Wertzuwachs, der der Besteuerung zugrunde liegt, errechnet sich nach Art. 107 LHL aus der Multiplikation des Katasterwertes mit einem variierenden Prozentsatz, der sich aus der Anzahl der Jahre, die das Grundstück im Eigentum des Erblassers stand, ergibt. Für jedes Jahr der Zugehörigkeit zum Vermögen wird dem Bodenwert einen fiktiver Mehrwert zugeschrieben, der zwischen 3 % und 3,7 % des Katasterwerts schwankt. Insgesamt erfolgt allerdings eine Begrenzung auf den Wertzuwachs der letzten 20 Jahre.[559]

Die Höhe der Wertzuwachssteuer ergibt sich durch Multiplikation des so bestimmten Zuwachses des Bodenwertes mit einem von den Gemeinden festgelegten Prozentsatz, der allerdings nach Art. 108 LHL 30 % nicht überschreiten darf. Dieser kommunale Multiplikator (bzw. Prozentsatz) ist nicht mehr von der Bevölkerungsdichte abhängig, sondern steht allein im Ermessen der Gemeinde.[560] In einigen Gemeinden kommen im Erbfall niedrigere Steuersätze zur Anwendung als bei Rechtsgeschäften unter Lebenden.[561]

2. Vergleichbarkeit im Rahmen von § 21 ErbStG

Nach der sog. Entsprechungsklausel[562] dürfen grundsätzlich nur mit der deutschen Erbschaftsteuer vergleichbare Steuern angerechnet werden. Ob eine Anrechnung der spanischen Wertzuwachssteuer auf die deutsche Erbschaftsteuer möglich ist, insoweit also eine Vergleichbarkeit i.S.v. § 21 Abs. 1 ErbStG besteht, wurde bisher, soweit ersichtlich, noch nicht entschieden. Dies mag daran

558 Eine ausdrückliche Regelung im Gesetz findet sich jedoch nicht. Vgl. *Magri, S.*, Erbschaft- und Schenkungsteuerplanung deutsch-spanischer Erbfälle, Hamburg, 2007, S. 101.

559 Art. 107 Abs. 1 LHL.

560 *Carballo, R./Hoffmann, G.*, Immobilien in Spanien - Erwerb, Verkauf, Vererbung, 6. Aufl., Norderstedt, 2008, S. 86.

561 *Carballo, R./Hoffmann, G.*, Immobilien in Spanien - Erwerb, Verkauf, Vererbung, 6. Aufl., Norderstedt, 2008, S. 86.

562 § 21 Abs. 1 ErbStG; ausführlicher hierzu s. oben ab S. 35

liegen, dass wegen des hohen spanischen Erbschaftsteuertarifs nur selten eine Erbschaftsteuer in Deutschland anfällt, auf die die Wertzuwachssteuer angerechnet werden könnte, falls sie hierzu zugelassen wäre.[563]

Zwar bedeutet die Besteuerung von fiktiven Wertzuwächsen ohne Realisierung des Veräußerungsgewinns stets eine Substanzbelastung.[564] Hieraus folgt aber noch nicht zwingend, dass die Wertzuwachssteuer der deutschen Erbschaft- und Schenkungsteuer entspricht und daher nach § 21 ErbStG anrechenbar ist.[565] Zu beachten ist nämlich, dass der Besteuerungsgegenstand ein anderer als bei der Erbschaftsteuer ist, die den auf den Erwerber übergegangenen Vermögenszuwachs erfasst. Die Werterhöhung des Grundstücks wird zwar der Höhe nach im Nachlass widergespiegelt; der Besteuerung ist aber der Gesamtwert des Nachlasses und damit die Bereicherung des Erwerbers unterworfen und nicht nur der (fiktive) Gewinn infolge der Wertsteigerung des Grundstücks. Auch ist Besteuerungssubjekt der kommunalen Wertzuwachssteuer derjenige, in dessen Vermögen der Wertzuwachs im Laufe der Zeit angefallen ist.[566] Da das Grundstück bis zu seinem Ableben im Eigentum des Erblassers stand, ist dieser Subjekt der Besteuerung und nicht wie bei der Erbschaftsteuer der Erwerber. Die spanische „Plusvalia“ entspricht m.E. daher nicht der deutschen Erbschaftsteuer.[567] Auch hier wird lediglich die Wertsteigerung der Vermögenssubstanz aus Anlass eines Todesfalls belastet.[568] Ist mangels Vergleichbarkeit eine Anrechnung nach § 21 ErbStG ausgeschlossen, steht m.E. allerdings auch nicht § 10 Abs. 8 ErbStG einem Abzug als Nachlassverbindlichkeit gem. § 10 Abs. 5 Nr. 1

563 *Löber, B./Huzel, E.,* Erben und Vererben in Spanien, neubearbeitete 4. Aufl., Frankfurt a.M., 2004, S. 108. Die Verfasser halten die Frage der Anrechenbarkeit der Wertzuwachssteuer daher für eine mehr oder weniger rein theoretische.

564 *Jülicher, M.*: Die anrechenbare Steuer im Sinne des § 21 ErbStG, in: ZEV 1996, S. 295 (297).

565 So jedoch *Löber, B./Huzel, E.,* Erben und Vererben in Spanien, neubearbeitete 4. Aufl., Frankfurt a.M., 2004, S. 108.

566 Wie soeben dargestellt; s. oben S. 205

567 So auch *Korth, M.*, Die Besteuerung deutsch-spanischer Erbschaften und Schenkungen, S. 41; a.A. *Jülicher, M.* in Troll/Gebel/Jülicher ErbStG, § 21 Rz. 22 und 130 a.E. ErbStG; *Hellwege*, Die Besteuerung deutsch-spanischer Erb- und Schenkungsfälle, S. 224 f.

568 Der BFH hat in seiner Entscheidung zur kanadischen „capital gains tax“ (BFH, Urteil v. 26.4.1995 – II R 13/92, BStBl. II 1995, S. 540) deren Anrechnung abgelehnt, da diese lediglich die Wertsteigerung der Vermögenssubstanz aus Anlass eines Todesfalls erfasst.

ErbStG entgegen.[569] Ob ein Abzug der nicht anrechenbaren ausländischen Steuer von der Bemessungsrundlage zulässig ist, ist allerdings höchstrichterlich noch nicht geklärt.[570] Die Abziehbarkeit der Wertzuwachssteuer als Nachlassverbindlichkeit würde die Bemessungsgrundlage mindern und damit zu einer indirekten Berücksichtigung bei der Bestimmung der Höhe der Erbschaftsteuer führen. Dies ist allerdings weit weniger günstig aus, als es im Rahmen einer möglichen Anrechnung der Fall wäre. Da jedoch im deutsch-spanischen Erbfall aufgrund des hohen spanischen Erbschaftsteuerniveaus ohnehin eine Anrechnung wegen Überschreiten des Anrechnungshöchstbetrages nur selten in Betracht kommt, wirkt sich die Einordnung als bloße Nachlassverbindlichkeit in der Regel zugunsten des Steuerpflichtigen aus.

569 *Meincke, J.*, in: Meincke ErbStG, § 10, Rn. 59; *Moench, D.*, in: Moench ErbStG, § 21, Rn. 6 (Vorauflage); *Gebel, D.*, in: Troll/Gebel/Jülicher ErbStG, § 10, Rn. 268 a.E. s. auch BFH, Urteil v. 26.4.1995 – II R 13/92, BStBl. II 1995, S. 540.

570 BFH v. 16.1.2008, II R 45/05, BStBl. II 2008, 623, III. 1. b).

B. Italien

I. Erbschaftsteuer

1. Allgemeines

Durch Gesetzesdekret Nr. 262/2006 vom 3.10.2006[571] wurde die im Jahre 2001 durch das Gesetz Nr. 383/2001 vom 18.10.2001[572] unter der Regierung *Berlusconi* abgeschaffte Erbschaft- und Schenkungsteuer durch die Regierung *Prodi* wieder eingeführt.[573] Damit sind Übertragungen von Todes wegen (oder unter Lebenden) wieder steuerpflichtig. Das Erbschaft- und Schenkungsteuergesetz Nr. 346/1990 vom 31.10.1990 („*Testo unico delle disposizioni concernenti l'imposta sulle successioni e donazioni*", TUS)[574] wurde mit erheblichen Änderungen wieder zur Anwendung berufen.[575] Das Gesetz wurde nicht nur durch das „Legge di conversione" (Umwandlungsgesetz) vom 24.11.2006[576] wesentlich modifiziert, sondern auch durch das Gesetz Nr. 296/2006 vom 27.12.2006 („legge finanziaria 2007")[577] weiter geändert.[578]

2. Erbschaftsteuerpflicht

Das italienische Erbschaftsteuerrecht kennt die Begriffe der „beschränkten" und „unbeschränkten" Steuerpflicht nicht. Vielmehr verwendet das Gesetz die Terminologie „ansässiger" und „nicht ansässiger Steuerpflichtiger". Dies entspricht aber im Ergebnis der Unterscheidung nach beschränkter und unbeschränkter Steuerpflicht. Für die Steuerpflicht wird auf die Ansässigkeit allein des Erblassers abgestellt. Bei Nichtansässigkeit des Erblassers im Inland (aus der Sicht Italiens) ist die Steuerpflicht auf die in Italien belegenen Güter beschränkt (Art.

---

571 Gazzetta Ufficiale Nr. 230 vom 03.10.2006. (Gazzetta Ufficiale della Repubblica Italiana abrufbar unter www.gazzettaufficialeonline.it)

572 Gazzetta Ufficiale Nr. 248 vom 24.10.2001.

573 Einen historischen Rückblick liefern *Conci, P./Psaier, M.*, Die Wiedereinführung der Erbschaft- und Schenkungsteuer in Italien - Eine Übersicht, in: ZEV 2007, S. 420.

574 Gazzetta Ufficiale Nr. 277 vom 27.11.1990.

575 Eine deutsch-italienische Fassung des Gesetzes, die jedoch nicht die Gesetzesänderung seit Wiedereinführung umfasst, findet sich bei *Stadler, F.*, Italien (Stand: 1994/1995), in: *Ferid, M./Firsching, K./Dörner, H./Hausmann, R. (Hrsg.),* Internationales Erbrecht, München, 2007, Texte E 1, S. 157 ff.

576 Gesetz Nr. 286, Gazzetta Ufficiale Nr. 277 vom 28.11.2006.

577 Gazzetta Ufficiale Nr. 299 vom 27.12.2006.

578 *Mayr, S.*, Änderungen im italienischen Steuerrecht 2007, in: IWB 2007, Fach 5, Gruppe 2,S. 559 f.

2 Abs. 2 TUS). Immobilien auf italienischem Hoheitsgebet rechnen zum Inlandsvermögen.[579]

Eine Definition der Ansässigkeit enthält das italienische Erbschaftsteuerrecht nicht. Nach der herrschenden Meinung in der Literatur ist eine Ansässigkeit dann gegeben, wenn der Erblasser zum Todeszeitpunkt seinen Wohnsitz im zivilrechtlichen Sinn in Italien hatte.[580] Art. 43 Abs. 2 des Codice Civile (Zivilgesetzbuch) definiert den Wohnsitz als den Ort, an dem eine Person ihren gewöhnlichen Aufenthalt hat. Nach der Rechtsprechung[581] ist hierfür grundsätzlich erforderlich, dass ein dauerhafter Aufenthalt an einem bestimmten Ort vorliegt, der von der Absicht getragen wird, an diesem Ort einen Wohnsitz innezuhaben. Daneben besteht eine Ansässigkeit auch an dem Ort, an dem eine Person ihren Mittelpunkt der familiären und gesellschaftlichen Lebensinteressen hat.[582]

Steuerschuldner ist nach Art. 36 TUS der Erwerber.

3. Bewertung

Im Wesentlichen findet die Bewertung zum Verkehrswert statt (Art. 14 Abs. 1 lit. a TUS); für inländische Immobilien gelten wahlweise besondere Hypothekar- bzw. Katasterwerte.[583] Der Katasterwert unbebauter Grundstücke entspricht bei Baugrundstücken dem Verkehrswert. Der Katasterwert eines bebauten Grundstücks wird auf Basis eines amtlich festgelegten Schätzwerts der Grundstücks- und Gebäudeerträge ermittelt.[584]

---

579 Für Zweifelsfälle greifen Belegenheitsvermutungen, etwa für Rechte, die in ein öffentliches Register eingetragen sind, etwa Schiffs- oder öffentliche Kraftfahrzeug- oder Patentregister; s. *Jülicher, M.*. in: *Flick, H./Piltz, D. (Hrsg.),* Der internationale Erbfall, 2. Aufl., München, 2008, Rn. 1735.

580 *Conci, P./Psaier, M.*, Die Wiedereinführung der Erbschaft- und Schenkungsteuer in Italien – Eine Übersicht, ZEV 2007, S. 420.

581 Entscheidung des Corte di Cassazione (civile) Nr. 1738 vom 14.3.1986.

582 *Chlepas, C.*, Erb(schaftsteuer)recht im Verhältnis Deutschland - Italien, in: BBEV 2007, S. 385 (387); *Conci, P./Psaier, M.*, Die Wiedereinführung der Erbschaft- und Schenkungsteuer in Italien – Eine Übersicht, ZEV 2007, S. 420.

583 *Conci, P./Psaier, M.*, Die Wiedereinführung der Erbschaft- und Schenkungsteuer in Italien – Eine Übersicht, ZEV 2007, S. 420 (421). Details zur Bewertung des Nachlasses finden sich auch bei *Sprengel, H.,* Die Besteuerung deutsch-italienischer Erb- und Schenkungsfälle, Köln, 2000, Rn. 396 ff. – speziell für Immobilien S. Rn. 399 ff.

584 *Chlepas, C.*, Erb(schaftsteuer)recht im Verhältnis Deutschland - Italien, in: BBEV 2007, S. 385 (389).

4. Schuldenabzug

Besteuerungsgrundlage ist der Nettowert des Erwerbs. Grundsätzlich sind alle Passivposten, die zum Zeitpunkt der Eröffnung der Erbfolge bestehen, abzugsfähig (Art. 20 TUS). Allerdings hat i.d.R. ein Nachweis durch Urkundenvorlage zu erfolgen (Art 23 TUS); für Auslandsschulden sind den Inlandsfällen vergleichbare Nachweise beizubringen.[585]

5. Persönliche Befreiungen und Steuertarif

Der Steuertarif für Ehegatten und Verwandte in gerader Linie beträgt 4 %.[586] Allerdings greift ein persönlicher Freibetrag von 1 Mio. €. Für Verwandte bis zum vierten Grad, Verschwägerte in gerader Linie und für Verschwägerte in der Seitenlinie bis zum dritten Grad beträgt der Tarif 6 %.[587] Für Geschwister gilt ein Freibetrag von 100.000 €.[588] Für alle übrigen Erwerber, die grundsätzlich nicht in den Genuss eines Freibetrages kommen, beträgt die Steuerschuld 8 % des steuerlichen Wertes des Nettoerwerbs.[589] Jedoch wurde für anerkannte Schwerbehinderte ein Freibetrag von 1,5 Mio. € eingeführt.[590]

6. Anrechnungsregelung

Im Inland ansässige Steuerpflichtige, d.h. nach deutschem Verständnis in Italien unbeschränkt Steuerpflichtige, können die für die im Ausland (z.B. Deutschland) belegenen und einer ausländischen Erbschaft- und Schenkungsteuer unterfallenden Vermögensgegenstände geleisteten Steuern bis zur Höhe der italienischen Steuer in Anrechnung bringen (Art. 26 Abs. 1 lit. b TUS).[591]

Ein Doppelbesteuerungsabkommen auf dem Gebiet der Erbschaftsteuer besteht zwischen Deutschland und Italien nicht.

---

585 *Sprengel, H.,* Die Besteuerung deutsch-italienischer Erb- und Schenkungsfälle, Köln, 2000, Rn. 355 ff.

586 Art. 2 Abs. 48 lit. a Gesetz Nr. 286/2006.

587 Art. 2 Abs. 48 lit. a Gesetz Nr. 286/2006.

588 Art. 2 Abs. 48 lit. a-bis Gesetz Nr. 286/2006, eingefügt durch Gesetz Nr. 296/2006, Art. 77.

589 Vgl. etwa *Jülicher, M.,* Der deutsch-italienische Erbfall, in: ErbBstg 2007, S. 223 (229).

590 Art. 2 Abs. 48-bis Gesetz Nr. 286/2006, eingefügt durch Gesetz Nr. 296/2006, Art. 77.

591 S. auch *Chlepas, C.,* Erb(schaftsteuer)recht im Verhältnis Deutschland - Italien, in: BBEV 2007, S. 385 (390).

II. Hypothekar- und Katastersteuer für Immobilien

Für Immobilienerwerbe greift zusätzlich zur Erbschaftsteuer eine Hypothekarsteuer i.H.v 2 % und eine Katastersteuer i.H.v. 1 % des Katasterwerts der Immobilie. Ist das Grundvermögen für den Erwerber Erstwohnsitz (sog. prima casa), beträgt die Hypothekar- und Katastersteuer jeweils nur einen Pauschalbetrag von 168 €.[592]

Diese Registersteuern sind mangels Vergleichbarkeit mit der deutschen Erbschaftsteuer in Deutschland nicht nach § 21 ErbStG anrechenbar. Begründet wird dies damit, dass es sich um mit den deutschen Grundbuchgebühren vergleichbare Abgaben handelt.[593]

III. Steuerliche Belastung bei Erwerb einer Immobilie von Todes wegen

Erwerber	**für alle Erwerbsgegenstände**	**Zusätzlich für Immobilien**	
		Hypothekarsteuer	Katastersteuer
Ehegatten oder Verwandter in gerader Linie	ab einem Freibetrag von 1 Mio. €: **4 %**	2 % oder bei „prima casa": pauschal 168 €	1 % oder bei „prima casa": pauschal 168 €
Verwandte bis zum 4. Grad, Verschwägerte in gerader Linie, Verschwägerte in der Seitenlinie bis zum 3. Grad	(bei Geschwistern ab einem Freitbetrag von 100.000 €) **6 %**	2 % oder bei „prima casa": pauschal 168 €	1 % oder bei „prima casa": pauschal 168 €
sonstige Erben	**8 %**	2 % oder bei „prima casa": pauschal 168 €	1 % oder bei „prima casa": pauschal 168 €

Übersicht 7: Steuerliche Belastung in Italien

592 *Reiß, J.*, Die Wiedereinführung der Erbschaft- und Schenkungsteuer in Italien – Auswirkungen auf den Erwerb von Immobilien, in: ZErb 2007, S. 145 (146 f.).

593 FinMin. Baden-Württemberg, Erl. v. 13.6.2007, 3 – S3812/27; DStR 2007, 1165.

Beispiel: Der vorwiegend in München wohnhafte E ist Eigentümer eines Ferienhaus (Wert 339.000 €) in Bardolino am Gardasee in Italien. Er verstirbt. Im Wege des Vermächtnisses soll die Ferienimmobilie seine langjährige Haushälterin F erhalten, die mit E dessen ausgeprägte Vorliebe für italienische Weine teilte.

Aufgrund des Wohnsitzes des E in Deutschland ist der Erwerb der F gem. § 2 Abs. 1 Nr. 1 ErbStG unbeschränkt erbschaftsteuerpflichtig. Einem steuerpflichtigen Erwerb von Todes wegen gem. § 1 Abs. 1 Nr. 1 unterfällt nach § 3 Abs. 1 Nr. 1, 3. Var. ErbStG auch der Erwerb durch Vermächtnis. Da F nach Abzug eines Freibetrages von 5.200 € um 333.800 € bereichert ist und sie als mit dem Erblasser nicht verwandte Person in die Steuerklasse III fällt, beträgt der Erbschaftsteuertarif 29 %, die Erbschaftsteuerschuld mithin 96.802 €.

Aber auch Italien greift im Rahmen einer beschränkten Erbschaftsteuerpflicht, da E dort nicht als ansässig galt, auf die am Gardasee belegene Immobilie zu. Für mit dem Erblasser nicht verwandte Erwerber beträgt der Tarif 8 % des Erwerbswertes. Ein Freibetrag wird nicht gewährt. Bei einem Wert der Immobilie von 339.000 € ergibt sich eine erbschaftsteuerliche Belastung von 27.120 €. Daneben entsteht eine Hypothekar- und Katastersteuer von zusammen 3 % des Immobilienwerts und somit i.H.v. 10.170 €.

Die in Italien zu entrichtende Erbschaftsteuer i.H.v. 27.120 € kann in Deutschland gem. § 21 ErbStG vollständig zur Anrechnung gebracht werden. Dies gilt allerdings nicht für die Registergebühren. In der Summe entsteht der F daher für den Erwerb des Ferienhauses eine Steuerlast i.H.v. 106.972 €.[594] Die Gesamtbelastung entspricht rund 32 % des Immobilienwerts.

594 27.120 € Erbschaftsteuer Italien + 10.170 € Hypothekar- und Katastersteuern Italien + 69.682 € (96.802 € - 27.120 €) Erbschaftsteuer Deutschland.

C. USA (unter besonderer Berücksichtigung des Bundesstaates Florida)

I. Das US-amerikanische Erbschaftsteuersystem

1. Allgemeines

Das US-Steuerrecht unterscheidet zwischenteuern auf Ebene der Einzelstaaten und Bundessteuern. Auf Bundesebene existieren eine Erbschaft- und eine Schenkungsteuer. Die „Federal Estate Tax" ist geregelt in Secs. 2001 ff. Internal Revenue Code (IRC) und die „Federal Gift Tax" in Secs. 2501 ff. IRC.[595] Die Erbschaftsteuer ist als Nachlasssteuer ausgestaltet. Eine Erbanfallsteuer gibt es auf Bundesebene nicht.

Auf Ebene der Einzelstaaten sind zwei Formen der Erbschaftsbesteuerung, die unter dem Begriff der „State Death Taxes" zusammengefasst werden, zu unterscheiden. Viele US-Bundesstaaten erheben eine „State Estate Tax", eine Nachlasssteuer auf den ungeteilten Nachlass des Erblassers. In einigen US-Bundesstaaten ist die Erbschaftsteuer als Abgabe vom Erbanfall („State Inheritance Tax") ausgestaltet.[596] Die Erbschaftsteuern, die von den einzelnen Bundesstaaten erhoben werden, stellen parallel zur Bundessteuer eine weitere Belastung des Nachlasses bzw. des Erbanfalls in Form einer Zweitbesteuerung dar. Um diese Doppelbelastung zu mildern, finden die Steuern auf Ebene der Bundesstaaten im Rahmen der Berechnung der Bundessteuer Berücksichtigung.

In einigen Staaten ist die staatliche Nachlasssteuer als sog. „Sponge-" oder „Pick up"-Steuer konzipiert, d.h. die staatliche Steuer wird auf den Betrag der im Rahmen der Bundessteuer anrechenbaren Steuergutschrift begrenzt.[597]

---

595 Wie in der deutschen Verwaltungspraxis gibt es auch in den USA Erbschaftsteuerrichtlinien. Diese „Regulations" des Internal Revenue Service, Department of the Treasury sind in Title 26 des Code of Federal Regulations (CFR) niedergelegt. Eine laufend aktualisierte Fassung der Regulations ist im Internet abrufbar unter: http://ecfr.gpoaccess.gov

596 So *Hey, F.:* Grenzüberschreitende Erbschaftsteuerfragen im Verhältnis Deutschland/USA - Eine Studie mit praktischen Beispielsfällen, in: *Grotherr, S.* (Hrsg.), Handbuch der internationalen Steuerplanung, 3. Aufl., Herne/Berlin, 2011, S. 1959 ff. (1968).

597 „Sponge -" bzw. „pick up tax" bedeutet, dass auf US-Bundesstaatsebene der vom Bundesrecht zugelassene maximale Anrechnungsspielraum so ausgenutzt wird, dass eine zusätzliche Belastung nicht entsteht. Zur Abschaffung des Steueranrechnungsbetrages durch den „Economic Growth and Tax Relief Reconciliatoion Act of 2001" und den Folgen s. unten ab S. V

Die einzelstaatlichen Erbschaftsteuern weichen aus historischen Gründen teilweise erheblich voneinander ab.

Neben der Erbschaftsteuer erheben manche US-Bundesstaaten auch eine Schenkungsteuer, die als „State Gift Tax“ bezeichnet wird.

2. Die „Federal Estate Tax“

Die Erbschaftsteuer ist auf Bundesebene als Nachlasssteuer ausgestaltet. Das bedeutet, dass nicht die Bereicherung der einzelnen Erben besteuert wird, sondern die Hinterlassenschaft des Erblassers wird im Ganzen mit einer „letzten“ Vermögensteuer belastet.

a) Erbschaftsteuerpflicht

Anknüpfungspunkt für die Bestimmung der subjektiven Erbschaftsteuerpflicht ist die Ansässigkeit. Entsprechend der Ausgestaltung als Nachlasssteuer kommt es hierbei aber ausschließlich auf die Person des Erblassers an. Auf den Begünstigten hingegen wird – anders als in Deutschland – nicht abgestellt. Das US-Erbschaftsteuerrecht knüpft für die Ableitung eines Besteuerungsrechts nicht an den Erwerber an.

α) Unbeschränkte Erbschaftsteuerpflicht

Eine unbeschränkte Erbschaft- bzw. Schenkungsteuerpflicht besteht nach Sec. 2001 (a) IRC, wenn das Vermögen von einem US-Staatsangehörigen („citizen“) oder einem US-Gebietsansässigen („resident“, Greencard-Inhaber ohne US-Staatsangehörigkeit) stammt. In diesen Fällen erfolgt eine Besteuerung des Weltnachlasses bzw. aller Schenkungen.[598] So ist in Sec. 2031 IRC festgelegt, dass der Wert des Bruttonachlasses nach dem Wert sämtlicher Vermögenswerte des Erblassers „wherever situated“ zu bestimmen ist.

Ein Ausländer ist im Rahmen der „Federal Estate Tax“ dann „resident“, d.h. ansässig, wenn er in den USA ein Domizil hat.[599] Da nach US-steuerlichem Verständnis eine Person zwar mehrere Wohnsitze aber nur ein Domizil haben kann, ist zwischen einer schlichten Ansässigkeit und dem Bestehen eines Domizils zu unterscheiden. Im Gegensatz zur US-Einkommensteuer („Federal Income Tax“) gibt es für Zwecke der Erbschaftsteuer aber weder eine Definition der Ansässig-

598 Für Schenkungen vgl. Secs. 2501 (a), 2101 (a) IRC.

599 Vgl. Sec. 20.0-1 (b) (1)-(2) CFR.

keit („residency") noch des Begriffes Domizil („domicile").[600] Das Konzept der Ansässigkeit und damit der „resident-tax"-Status im US-Erbschaft- und Schenkungsteuerrecht unterscheidet sich grundlegend von jenem im US-Einkommensteuerrecht.[601] Es erfolgt keine analoge Anwendung, so dass es durchaus zu einer abweichenden Qualifikation kommen kann. So ist es möglich, dass jemand zwar im Rahmen der Einkommensteuer als „resident alien" gilt, was die Erbschaftsteuer anbelangt, er aber „nonresident" ist.[602]

Ob für einen Ausländer ein Domizil in den USA angenommen wird, hängt stark von dessen innerem Willen ab. Da die Intention einer Wohnsitznahme aber nur schwer festgestellt werden kann, kommt es darauf an, wie sich dieser subjektive Wille nach außen manifestiert. Ein gewichtiges Indiz ist etwa, welche „Form des Heims" der Ausländer in den USA wählt. Die Art und Weise, wie sich jemand an einem Ort niederlässt, soll Aufschluss darauf geben, wie stark er dort verwurzelt ist. Je intensiver die Verbindung, umso wahrscheinlicher ist das Vorliegen eines Domizils. Hierüber kann die Wahl der Wohngegend („echtes" Wohngebiet oder „nur" ein Ferienort), der Wert und die Wohnfläche der Wohnung oder des Hauses, oder ob das Objekt im Eigentum des Betreffenden steht oder nur angemietet wurde, Aufschluss geben. Eine Rolle spielen auch die weiteren Beziehungen bzw. die sozialen Bindungen zum gewählten Wohnort (etwa die Mitgliedschaft in einem örtlichen Sport-Club oder die sonstige soziale und politische Betätigung). Weitere Anhaltspunkte können der Aufenthaltsort der Familie, das Betreiben eines Unternehmens am Wohnort oder äußere nicht beeinflussbare Umstände sein, die eine Rückkehr ins Heimatland verhindern.[603] Maßgeblich ist somit die Absicht, sich für unabsehbare Zeit – nicht begriffsnotwendig für immer – an einem Ort aufhalten zu wollen. Da auf den subjektiven Willen abgestellt wird, führt eine längere Abwesenheit vom Domizil auch nicht zu dessen Aufgabe.[604]

Die US-Erbschaftsteuerrichtlinien bestimmen in Sec. 20.0-1 (b) (1) CFR:

---

600 Die in Sec. 7701 (b) IRC enthaltene Definition von „resident alien" und „nonresident alien" zur Bestimmung der Ansässigkeit bei der „Federal Income Tax" findet für Zwecke der „Federal Estate Tax" keine Anwendung.

601 So *Schnittker, H./Green, J. N.*: Einkommen- und Erbschaftsteuerplanung bei Ansässigkeit in den USA, in: IWB Fach 8, Gruppe 2, S. 1115 (1121).

602 *Bauen, M.,* Das internationale Steuerrecht der USA, 2. Aufl., Wien, 2007, S. 266 f., Rn. 689.

603 So *Hey, F.:* Grenzüberschreitende Erbschaftsteuerfragen im Verhältnis Deutschland/USA - Eine Studie mit praktischen Beispielsfällen, in: *Grotherr, S.* (Hrsg.), Handbuch der internationalen Steuerplanung, 3. Aufl., Herne/Berlin, 2011, S. 1959 ff. (1989 f.).

604 *Bauen, M.,* Das internationale Steuerrecht der USA, 2. Aufl., Wien, 2007, S. 267, Rn. 690.

„A person acquires a domicile in a place by living there, for even a brief period of time, with no definite present intention of later removing therefrom. Residence without the requisite intention to remain indefinitely will not suffice to constitute domicile, nor will intention to change domicile effect such a change unless accompanied by actual removal."[605]

ß) Beschränkte Erbschaftsteuerpflicht

Besitzt jemand nur einen schlichten Wohnsitz, der kein Domizil begründet, oder ist jemand überhaupt nicht in den USA ansässig, greift nach Sec. 2101 (a) IRC zumindest eine beschränkte Steuerpflicht für als in den USA belegen definiertes Vermögen, vornehmlich Grundbesitz und bewegliche körperliche Gegenstände. In den USA befindliches Grundeigentum („real propety") gilt als dort belegen.[606] (Hierzu zählt auch der Grundbesitz einer Personengesellschaft, was insbesondere für US-Immobilienfonds zu beachten ist.)

Subchapter B. von Chapter 11 („Estate Tax" – Secs. 2101 ff.) IRC regelt speziell die Besteuerung von Personen, die weder US-Staatsangehörige noch US-Gebietsansässige sind („Estates of nonresidents not citizens").

γ) Erweitert unbeschränkte Erbschaftsteuerpflicht (im Falle der „Expatriation to avoid tax")

Besondere Regelungen gelten für ehemalige US-Staatsangehörige und langjährige Greencard-Inhaber, die die Voraussetzungen der unbeschränkten Steuerpflicht nicht mehr erfüllen.[607] Für die Dauer von zehn Jahren besteht eine Art erweitert beschränkte Steuerpflicht, die Forderungen gegen US-Schuldner, Anteile an US-Kapitalgesellschaften und sogar Mehrheitsbeteiligungen an einer ausländischen Kapitalgesellschaft erfasst.

b) Steuerschuldner

Steuerschuldner ist bei Vermögensübertragungen von Todes wegen nach Sec. 2002 IRC der Nachlassverwalter („executor"), bei Erwerben unter Lebenden nach Sec. 2502 (c) IRC der Schenker, ggf. der Trustee.

---

605 Frei übersetzt lautet diese Vorschrift: „Jemand besitzt dort ein Domizil, wo er ohne konkrete und gegenwärtige Absicht eines späteren Wegzugs, sei es auch nur für kurze Dauer, lebt. Eine Ansässigkeit ohne die erforderliche Absicht, auf unbestimmte Zeit zu verbleiben, reicht nicht aus, um ein Domizil zu begründen; der bloße Wille, das Domizil zu wechseln, ist nicht ausreichend, wenn er nicht mit einem tatsächlichen Umzug einhergeht."

606 Treas. Reg. Sec. 20.2104-1 (a) (1).

607 Vgl. Sec. 2107 IRC "Expatriantion to avoid tax" und den Verweis auf Sec. 877 IRC, in der ein Zehnjahreszeitraum bestimmt wird.

c) *Bewertungsmaßstab*

Bewertungsmaßstab ist grundsätzlich der Verkehrswert („fair market value“) zum Todeszeitpunkt. Es gibt jedoch nach Sec. 2032 (a) IRC die Möglichkeit – für den gesamten Nachlass einheitlich – die Verkehrswerte im Zeitpunkt von sechs Monaten nach dem Todestag zu wählen. Besonderheiten gelten für Grundbesitz. Eine Bewertung zum niedrigeren Ertragswert ist insbesondere dann möglich, wenn für land- und forstwirtschaftliche, gewerbliche oder für freiberufliche Zwecke genutzter Grundbesitz an Familienangehörige übergeht.[608]

d) *Schuldenabzug*

Schulden, Nachlassverbindlichkeiten, Beerdigungskosten und auch die Kosten für die Abwicklung des Nachlasses sind nach Sec. 2053 IRC, Verluste bzw. Wertminderungen nach Sec 2054 IRC[609] abzugsfähig. Bei beschränkter Steuerpflicht muss ein wirtschaftlicher Zusammenhang zu dem in den USA erbschaftsteuerpflichtigen Vermögen bestehen und es ist nur ein anteiliger Abzug entsprechend dem Anteil des US-Vermögens am Weltvermögen möglich.[610] Eine solche Begrenzung der Abzüge wird allerdings nicht in allen Fällen vorgenommen. Etwa Hypotheken („mortgages“) auf in den USA belegenen Grundstücken werden gänzlich zum Abzug zugelassen.

e) *Freibeträge*

Im Jahr 2010 wurde die Nachlasssteuer auf Bundesebene ausgesetzt, so dass der gesamte Nachlass eines in diesem Jahr verstorbenen Erblassers steuerfrei bleibt. In den Jahren 2006 bis 2008 betrug der Freibetrag bei der Nachlasssteuer 2 Mio. US-$ und im Jahr 2009 sogar 3,5 Mio. US-$. Für die Jahre 2011 und 2012 wurde der Freibetrag weiter erhöht.[611] Er beträgt für das Jahr 2011 5 Mio. US-$ und

608 Vgl. Sec. 2032A (b) IRC.

609 Sec. 2054 IRC spricht von „losses incurred during the settlement of estates arising from fires, storms, shipwrecks, or other casualties, or from theft, when such losses are not compensated for by insurence or otherwise.” Es muss sich also um Wertminderungen handeln, die während der Nachlassabwicklung aufgrund von Feuer, Sturm, Schiffbruch, anderen zufälligen Ereignissen oder durch Diebstahl entstanden sind, und die nicht von einer Versicherung oder auf andere Weise zum Ausgleich gebracht werden konnten.

610 Vgl. Treas. Reg. Sec. 20-2106-28 (a) (2). Die zulässigen Abzüge sind auf den Bruchteil der Aufwendungen begrenzt, welche im Zusammenhang mit dem als in den USA belegen geltenden Nachlass stehen. Der Zähler („numerator“) ist somit der Wert des den USA zugerechneten Teils des „gross estate“, während der Nenner („denominator“) der weltweite Nachlass ist.

611 Änderung durch den sog. „Tax Relief, Unemployment Insurance Reauthorization, and Job Creation Act 2010, PL 111-312 (Tax Relief Act“) vom 17.12.2010.

aufgrund einer automatischen Anpassung an die Inflationsrate 5,12 Mio. US-$ für 2012.[612] Der Freibetrag gilt in dieser Höhe auch für Zuwendungen unter Lebenden. (Für die Jahre 2002 bis 2010 galt für Schenkungen anders als für Zwecke der Nachlasssteuer lediglich ein Freibetrag von 1 Mio. US-$.) Technisch wird nicht ein Freibetrag vom Nachlassvermögen („exclusion amount"), sondern ein entsprechender Betrag von der Steuerschuld abgezogen, der einem Freibetrag in genannter Höhe entspricht („unified credit").[613]

Vermögensübertragungen an gebietsansässige Ehegatten, die die US-Staatsangehörigkeit besitzen, sind steuerfrei. Für diese existiert eine sog. „martial deduction" nach Sec. 2056 (a), (b) IRC.[614]

Bei beschränkter Steuerpflicht ist grundsätzlich nach Sec. 2102 (c) (1) IRC nur ein Steuerabzug i.H.v. 13.000 US-$ möglich, was einem Freibetrag von 60.000 US-$ entspricht.

f) Steuertarif

Wie der Steuertarif zu ermitteln ist, ergibt sich aus folgender Tabelle. In den Jahren 2007 bis 2009 betrug der Spitzensteuersatz 45 %. Nach dem im Jahr 2010 die Nachlasssteuer auf Bundesebene vollständig ausgesetzt wurde, gilt nach Änderung durch den Tax Relief Act vom 17.12.2010 für Vermögenswerte ab 500.000 US-$ ein reduzierter Spitzensteuersatz von 35 %.

---

612 Sec. 2010 (c) (3) (B) IRC i.d.F. des Tax Relief Act vom 17.12.2010.

613 Vgl. Sec. 2010 (c) IRC.

614 Durch die Gewährung eines solchen „Eheabzugs" („marital deduction") erfolgt die Besteuerung erst bei Ableben des überlebenden Ehepartners. Vielfach kritisiert wird, dass ein solcher Abzug nicht aber für Ehegatten gilt, die nicht US-Bürger sind. In einem Fall bietet sich jedoch eine Gestaltungsmöglichkeit über einen sog. „Qualified Domestic Trust".

Steuerpflichtiges Vermögen in US-$		**Steuer (tentative tax)**	
über	bis	fester Betrag in US-$	Prozentsatz auf den die 1. Spalte übersteigenden Betrag
–	10.000	0	18
10.000	20.000	1.800	20
20.000	40.000	3.800	22
40.000	60.000	8.200	24
60.000	80.000	13.000	26
80.000	100.000	18.200	28
100.000	150.000	23.800	30
150.000	250.000	28.800	32
250.000	500.000	70.800	34
500.000	darüber	155.800	35

Übersicht 8: Erbschaftsteuertarif der USA

g) Übersicht zur Berechnung der US-Nachlasssteuerschuld bei unbeschränkter Erbschaftsteuerpflicht des Nachlasses

Berechnung der Bemessungsgrundlage

Wert des Brutto-Nachlasses („value of the gross estate“)

./. Schulden und Kosten der Nachlassabwicklung etc. (Secs. 2053, 2054 IRC)

= Netto-Nachlass vor Steuern

./. Martial Deduction (Netto-Nachlassanteil des Ehegatten mit US-Staatsbürgerschaft) nach Sec. 2056 (a), (b) IRC

./. an die Einzelstaaten gezahlte Nachlasssteuern gem. Sec. 2058 IRC

= steuerpflichtiger Nachlass

Steuerberechnung

Bestimmung des Steuersatzes nach der Tabelle in Sec. 2001 (c) IRC

→ Steuerschuld

./. Unified Tax Credit (Sec. 2010 IRC)

= US-Nachlasssteuer

Übersicht 9: Berechnungsschema der US-Nachlasssteuer bei unbeschränkter Erbschaftsteuerpflicht des Nachlasses

h) *Aktuelle Rechtsentwicklung*

α) Der "Economic Growth and Tax Relief Reconciliation Act", 2001

Die im Jahr 2001 im Rahmen des „Economic Growth and Tax Relief Reconciliation Act of 2001“[615] beschlossenen Steuersenkungen beinhalteten eine schrittweise Abschaffung der Erbschaftsteuer. Zunächst wurden jedoch die Steuersätze in den Jahren 2002 bis 2009 schrittweise abgesenkt. Im Jahr 2010 wurde dann keine Erbschaftsteuer mehr erhoben. Aufgrund der Gesetzeskompetenzverteilung in den USA handelte es sich bei dem Gesetz jedoch um ein Gesetz mit Verfallsdatum (sog. „sunset provision“), so dass ohne eine Neuregelung ab 2011 die früheren Besteuerungsmodalitäten von 2001 (Spitzensteuersatz von 55 %) automatisch wieder aufgelebt wären. Trotz eines Vorstoßes der Regierung *Bush* im Jahr 2006 fand sich jedoch im amerikanischen Kongress keine Mehrheit für eine endgültige Abschaffung.

US-$	**2001**	**2002**	**2003**	**2004**	**2005**	**2006**	**2007**	**2008**	**2009**	**2010**
1.000.000 - 1.250.000	41 %	41 %	41 %	41 %	41 %	41 %	41 %	41 %	41 %	-
1.250.001 - 1.500.000	43 %	43 %	43 %	43 %	43 %	43 %	43 %	43 %	43 %	-
1.500.001 - 2.000.000	45 %	45 %	45 %	45 %	45 %	45 %	45 %	45 %	45 %	-
2.000.001 - 2.500.000	49 %	49 %	49 %	48 %	47 %	46 %	45 %	45 %	45 %	-
2.500.001 - 3.000.000	53 %	50 %	49 %	48 %	47 %	46 %	45 %	45 %	45 %	-
3.000.001 - 10.000.000	55 %	50 %	49 %	48 %	47 %	46 %	45 %	45 %	45 %	-
10.000.001 - 17.184.000	55 %	50 %	49 %	48 %	47 %	46 %	45 %	45 %	45 %	-
17.184.001 und mehr	55 %	50 %	49 %	48 %	47 %	46 %	45 %	45 %	45 %	-

Übersicht 10: Steuersätze nach dem EGTRRA

615 Abgekürzt als EGTRRA; veröffentlicht in Pub. L. 107-16, 115 Stat. 38. Vgl. auch: *Jülicher, M.* in: Debatin/Wassermeyer Doppelbesteuerung, Band VI: Länderteil von Sri Lanka bis Zypern, USA E Anh., Rn. 1 ff.

ß) Der „Tax Relief, Unemployment Insurance Reauthorization, and Job Creation Act“, 2010

Durch den sog. „Tax Relief, Unemployment Insurance Reauthorization, and Job Creation Act of 2010“[616] vom 17.12.2010 wurde eine Anhebung des Freibetrages für die Jahre 2011 und 2012 auf mindestens 5 Mio. US-$ bei gleichzeitiger Absenkung des Spitzensteuersatzes auf 35 % beschlossen. Auch diese Gesetzesänderungen sind mit einem „Verfallsdatum“ ausgestatte, so dass – ohne eine gesetzliche Neuregelungen – ab 2013 erneut die Freibeträge und Steuersätze des Jahres 2001 zur Anwendung zu kommen drohen.[617]

Auswirkung auf die Besteuerung durch die US-Bundesstaaten

Seit der im Jahr 2001 durch den „Economic Growth and Tax Relief Reconciliation Act of 2001“ erfolgten Änderung des Erbschaft- und Schenkungsteuergesetzes können die einzelstaatlichen Steuern nicht mehr auf die Bundessteuer angerechnet werden, sondern nur noch als Art Nachlassverbindlichkeit vom Bruttonachlass abgezogen werden.[618] In den Jahren 2002 bis 2004 bestand allerdings eine Übergangsregelung.

Rechtstechnisch haben die meisten US-Bundesstaaten ihre erbschaftsteuerlichen Vorschriften jedoch so formuliert, dass die Erbschaftsteuer der Höhe nach von diesem Anrechnungsbetrag abhängt (sog. „pick-up“ oder „sponge tax“). Da die meisten Einzelstaaten ihre jeweiligen Gesetze seither aber nicht geändert haben, fällt in diesen Staaten seit 2005 keine Erbschaftsteuer mehr an. Aufgrund des Auflebens der alten Besteuerungsmodalitäten, könnte sich dies aber ab 2013 wieder ändern. Dies gilt auch für den US-Bundesstaat Florida.

3. Die Generation-Skipping Tax[619]

Die auf Bundesebene erhobene Steuer auf „Generationen überspringende Vermögensübertragungen“[620] ist geregelt in Titel 26, Subtitel B, Chapter 13 (Secs. 2601 ff.) IRC. Sie betrifft Vermögensübertragungen auf Abkömmlinge der zweiten oder höheren Generation und soll den Ausfall von Erbschaft- oder

616 Pub. L. 111-312, Secs. 301 ff. („Tax Relief Act 2010“).

617 Modifizierte Anwendung der Sec. 901 EGTRRA („sunset provision“) gem. Secs. 101 (a) (1) i.V.m. 304 Tax Relief Act 2010.

619 Zur „Generation-Skipping Tax“ S. auch *Bauen, M.,* Das internationale Steuerrecht der USA, 2. Aufl., Wien, 2007, S. 278 ff.

620 In Art. 2.1 (a) DBA-E USA-D wird die „Generation-Skipping Tax“ mit „Steuer auf Übertragungen, bei denen eine oder mehrere Generationen übersprungen werden“ übersetzt. Art. 1.1 (c) DBA-E USA-A spricht von „Bundessteuer auf generationenwechselnde Vermögensübertragungen“.

Schenkungsteuer verhindern, der durch Überspringen („Skip“) der dazwischen liegenden Generation oder Generationen entstehen würde. Ein Fall der „Generation-Skipping Tax“ liegt etwa bei der direkten Vererbung an die Enkel ohne Berücksichtigung der Kinder vor.[621]

4. Schenkungsteuer (Federal Gift Tax)

Bei Vermögensübertragungen infolge einer Schenkung zu Lebzeiten greift auf Bundesebene die „Federal Gift Tax“. Sie ist in Titel 26, Subtitel B, Chapter 12 (Secs. 2501 ff) IRC kodifiziert. Steuerpflichtig ist gem. Sec. 2502 (c) IRC der Schenker.

Auf Ebene der US-Bundesstaaten wird auf die Erhebung einer „Gift Tax“ zunehmend ganz verzichtet.[622]

In den USA gibt es keinen grundsätzlichen Gleichklang zwischen Erbschaft- und Schenkungsteuer.[623] Aber auch wenn die Erbschaft- und die Schenkungssteuer prinzipiell unabhängig voneinander existieren, bestehen dennoch viele Verknüpfungen zwischen beiden. Diese liegen im gemeinsamen Steuertarif, den Regelungen zur Steueranrechnung, den Bewertungsvorschriften oder in den Bestimmungen zur persönlichen Steuerpflicht.[624]

Ziel der Schenkungsteuer ist es, Minderungen des späteren Nachlasses durch unversteuerte, freigiebige Vermögensübertragungen zu verhindern. Diese Verfügungen sollen den späteren Nachlass des Schenkers und die darauf zu entrichtende Nachlasssteuer nicht mindern.[625]

Besteuerungszeitraum ist das Kalenderjahr. Alle innerhalb eines Jahres vorgenommenen Schenkungen werden zusammengerechnet und als eine Schenkung behandelt. Es besteht eine jährliche Steuerfreistellung („annual gift exclusion“) von 10.000 US-$, für den eine Inflationsanpassung stattfindet.[626] Für die Jahre 2011 und 2012 beträgt dieser inflationsangepasst 13.000 US-$. Die Befreiung gilt im Verhältnis des Schenkers jeweils zu einer unbestimmten Anzahl von begünstigten Personen, d.h. für jeden Begünstigten, der innerhalb desselben Jahres

621 Zweck, Funktionsweise, Belastungswirkung und Planungsaspekte erläutert *Sieker, K.*: Die US-Generation Skipping Transfer Tax, in: IWB 1991, Fach 8, Gruppe 2,S. 669 ff.

622 *Bauen, M.*, Das internationale Steuerrecht der USA, 2. Aufl., Wien, 2007, S. 265, Rn. 687.

623 *Richter, A.*: USA: Abschmelzen der US-Erbschaftsteuer in den nächsten Jahren, in: ZEV 2005, S. 161

624 *Wilms, H.*: Grundzüge des US-amerikanischen Erbschaft- und Schenkungsteuerrechts, in: UVR 2001, S. 345 (346).

625 *Wilms, H.*: Grundzüge des US-amerikanischen Erbschaft- und Schenkungsteuerrechts, in: UVR 2001, S. 345 (346).

626 „Inflation adjustment“ gem. Sec. 2503 (a) (2) IRC.

eine Zuwendung erhält, bleiben die ersten 13.000 US-$ unberücksichtigt.[627] Unter Berücksichtigung dieser Freistellung ergibt sich die Summe der steuerbaren Vermögensverfügungen eines Jahres. Diese bildet zusammen mit dem Wert der Schenkungen aus vorangegangenen Jahren die Bemessungsgrundlage, welche nach Sec. 2502 (a) IRC dem Tarif der Erbschaftsteuer unterliegt[628] Jedoch wird die Steuer, die (vorläufig) auf diese Vorschenkungen gezahlt wurde, abgezogen, so dass eine doppelte Besteuerung ausgeschlossen wird.[629] Hieraus ergibt sich der vorläufige[630] Steuerbetrag des aktuellen Jahres, von welchem nach Sec. 2505 IRC eine allgemeine Steuergutschrift abzuziehen ist, die dem „Unifed Credit" der Estate Tax entspricht.[631] Diese allgemeine Steuergutschrift ist ein lebenslanges Steuerguthaben, bis zu dessen Aufzehrung keine Schenkungsteuer bzw. keine Nachlasssteuer zu zahlen ist, soweit im Erbfall noch ein Guthaben verblieben ist.[632] Es bleiben daher alle Schenkungen bis zu einer Höhe von 5 Mio. US-$ für das Jahr 2011 bzw. 5,12 Mio. US-$ für das Jahr 2012 schenkungsteuerfrei.[633]

Da es eine Gutschrift für im Ausland oder in den einzelnen Staaten gezahlte Schenkungsteuern – vergleichbar den Secs. 2011 ff. IRC der Nachlasssteuer – nicht gibt, kann es mitunter vorteilhafter sein, das Vermögen anstelle einer lebzeitige Schenkung zu vererben.[634]

---

627 Sec. 2503 IRC.

628 Zum Erbschaftsteuertarif vgl. Sec. 2001 (c) IRC.

629 Durch die Hinzurechnung sämtlicher Schenkungen aus früheren Besteuerungszeiträumen zur aktuellen Schenkung wird ein lebenslanger Progressionsvorbehalt erreicht.

630 Vorläufig deshalb, da es, sollten in den kommenden Jahren weitere Schenkungen vorgenommen werden, es zu einer erneuten Verrechnung kommt.

631 Sec. 2010 (c) IRC.

632 *Wilms, H.*: Grundzüge des US-amerikanischen Erbschaft- und Schenkungsteuerrechts, in: UVR 2001, S. 345 (348).

633 Der sog. „basic exclusion amount" beträgt im Jahr 2011 1.730.800 US-$ bzw. 1.772.800 US-$ für das Jahr 2012. Dies entspricht einer Steuerfreistellung von 5 Mio. US-$ (2011) bzw. 5,12 Mio. US-$. Darüber hinaus besteht für Ehepaare seit dem Jahr 2011 die Möglichkeit, nach dem Ableben des Ehepartners dessen nicht verbrauchten Freibetrag auf sich übertragen zu lassen. Dieser sog. „Deceased Spousal Unused Exclusion (DSUE) amount" erhöht dann den Freibetrag des überlebenden Ehegatten, s. Sec. 2010 (c) (2) und (4) IRC. Hierfür ist allerdings ein Antrag nach Sec. 2010 (c) (5) (A) IRC erforderlich.

634 *Wassermeyer, W.*, Das US-amerikanische Erbschaft- und Schenkungsteuerrecht, Köln, 1996, S. 229, Rn. 415.

II. Internationales „Erbschaftsteuerrecht" der USA

Doppelbesteuerungen werden durch den Mechanismus des „Foreign Tax Credit" und durch die Doppelbesteuerungsabkommen verhindert.

1. Unilaterale Maßnahmen zur Vermeidung der Doppelbesteuerung: Der „Foreign Tax Credit" nach Sec. 2014 IRC

Bei unbeschränkter Steuerpflicht ist nach Sec. 2014 IRC eine Anrechnung der in ausländischen Staaten für ausländisches Vermögen entrichteten Erbschaftsteuer auf die US-amerikanische Nachlasssteuer innerhalb bestimmter Höchstgrenzen möglich.[635]

Für den Nachlass eines nichtansässigen Ausländers wird kein „credit" für die Steuern gewährt, die im Ausland auf Vermögenswerte, die zum in den USA belegenen Bruttonachlass gehören, gezahlte wurden. Es gilt das Prinzip, dass der Staat für eine Beseitigung einer Doppelbesteuerung (entweder durch Anrechnung oder Freistellung) sorgen muss, in dem unbeschränkte Erbschaftsteuerpflicht besteht.

2. Bilaterale Maßnahmen zur Vermeidung der Doppelbesteuerung: Doppelbesteuerungsabkommen

Mit der Bundesrepublik Deutschland besteht ein Doppelbesteuerungsabkommen auf dem Gebiet der Nachlass-, Erbschaft- und Schenkungsteuern[636], das im Wesentlichen auf der Anrechnungsmethode beruht. Danach ist das Besteuerungsrecht für unbewegliches Vermögen und Vermögen einer Betriebsstätte dem Belegenheitsstaat zugewiesen.[637] Das DBA vom 3.12.1980 wurde durch ein Ergänzungsprotokoll vom 14.12.1998, welches seit 14.12.2000 in Kraft ist, modifiziert.[638]

a) Sachlicher Anwendungsbereich

Das ErbSt-DBA-USA findet nur auf die Bundeserbschaftsteuer („Federal Estate Tax") und die Bundesschenkungsteuer („Federal Gift Tax") sowie die „Generation Skipping Tax" Anwendung, nicht aber auf die von den Einzelstaaten auf diesem Gebiet erhobenen Steuern.[639] Im Rahmen ihrer Steuerhoheit sind die US-

635 Zu den Beschränkungen der Anrechnung („limitations") vgl. Sec. 2014 (b) IRC.

636 BStBl. I 1982, 864; 1986, 478; im Folgenden ErbSt-DBA USA.

637 Art. 5 und 6 ErbSt-DBA USA.

638 BStBl. I 2001, 114.

639 Vgl. Art. 2 Abs. 1 Buchst. a ErbSt-DBA USA.

Bundesstaaten souverän. Es fehlt daher auf Bundesebene die Kompetenz, die einzelstaatlichen Steuern in Doppelbesteuerungsabkommen zu regeln. Dennoch versucht die Bundesrepublik Deutschland der zusätzlichen Belastung mit „State Death Taxes“ zumindest in gewissem Umfang Rechnung zu tragen. Nach Art. 11 Abs. 4 können die Erbschaftsteuern auf Ebene der Einzelstaaten angerechnet werden, soweit das DBA den USA das Besteuerungsrecht für die in Frage stehenden Vermögensgegenstände zuweist. Besteuern die einzelnen Bundesstaaten jedoch Vermögensgegenstände, die nach dem ErbSt-DBA ausschließlich Deutschland überlassen sind, scheidet eine Steueranrechnung nach Art. 11 Abs. 4 aus. Für diesen Fall ist in Art. 11 Abs. 4 S. 2 ein Verständigungsverfahren vorgesehen. Dieses läuft in der Praxis allerdings weitgehend leer, da der US-Regierung keine eigenständige Verhandlungsautorität für Fragen der einzelstaatlichen Steuern zusteht.[640] Knüpfen die Steuern auf Ebene der US-Bundesstaaten als sog. „pick-up tax“ an den Anrechnungsbetrag („credit“) der „Federal Estate Tax“ an,[641] ist die Entstehung der „State Death Tax“ so eng mit der Bundessteuer verwoben, dass das ErbSt-DBA auf jene durchschlägt und es in der Regel zu keiner Zusatzbelastung kommt.[642]

b) Überblick über den Inhalt des ErbSt-DBA USA

In Abschnitt I (Art. 1 und 2) werden der persönliche und der sachliche Geltungsbereich geregelt, während in Abschnitt II (Art. 3 und 4) verschiedene Definitionen gegeben werden. Insbes. in Art. 4 wird der „steuerliche Wohnsitz“ näher bestimmt und es wird insoweit eine Anpassung an die im innerstaatlichen Steuerrecht der Vertragsstaaten vorgesehene Steueranknüpfung vorgenommen.

Regelungsgegenstand der Art. 5 bis 10 (Abschnitt III) ist das Besteuerungsrecht des Belegenheitsstaates. In Art. 10 finden sich Regelungen zum Schuldenabzug und andere Befreiungstatbestände.

Im Methodenartikel des Art. 11 (im Abschnitt IV) ist das Verfahren zur Vermeidung der Doppelbesteuerung im Wohnsitzstaat des Erblassers festgelegt: Im Wesentlichen kommt das Anrechnungsverfahren zum Tragen, d.h., es wird die im Belegenheitsstaat gezahlte Erbschaftsteuerschuld auf die im Erblasserwohnsitzstaat zu zahlende Steuer angerechnet. Daneben bleibt, anders als es bei

640 So *Hey, F.:* Grenzüberschreitende Erbschaftsteuerfragen im Verhältnis Deutschland/USA - Eine Studie mit praktischen Beispielsfällen, in: *Grotherr, S.* (Hrsg.), Handbuch der internationalen Steuerplanung, 3. Aufl., Herne/Berlin, 2011, S. 1959 ff. (1978).

641 Zum Begriff der sog. „pick-up tax“ s. oben S. 213

642 *Hey, F.:* Grenzüberschreitende Erbschaftsteuerfragen im Verhältnis Deutschland/USA - Eine Studie mit praktischen Beispielsfällen, in: *Grotherr, S.* (Hrsg.), Handbuch der internationalen Steuerplanung, 3. Aufl., Herne/Berlin, 2011, S. 1959 ff. (1978).

Anwendung der Freistellungsmethode der Fall wäre, das Besteuerungsrecht der Vertragsstaaten bezogen auf das jeweilig eigene innerstaatliche Recht aufrechterhalten.

Nachlässe (Estates) und Treuhandvermögen (Trusts) unterliegen einer eigenen Abkommensregelung nach Art. 12.

Die Art. 13 bis 18 enthalten ergänzende Regelungen und Verfahrensvorschriften.

c) Persönlicher Abkommensschutz und Zuteilung des Besteuerungsrechts

Hinsichtlich des persönlichen Abkommensschutzes setzt Art. 1 bei einem Erblasser an, der im Todeszeitpunkt einen Wohnsitz in einem Vertragsstaat („Wohnsitzstaat") hatte. Hierbei ist zu beachten, dass allein auf den Wohnsitz des Erblassers abgestellt wird und es nicht darauf ankommt, wo der Erbe seinen Wohnsitz hat.[643] Für Vermögen, das sich im anderen Vertragsstaat („Belegenheitsstaat") befindet, wird das Besteuerungsrecht dieses Staates für bestimmte Vermögensgegenstände aufrechterhalten[644] und im Übrigen aufgehoben.[645]

Unter Anknüpfung an das jeweilige innerstaatliche Recht der Vertragsstaaten bestimmt Art. 4 Abs. 1, wann ein Erblasser seinen Wohnsitz in Deutschland oder in den USA hat. Im Falle eines sog. Doppelwohnsitzes, wenn der Erblasser also nach dem nationalen Recht sowohl des einen als auch des anderen Staates im jeweiligen Vertragsstaat einen Wohnsitz begründet und damit in beiden Vertragsstaaten einen Wohnsitz hat, greift die sog. „tie-breaker rule" des Art. 4 Abs. 2 und 3 bzw. 5, die einem der beiden Staaten den Vorrang erteilt.

Daneben trifft Art. 4 Abs. 3 eine spezielle Regelung für Wegzügler, die nur die Staatsangehörigkeit ihres ursprünglichen Heimatlandes besitzen, aber auch einen Wohnsitz im Zuzugsstaat innehaben, der allerdings im Besteuerungszeitpunkt weniger als zehn Jahre besteht.

Während das primäre Besteuerungsrecht dem Wohnsitzstaat zusteht, bestimmen die Art. 6 bis 8 innerhalb welcher Grenzen auch der Belegenheitsstaat vererbtes Vermögen besteuern darf. Ein solches Besteuerungsrecht besteht für unbewegliches Vermögen (Art. 5), das Vermögen einer Betriebsstätte (Art. 6) und Betriebsstättenvermögen soweit es über eine Personengesellschaft gehalten

---

643 Der Wohnsitz des Erben hat aber im Rahmen der Steueranrechnung Bedeutung vgl. Art. 11 Abs. 3 Buchst. b.

644 So besteht nach Art. 5 für im anderen Staat belegenes Grundvermögen, sowie nach Art. 6 für Betriebsstätten und für einer selbständigen Tätigkeit dienende feste Einrichtung ein Besteuerungsrecht des Belegenheitsstaates. Die gilt nach Art. 8 auch für Personengesellschaftsbeteiligungen.

645 Vgl. Art. 7 und 9.

wird (Art. 8). Alle übrigen Vermögensgegenstände unterliegen nach Art. 9 dem primären Besteuerungsrecht des Wohnsitzstaates.

Zur Vermeidung der Doppelbesteuerung rechnet der Staat, dem das umfassende Besteuerungsrecht zusteht, die im Belegenheitsstaate erhobenen Steuern an.[646]

Zu beachten ist überdies ein jeweiliger Besteuerungsvorbehalt, der den Besonderheiten der jeweiligen Erbschaftsteuerordnungen der Vertragsstaaten Rechnung trägt. Diese als „überdachende Besteuerung" bezeichneten zusätzlichen Besteuerungsrechte sind erst nach den allgemeinen Abkommensregeln anzuwenden. So behalten sich die USA nach Art. 11 Abs. 1 Ziff. a vor, Erblasser mit US-Staatsangehörigkeit mit Wohnsitz in den USA nach Art. 4 oder Personen, die ihre Staatsangehörigkeit oder ihren langfristigen Wohnsitz in den USA zur Steuerumgehung aufgegeben haben, nach ihrem Recht voll zu besteuern. Umgekehrt besteuert Deutschland nach Art. 11 Abs. 1 Buchst. b den Erwerb von Erben mit Wohnsitz in Deutschland nach Art. 4 vollumfänglich. Um auch im Falle der überdachenden Besteuerung eine Doppelbesteuerung zu vermeiden, erweitern Art. 11 Abs. 2 Buchst. b bzw. Art. 11 Abs. 3 Buchst. b die Anrechnung entsprechend.

d) Systematik zum ErbSt-DBA-USA

Folgende grafische Darstellung des ErbSt-DBA-USA gibt einen Überblick über die einzelnen Regelungen des Abkommens und dessen Funktionsweise:

646 Im Falle einer umfassenden Besteuerung aller Erwerber durch die Bundesrepublik Deutschland erfolgt die Anrechnung der in den USA gezahlten Steuer nach Art. 11 Abs. 3 Buchst. a. Im umgekehrten Fall, also bei einer umfassenden Besteuerung des Gesamtnachlasses durch die USA, rechnen diese die deutsche Steuer nach Art. 11 Abs. 2 Buchst. a an.

sachlicher Anwendungsbereich, Art. 2 I

USA

- Bundeserbschaftsteuer („Federal Estate Tax“)
- Bundesschenkungsteuer („Federal Gift Tax“)
- Generation Skipping Tax

Deutschland

- Erbschaftsteuer (Schenkungsteuer)

persönlicher Anwendungsbereich, Art. 1 i.V.m. Art. 4 I

Wohnsitz, Art. 4

jeweils nach nationalem Recht (Art. 3 II)

USA

Ansässigkeit oder US-Staatsangehörigkeit
(Ausnahme: US-Besitzungen, Art. 4 IV)

Deutschland

- Wohnsitz (§ 8 AO)
- gewöhnlicher Aufenthalt (§ 9 AO)

USA + Deutschland

„tie-braker rules“ (Art. 4 II)

1. Ständige Wohnstätte
2. Mittelpunkt der Lebensinteressen
3. Gewöhnlicher Aufenthalt
4. Staatsangehörigkeit eines Staates
5. Einvernehmen beider Staaten

USA | **Deutschland**

Art. 4 III

Wegzügler

mit Staatsangehörigkeit nur im ursprüngl.
Heimatstaat
Wohnsitz in beiden Staaten
Wohnsitz im Zuzugsstaat < 10 Jahre

USA → Deutschland

Deutschland → USA

USA

umfassende Besteuerung
des Gesamtnachlasses

Deutschland

Belegenheitsbesteuerung von in Deutschland belegenem Vermögen (Art. 5, 6, 8 DBA)

Anrechnung in den USA, Art. 11 II a

Deutschland

umfassende Besteuerung
aller Erwerber

USA

Belegenheitsbesteuerung von in den USA belegenem Vermögen (Art. 5, 6, 8 DBA)

Anrechnung in Deutschland, Art. 11 III a

Zuweisung der Besteuerungsgegenstände Wohnsitz des Erblassers/Schenkers nach Art. 4 entscheidend	
Besteuerungsrecht sowohl im Wohnsitz- als auch im Belegenheitsstaat • unbewegliches Vermögen, Art. 5 • Betriebsstättenvermögen, Art. 6 • Schiffe und Luftfahrzeuge, Art. 7 • Personengesellschaftsbeteiligungen, Art. 8	Ausschließliches Besteuerungsrecht nur im Wohnsitzstaat: • übriges Vermögen, Art. 9

Besteuerungsvorbehalte „überdachende Besteuerung“ (Erst nach den allgemeinen Abkommensregeln anzuwenden.)	
USA, Art. 11 I a („saving clause“) Erblasser/Schenker • mit US-Staatsangehörigkeit • mit Wohnsitz in USA nach Art. 4 • der Staatsangehörigkeit oder langfristigen Wohnsitz in den USA zur Steuerumgehung aufgegeben hat (Begrenzung: 10 Jahre) erweiterte Anrechnung nach Art. 11 II b) → Anrechnung der gesamten dt. Steuer	**Deutschland**, Art. 11 I b Erbe, Beschenkter oder sonst Begünstigter mit Wohnsitz in Deutschland nach Art. 4 erweiterte Anrechnung nach Art. 11 III b) → Anrechnung der gesamten US-Steuer

Übersicht 11: Deutsch/US-amerikanisches Doppelbesteuerungsabkommen auf dem Gebiet der Nachlass-, Erbschaft- und Schenkungsteuern

e) *Vergünstigen nach Art. 10 Abs. 4 bis 6*

Zu beachten sind auch folgende Steuererleichterungen, die grundsätzlich kumulative Anwendung finden:

α) Vergünstigung für Ehegatten nach Art. 10 Abs. 4

Art. 10 Abs. 4 regelt eine Freistellung von Vermögen, das auf den Ehegatten des Erblassers übergeht. Diese Vergünstigung gilt nur im Falle beschränkter Steuerpflicht. Hat Deutschland das primäre Besteuerungsrecht, ergibt sich aus Art. 10 Abs. 4, dass Vermögen, das vom Erblasser auf dessen Ehegatten übergeht und das aufgrund der Art. 5, 6 oder 8 in den USA besteuert werden kann, nur insoweit in die US-Besteuerungsgrundlage einbezogen wird, als es 50 % des Wertes übersteigt, der insgesamt von den USA nach dem DBA besteuert werden könnte. Art. 10 Abs. 4 Buchst. a begrenzt diese Freistellung der Höhe nach auf den Ehegattenfreibetrag unbeschränkt Steuerpflichtiger, der gem. § 16 Abs. 1 Nr. 1 ErbStG 500.000 € beträgt.

ß) Vergünstigung nach Art. 10 Abs. 5

Abweichend vom sonst bei beschränkter Steuerpflicht geltenden Steuerabzugsbetrag i.H.v. 13.000 US-$, der einem Freibetrag von 60.000 US-$ entspricht,[647] wird bei Anwendbarkeit des DBA auf beschränkt steuerpflichtige Nachlässe in den USA ein Freibetrag i.H. des allgemeinen Nachlasssteuerfreibetrags gewährt, jedoch begrenzt auf den Anteil, der dem Anteil am Weltvermögen, der der US-Steuerpflicht unterliegt, entspricht.[648]

Auch wenn so im Ergebnis anteilig der Freibetrag für unbeschränkt Steuerpflichtige gewährt wird, ist wiederum beschränkte Steuerpflicht Anwendungsvoraussetzung.

γ) Vergünstigung für Ehegatten nach Art. 10 Abs. 6

Neben Art. 10 Abs. 5, wurde mit Art. 10 Abs. 6 eine weitere Vergünstigung – speziell für Ehegatten – durch das Revisionsprotokoll zum ErbSt-DBA USA aus dem Jahre 1998 eingeführt. Danach wird ein zusätzlicher begrenzter Ehegattenfreibetrag („applicable exclusion amount"), der für das Jahr 2011 5 Mio. US-$ und für 2012 inflationsangepasst 5,12 Mio. US-$ beträgt, gewährt.[649] Dieser gilt bei unbeschränkter Steuerpflicht des Nachlasses und Anwendbarkeit des Abkommens für Ehen zwischen Deutschen, Deutschen und US-Bürgern und zwischen Deutschen und Drittstaaten-Angehörigen.

---

647 Sec. 2102 (c) (1) IRC.

648 Es ist also das Weltvermögen ins Verhältnis zum zu besteuernden US-Vermögen zu setzen.

649 Sec. 2010 (c) IRC. Im Jahr 2009 beträgt dieser Ehegattenfreibetrag 3,5 Mio. US-$.

Berechnung der Bemessungsgrundlage

Wert des in den USA belegenen Brutto-Nachlasses
(„value of part of the gross estate… situated in the United States"; Sec. 2103 IRC; Zu Bestimmung der Belegenheit vgl. Secs. 2104, 2105 IRC)

= Brutto-Nachlass vor Steuern

./. anteilige Schulden und Kosten der Nachlassabwicklung etc. (Sec. 2106 i.V.m. Secs. 2053, 2054 IRC)

= Netto-Nachlass vor Steuern

./. Martial Deduction (Netto-Nachlassanteil des Ehegatten mit US-Staatsbürgerschaft) nach Sec. 2106 (3) i.V.m. Sec. 2056 (a), (b) IRC

./. anteilige, an die Einzelstaaten gezahlte Erbschaftsteuern gem. Sec. 2106 (a) (4) IRC

= steuerpflichtiger Nachlass

Steuerberechnung

Bestimmung des Steuersatzes nach der Tabelle in Sec. 2001 (c) IRC

→ Steuerschuld

./. Unified Tax Credit (Sec. 2107 (c) IRC) – 13.000 US-$

= US-Nachlasssteuer

Übersicht 12: Berechnungsschema US-Nachlassteuer bei beschränkter Erbschaftsteuerpflicht des Nachlasses

Berechnung der Bemessungsgrundlage

Wert des US-Nachlasses (in den USA belegene Nachlassgegenstände, für die nach dem DBA auch den USA ein Besteuerungsrecht zusteht: Art. 5, 6, 8 DBA)

= Brutto-Nachlass vor Steuern

./. Ehegattenfreibetrag nach Art. 10 Abs. 6 DBA

(Betrag entsprechend der Marital Deduction nach Sec. 2056 IRC oder Freibetrag nach Sec. 2010 IRC – Maßgebend ist der geringere Betrag.)

./. anteilige Schulden nach Art.10 Abs. 1 DBA

= Netto-Nachlass vor Steuern

./. besondere Befreiung nach Art. 10 Abs. 2 und 3 DBA

./. Ehegattenfreibetrag nach Art. 10 Abs. 4 DBA

(Der Teil des US-Nachlasses, der an den Ehegatten gehen soll, ist zunächst abzuziehen und dann wieder hinzuzurechnen, soweit er 50 % des gesamten US-Nachlasses übersteigt. - Jedoch Begrenzung auf Freibetrag nach § 16 Abs. 1 Nr. 1 ErbStG: 307.000 €)

./. anteilige, an die Einzelstaaten gezahlte Erbschaftsteuern gem. Sec. 2106 (a) (4) IRC

= steuerpflichtiger Nachlass

Steuerberechnung

Bestimmung des Steuersatzes nach der Tabelle in Sec. 2001 (c) IRC

→ Steuerschuld

./. Anrechnungsbetrag nach Art. 10 Abs. 5

(anteiliger Unified Tax Credit nach Sec. 2010 IRC oder Unified Tax Credit nach Sec. 2107 (c) IRC – 13.000 US-$ - Maßgebend ist der größere Betrag.)

= US-Nachlasssteuer

Übersicht 13: Berechnungsschema US-Nachlassteuer unter Anwendung des DBA

III. Die „Florida Estate Tax“[650]

Florida besitzt eine hohe Attraktivität als Immobilienstandort.[651] Das Erbschaftssteuerrecht des Staates Florida ist in Chapter 198 der „Florida Statutes“ (Fl. St.) geregelt. Es wird nur eine „Estate Tax“, d.h. eine Steuer auf den Nachlass erhoben, eine (zusätzliche) Erbanfallsteuer („Inheritance Tax“) oder eine Schenkungsteuer („Gift Tax“) gibt es nicht.[652]

Zuständig für die Erhebung der Nachlasssteuer in Florida ist das „Department of Revenue“.[653]

Der Höhe nach richtet sich die in Florida zu zahlende Erbschaftsteuer aber weitgehend nach Bundesrecht. Es handelt sich um eine sog. „pick-up tax“.[654]

Ausschlaggebend dafür, ob es zu einer unbeschränkten („tax upon estates of resident decedents“ nach Sec. 198.02 Fl. St.) oder beschränkten Besteuerung des Nachlasses („tax upon estates of nonresident decedents“ nach Sec. 198.03 Fl. St.) kommt, ist, ob der Erblasser zum Zeitpunkt seines Todes „resident“ (ansässig) im Bundesstaat Florida war oder nicht. Ob der Erblasser als „resident“ gilt, richtet sich nach dem „domiclie“ (Wohnsitz).[655] Nach Sec. 198.015 (1) (a) Fl. St. hatte der Erblasser einen Wohnsitz in Florida, wenn er in den letzten 24 Monaten vor seinem Tod für mindestens zwölf aufeinanderfolgende Monate zum größten Teil in Florida gewohnt oder gelebt hat, unabhängig davon, ob er sich während dieser 24 Monate von Zeit zu Zeit auch außerhalb Floridas aufgehalten hat. Eine Person, die in Florida "resident“ (ansässig) ist, hat nach Sec. 198.015 (1) (b) auch dann einen Wohnsitz in Florida, wenn sie sich außerhalb Floridas aufhält.

Entsprechend der Verbindung des Erblassers zum US-Bundesstat Florida bzw. den USA ergibt sich eine Dreiteilung:

---

650 Eine Kurzdarstellung des Erbschaftsteuerrechts im US-Bundesstaat Florida liefert *Lundmark, T.*: USA Nr. 8 Florida, in: *Ferid, M./Firsching, K./Dörner, H./Hausmann, R. (Hrsg.),* Internationales Erbrecht, München, 2007, S. 3 f. (Stand: Januar 2004).

651 Eine Darstellung der Nachlassbesteuerung aller US-Bundesstaaten liefert *Freckem, C.,* Die Besteuerung von Nachlässen in den einzelnen US-amerikanischen Bundesstaaten, Köln, 2007, für Florida s. S. 120 ff.

652 Vgl. Florida's Estate Tax, http://dor.myflorida.com/dor/taxes/estate-tax.html (Stand: 28.11.2007), „Frequently Asked Questions and Answers“, Frage 1.

653 Sec. 198.05 Fl. St. „Administration of Law by Department of Revenue“.

654 „Florida picks up all or a proportion oft he credit for state death taxes allowed by the federal government.” s. http://dor.myflorida.com/dor/taxes/pdf/estate_filing.pdf , „What Are the Filing Requirements?“.

655 Zum Wohnsitz des Erblassers („domicile of decdent“) vgl. Sec. 198.015 Fl. St.

- Besteuerung des Nachlasses eines Erblassers, der Einwohner von Florida war („tax upon estates of resident decedents" nach Sec. 198.02 Fl. St.)
- Besteuerung des Nachlasses eines Erblassers, der zwar nicht Einwohner von Florida aber Einwohner der USA war („tax upon estates of nonresident decedents" nach Sec. 198.03 Fl. St.)
- Besteuerung des Nachlasses eines „fremden" Erblassers, der weder Einwohner von Florida noch der USA war („tax upon estates of alien decedents" nach Sec. 198.04 Fl. St.)

In allen drei Fällen richtet sich die Steuer maßgeblich nach dem „Credit for State death taxes" der „Federal Estate Tax", also dem Steuerfreibetrag, der auf Bundesebene für die in den einzelnen US-Bundesstaaten zu zahlenden Erbschaftsteuern gewährt wird.[656]

Nach Sec. 198.02 Fl. St. ist die zu zahlende „Estate Tax" für Einwohner des Staates Florida gleich dem maximalen „Federal Credit for State Death Taxes" nach Sec. 2011 IRC, abzüglich der an andere Bundesstaaten gezahlten Steueranteile, falls ein Teil des Nachlasses in anderen Bundesstaaten belegen ist.

Im Falle von „nonresidents", also von Personen, die nicht in Florida ansässig sind bzw. als nicht ansässig gelten, berechnet sich die Höhe der „Florida Estate Tax" entsprechend Sec. 198.03 Fl. St. nach folgender Formel: Brutto-Wert des Vermögens in Florida geteilt durch den Brutto-Wert des gesamten Nachlasses (egal wo belegen) multipliziert mit dem „Federal Credit for State Death Taxes" nach Sec. 2011 IRC.

Für Nachlässe von Personen, die zum Zeitpunkt des Todes keine Einwohner der USA waren, ist die Berechnungsgrundlage nach Sec. 198.04 Fl. St. nur der Wert des in den USA belegenen Nachlasses.[657]

656 Vgl. oben bzw. Sec. 2011 IRC.

657 Zur Berechnung der Florida Estate Tax s. nachfolgende Abbildung. Quelle: Florida's Estate Tax, http://dor.myflorida.com/dor/taxes/pdf/estate_filing.pdf, "How is the Tax Calculated?"

Gross Value of Florida Property[1] / Gross Value of Entire Estate[2 or 3]	x	Federal Credit for State Death Taxes (from Form 706)	=	Florida Estate Tax

[1] "Florida property" is Florida real property, tangible personal property located in Florida, stock of Florida corporations, or certain other intangible personal property.

[2] For U.S. residents: Includes all property in which the decedent had any interest, including property outside the United States.

[3] For nonresident aliens: Includes all property in the United States.

Abbildung 3: Berechnungsschema der Florida Estate Tax

Während dieser Steuerfreibetrag für gezahlte Erbschaftsteuern auf Ebene der Bundesstaaten[658] in den Jahren 2002 bis 2004 auf 75 %, 50 % und zuletzt auf 25 % gekürzt wurde, bestimmt Sec. 2011 (2) (f) ein vollständiges Auslaufen. Danach wird für Erblasser, die nach dem 31.12.2004 verstorben sind, kein „Credit for State death taxes" mehr gewährt. Da die Erbschaftsteuer des Bundesstaates Florida aber auf dem Betrag dieses abziehbaren Steuerfreibetrages auf Bundesebene basiert, kann für Nachlässe von Erblassern, die nach dem 31.12.2004 verstorben sind oder künftig versterben, keine „Florida Estate Tax" mehr erhoben werden. Zu beachten ist aber, dass durch den „Tax Relief, Unemployment Insurance Reauthorization, and Job Creation Act of 2010" die sog. „sunset provision" des „Economic Growth and Tax Relief Reconciliation Act of 2001" lediglich verlängert, d.h. die durch dieses Gesetz getroffenen Änderungen treten mit Ablauf des Jahres 2012 automatisch außer Kraft, wenn nicht vorher eine weitere gesetzliche Verlängerung erfolgt. Wird eine solche nicht vorgenommen, würde ab 2013 die Nachlasssteuer auf Ebene des Staates Florida wiederaufleben.[659]

658 „Federal Credit for State Death Taxes" nach Sec. 2011 IRC.

659 Von einer Abschaffung der „Estate Tax" in Florida kann daher nicht gesprochen werden. Die Vorschriften des Chapter 198 Fl. St. („Estate Taxes") sind weiterhin in Kraft. Die Erbschaftsteuer wird lediglich (vorübergehend) nicht erhoben. Zur Rechtsentwicklung auf Bundesebene s. bereits oben S. V

Literaturverzeichnis

Arlt, Bernd: Internationale Erbschaft- und Schenkungsteuerplanung, Herne, Berlin, 2001.

Bader, Axel: Wohnsitzverlagerung ins Ausland - Steuerliche Gestaltungsmöglichkeiten und deren Grenzen, in: INF 2002, S. 523.

Bauen, Marc: Das internationale Steuerrecht der USA, 2. Aufl., Wien, 2007.

Bergmann, Melanie/Osadnik, Susanne/v. Raggamby, Nikolaus/Robisch, Karsten: Der große Ferienimmobilien-Kompass – Sommerschlussverkauf Ferienimmobilien, in: Capital Heft 10, 2010 (v. 23.09.2010), S. 29.

Birkholz, Hans: Der Wohnsitz, seine Begründung, seine Aufgabe und deren Bedeutung im Rahmen des Steuerrechts, in: DStZ/A 1979, S. 247.

Börner, Achim-Rüdiger: Gebrauch einer deutschen postmortalen Vollmacht in Spanien?, in: ZEV 2005, S. 146.

Börner, Achim-Rüdiger: Spanien: Grundbesitz in der Nachlassplanung nach der Steuerreform 2007, in: ZEV 2007, S. 223.

Brüggemann, Gerd/Claßen, Rüttger: Erbschaftsteuerrecht, 3. Aufl., Köln, 2004.

Burmester, Gabriele: Zur Jurisdiktionshoheit der Staaten im Steuerrecht, in: JZ 1993, S. 698.

Busch, Michaela: Deutsches Erbschaftsteuerrecht im Lichte der europäischen Grundfreiheiten - Teil I: Untersuchung der Vereinbarkeit der persönlichen Freibeträge der §§ 16 und 17 ErbStG sowie der sachlichen Steuerbefreiung des § 13 Nr. 4a ErbStG, in: IStR 2002, S. 448.

Callens, Boudewijn/Kransfeld, Frédéric: Die Belgischen Steuern, 5. Aufl., Köln, 2005.

Carballo, Robert/Hoffmann, Günther: Immobilien in Spanien - Erwerb, Verkauf, Vererbung, 6. Aufl., Norderstedt, 2008.

Chlepas, Christina: Erb(schaftsteuer)recht im Verhältnis Deutschland - Italien, in: BBEV 2007, S. 385.

Conci, Paolo/Psaier, Manfred: Die Wiedereinführung der Erbschaft- und Schenkungsteuer in Italien - Eine Übersicht, in: ZEV 2007, S. 420.

Dautzenberg, Norbert/Brüggemann, Alexander: EG-Vertrag und deutsche Erbschaftsteuer, in: BB 1997, S. 123.

Debatin, Helmut/Wassermeyer, Franz (Hrsg.): Doppelbesteuerung - Kommentar zu allen deutschen Doppelbesteuerungsabkommen, Band I: Kommentierung des OECD-MA, München, Stand: Januar 2012.

Debatin, Helmut/Wassermeyer, Franz (Hrsg.): Doppelbesteuerung - Kommentar zu allen deutschen Doppelbesteuerungsabkommen, Band VI: Länderteil von Sri Lanka bis Zypern, München, Stand: Januar 2012.

Deininger, Rainer/Götzenberger, Anton-Rudolf: Internationale Vermögensnachfolgeplanung mit Auslandsstiftungen und Trusts, Angelbachtal, 2006.

Djanani, Christina/Brähler, Gernot/Hartmann, Thomas: Österreich als Zielland der deutschen Erbschaftsteuerplanung, in: SWI 2004, S. 555.

Ettinger, Jochen: Wohnsitzverlagerung ins Ausland, 1. Aufl., Berlin, 2006.

Ferid, Murad/Firsching, Karl/Dörner, Heinrich/Hausmann, Rainer (Hrsg.): Internationales Erbrecht, München, Stand: März 2012.

Fischer, Lutz: Erbschaftsteuerplanung bei Auslandsanlagen, in: BB 1984, S. 1033.

Flick, Hans/Piltz, Detlev (Hrsg.): Der internationale Erbfall, 2. Aufl., München, 2008.

Flick, Hans/Wassermeyer, Franz/Baumhoff, Hubertus/Schönfeld, Jens (Hrsg.), Außensteuerrecht – Kommentar, Köln, Stand: Oktober 2011.

Frank, Susanne/Wachter, Thomas (Hrsg.): Handbuch Immobilienrecht in Europa, Heidelberg, 2004.

Freckem, Christian: Die Besteuerung von Nachlässen in den einzelnen US-amerikanischen Bundesstaaten, Köln, 2007.

Fuchs, Angelika: Neues Staatsangehörigkeitsgesetz und Internationales Privatrecht, in: NJW 2000, S. 489.

Füger, Rolf/Rieger, Norbert: Erbschaftsteuer nach Wegzug in die Schweiz, in: IStR 1998, S. 460.

Gantzer, Peter: Nießbrauchs-Modell zur Erbschaftsteuerersparnis in Spanien, in: informaciones 2003, S. 158.

Gantzer, Peter: Spanisches Immobilienrecht, 6. Aufl., Fankfurt a.M., 1995.

Gebel, Dieter: Erbschaftsteuer bei deutsch-spanischen Nachlässen, Heidelberg, 1999.

Gebel, Dieter: Erbschaftsteuer in Spanien - Bemessungsgrundlage und Steuerberechnung, in: RIW 2000, S. 502.

Geck, Reinhard: Erbschaft- und schenkungsteuerliche Erwerbe mit Auslandsberührung – der Regelungsbereich des § 2 ErbStG, in: ZEV 1995, S. 249.

Götz, Hellmut/Jorde, Thomas: Auslandsvermögen im Erbfall, in: NWB 2006, Fach 10, S. 1533.

Grote, Rainer: Die Besteuerung deutsch-belgischer Erb- und Schenkungsfälle, Köln, 1999.

Grotherr, Siegfried (Hrsg.): Handbuch der internationalen Steuerplanung Handbuch der internationalen Steuerplanung, 3. Aufl., Herne, Berlin, 2011.

Haase, Florian: Internationales und Europäisches Steuerrecht, 3. Aufl., Heidelberg, 2011.

Hamdan, Marwan/Quernheim, Binke: Ist die unterschiedliche Bewertung von in- und ausländischem Grundbesitz im Erbschaft- und Schenkungsteuerrecht europarechtskonform?, in: ZErb 2005, S. 394.

Handelsblatt (Hrsg.): Wirtschaftslexikon - Band 07, Stuttgart, 2006.

Heiderhoff, Bettina: Das Erbrecht des adoptierten Kindes nach der Neuregelung des internationalen Adoptionsrechts, in: FamRZ 2002, S. 1682.

Hein, Christoph: "Mit einem Koffer voller Geld...", in: F.A.Z. v. 23.2.2008, S. 15.

Hellwege, Sabine: Aspekte der einmaligen und laufenden Besteuerung (Spanien), in: ErbStB 2006, S. 168.

Hellwege, Sabine: Die Besteuerung deutsch-spanischer Erb- und Schenkungsfälle, Köln, 2002.

Hellwege, Sabine: Erbschaft- und Schenkungsteuerrecht in Spanien – Lokales Recht einiger autonomer Gemeinschaften, in: ErbStB 2006, S. 282.

Hellwege, Sabine: Methoden zur Vermeidung einer doppelten Erbschaftsbesteuerung (Spa-nien), in: ErbStB 2003, S. 335.

Hellwege, Sabine: Mittel zur Vermeidung/Reduzierung der spanischen Erbschaftsteuer, in: ErbStB 2006, S. 58.

Hellwege, Sabine: Nachlassabwicklung und Verfahrensrecht (Spanien), in: ErbStB 2004, S. 253.

Hellwege, Sabine: Spanien: Einschaltung von Immobiliengesellschaften – Konsequenzen bei laufender Besteuerung und Veräußerung, in: ErbStB 2006, S. 353.

Hellwege, Sabine: Spanien: Erbschaft- und Schenkungsteuergesetz der Balearischen Inseln, in: ZEV 2007, S. 223.

Hellwege, Sabine: Vererbung von Vermögen in Spanien, in: ErbStB 2003, S. 194.

Hellwege, Sabine: Worauf bei gemischt-nationalen Ehen zu achten ist! (Spanien), in: ErbStB 2005, S. 127.

Herzig, Norbert/Watrin, Christoph/Walter, Myriam: Grundzüge des spanischen Erbschaft- und Schenkungsteuerrechts, in: ZEV 2000, S. 473.

Hindersmann, Magnus/Myßen, Michael: Die Erbschafts- und Schenkungssteuern der Schweizer Kantone, Köln, 2003.

Höninger, Matthias: Internationale Doppelbesteuerung im Erbschaft- und Schenkungsteuerrecht, Frankfurt a.M., 2003.

Hörger, Helmut/Stephan, Rudolf (Hrsg.): Die Vermögensnachfolge im Erbschaft- und Ertragsteuerrecht, 1. Aufl., Stuttgart, 1998.

Hörger, Helmut/Stephan, Rudolf/Pohl, Dirk (Hrsg.): Unternehmens- und Vermögensnachfolge, 2. Aufl., Stuttgart, 2002.

International Bureau of Fiscal Documentation, Amsterdam (Hrsg.): Steuerberater Handbuch Europa - Bonn, Berlin, Stand: März 2008.

Jülicher, Marc: Anrechnung ausländischer Erbschaft- und Schenkungsteuer nach § 21 ErbStG, in: Steueranwaltsmagazin 2006, S. 73.

Jülicher, Marc: Der deutsch-italienische Erbfall, in: ErbBstg 2007, S. 223.

Jülicher, Marc: Der deutsch-US-amerikanische Erbfall (und lebzeitige Vermögensübergänge), in: ZErb 2003, S. 34.

Jülicher, Marc: Die anrechenbare Steuer im Sinne des § 21 ErbStG, in: ZEV 1996, S. 295.

Jülicher, Marc: Die einseitige Anrechnung ausländischer Erbschaftsteuer nach § 21 ErbStG, in: PIStB 2000, S. 168.

Jülicher, Marc: Ein deutsch-spanischer Erbfall – Teil 2 Erbschaftsteuerrecht, in: PIStB 2001, S. 263.

Jülicher, Marc: Erbschaft- und Schenkungsteuerrecht im internationalen Kurzüberblick, in: ZErb 2004, S. 14.

Jülicher, Marc: Internationales Erbschaftsteuerrecht am Beispiel des ErbStG, in: ZErb 2003, S. 204.

Kapp, Reinhard/Ebeling, Jürgen (Hrsg.): Erbschaftsteuer- und Schenkungsteuergesetz - Kommentar, Köln, Stand: Dezember 2007.

Kau, Marcel: Erbschaft- und Schenkungsteuerrecht in Großbritannien, in: UVR 2005, S. 85.

Kirchhof, Paul: Die Steuerumgehung - Dogmatik und praktische Bedeutung (Kongressvortrag, Deutscher Steuerberatertag, 1982, Nürnberg), in: DeuStBT 1982, S. 307.

Kirnberger, Christian: „treaty shopping" im ErbStR, in: ErbStB 2005, S. 319.

Kluge, Volker: Das Internationale Steuerrecht, 4. Aufl., München, 2000.

Kowallik, Andreas: Erbschaft- und Schenkungsteuerplanung für Auslandsimmobilien, in: DStR 1999, S. 1129.

Krabbe, Helmut: Das deutsch-dänische Steuerabkommen vom 22. November 1995, in: IStR 1997, S. 161.

Küper, Antonia: Doppelbesteuerung und europarechtliche Meistbegünstigung bei Erbschaften und Schenkungen, Münster, 2004.

Küpper, Moritz: Der große Ferienimmobilien-Kompass, in: Capital, Heft 18, 2007, S. 22.

Letzsch, Alexander P.: Die selbstgenutzte Ferienimmobilie eines deutschen Steuerpflichtigen im Ausland, in: IWB 2003, Fach 3, Gruppe 2, S. 1057.

Löber, Burckhardt/Huzel, Erhard: Erben und Vererben in Spanien, neubearbeitete 4. Aufl., Frankfurt a.M., 2004.

Löber, Burckhardt: Deutsch-spanisches Erbschaftsteuermodell: Schenkung in Deutschland; Erwerbssplitting in Spanien: Nießbrauch und "nacktes Eigentum", in: informaciones 2003, S. 47.

Magri, Sabine: Erbschaft- und Schenkungsteuerplanung deutsch-spanischer Erbfälle, Hamburg, 2007.

Mayr, Siegfried: Änderungen im italienischen Steuerrecht 2007, in: IWB 2007, Fach 5, Gruppe 2, S. 559.

Meincke, Jens Peter: Erbschaftsteuer- und Schenkungsteuergesetz - Kommentar, München, Stand: 16. Aufl., 2012.

Mennel, Annemarie/Förster, Jutta (Hrsg.): Steuern in Europa, USA, Kanada und Japan (Loseblatt) - Herne, Berlin, Stand: November 2011.

Merten, Hans-Lothar: Steueroasen, Regensburg, 2008.

Moench, Dietmar/Weinmann, Norbert (Hrsg.): Erbschaft- und Schenkungsteuer - Kommentar, München, Stand: April 2012.

Neumann, Torsten: Internationale Erbfälle Deutschland – Australien, Köln, 2006.

Norbisrath, Karl: Spanisches Immobilien- und Steuerrecht, 4. Aufl., Andechs, 1995.

Ostertun, Dietrich/Reimer, Ekkehart (Hrsg.): Wegzugsbesteuerung - Wegzugsberatung, München, 2007.

Palandt, Otto (Hrsg.): Bürgerliches Gesetzbuch, 71. Aufl., München, 2012.

Petritz, Michael: ErbStG: Der EuGH und die Generalanwältin zur Bewertung von ausländischem Vermögen - Die Rs Jäger und Bauer, in: RdW 2008, S. 174.

Pfaar, Michael/Calvo, Mar Traspaderne: Spanischer Immobilienbesitz von Deutschen - Steuerliche Gestaltungsüberlegungen, in: IWB 2000, Fach 5, Gruppe 2, S. 263.

Piltz, Detlev: Schuldenabzug bei internationalen Erbfällen, in: ZEV 1998, S. 461.

Piske, Peer: Vorweggenommene Erbfolge in Spanien, in: ZEV 2003, S. 495.

Plewka, Harald/Watrin, Christoph: Steuerliche Strukturierung internationaler Vermögensnachfolgen, in: ZEV 2002, S. 253.

Rädler, Albert/Raupach, Arndt: Deutsche Steuern bei Auslandsbeziehungen, München, 1966.

Reiß, Jürgen: Die Wiedereinführung der Erbschaft- und Schenkungsteuer in Italien – Auswirkungen auf den Erwerb von Immobilien, in: ZErb 2007, S. 145.

Richter, Andreas: USA: Abschmelzen der US-Erbschaftsteuer in den nächsten Jahren, in: ZEV 2005, S. 161.

Rödder, Thomas/Zehnpfennig, Julia/Schönfeld, Jens: Geltendes und geplantes Erbschaftsteuerrecht aus Sicht von Familienunternehmen im Überblick, in: DStR 2007, S. 1020.

Rohde, Konrad: Die Besteuerung deutsch-neuseeländischer Erb- und Schenkungsfälle, Köln, 2001.

Schaumburg, Harald: Internationales Steuerrecht, völlig überarbeitete und erweiterte 2. Aufl., Köln, 1998.

Scheffler, Wolfram/Spengel, Christoph: Erbschaftsteuerbelastung im internationalen Vergleich, in: BB 2004, S. 967.

Schindhelm, Malte: Erbfälle mit Auslandsberührung im deutschen Erbschaftsteuerrecht – Grundzüge des deutschen Internationalen Erbschaftsteuerrecht, Hamburg, 1997.

Schindhelm, Malte: Grundfragen des Internationalen Erbschaftsteuerrechts, in: ZEV 1997, S. 8.

Schnitger, Arne: Geltung der Grundfreiheiten des EG-Vertrages im deutschen internationalen Erbschaftsteuerrecht, in: FR 2004, S. 185.

Schnittker, Helder/Green, James N.: Einkommen- und Erbschaftsteuerplanung bei Ansässigkeit in den USA, in: IWB Fach 8, Gruppe 2, S. 1115.

Schönwetter, Verena/Bareis, Peter: Die Erbschaftsbesteuerung im Lichte des Verfassungs- und Europarechts, in: StuB 2007, S. 144.

Selbherr, Benedikt: Immobilien in Spanien im Erbfall, in: MittBayNot 2002, S. 165.

Sieker, Klaus: Die US-Generation Skipping Transfer Tax, in: IWB 1991, Fach 8, Gruppe 2, S. 669.

Sohst, Wolfgang: Das spanische Erbschaft- und Schenkungsteuergesetz, in: Das spanische Gesetz über die Besteuerung der nicht in Spanien Ansässigen, 7. Aufl., Berlin, 2011.

Sprengel, Holger: Die Besteuerung deutsch-italienischer Erb- und Schenkungsfälle, Köln, 2000.

Statistisches Bundesamt, Statistisches Jahrbuch für die Bundesrepublik Deutschland 2011, Wiesbaden, 2011.

Steiner, Anton: Die Erwachsenenadoption im Lichte der Erbschaftsteuerreform, in: ErbStB 2008, S. 83.

Süß, Rembert/Haas, Ulrich (Hrsg.): Erbrecht in Europa, Angelbachtal, 2004.

Tiedtke, Klaus/Langheim, Hagen: Die Voraussetzungen und Rechtsfolgen der beschränkten und der (fiktiven) unbeschränkten Steuerpflicht, in: DStZ 2003, S. 10.

Tipke, Klaus/Lang, Joachim: Steuerrecht, 20. völlig überarbeitete Aufl., Köln, 2010.

Troll, Max (Hrsg.): Bewertungsgesetz - Kommentar, München, Stand: 31.10.2011.

Troll, Max/Gebel, Dieter/Jülicher, Marc (Hrsg.): Erbschaftsteuer- und Schenkungsteuergesetz - Kommentar, München, Stand: 31.01.2012.

Viskorf, Herrmann-Ulrich/Knobel, Wolfgang/Schuck, Stephan (Hrsg.): Erbschaftsteuer- und Schenkungsteuergesetz, Bewertungsgesetz - Kommentar, Herne/Berlin, 3. Aufl., 2009.

Vogel, Klaus: Internationales Steuerrecht, in: DStZ 1997, S. 269.

Vogel, Klaus/Lehner, Moris: Doppelbesteuerungsabkommen Kommentar, 5. Aufl., München, 2008

Wachter, Thomas: Beschränkte Erbschaftsteuerpflicht - Grundlagen und ein ABC des Inlandvermögens, in: ErbStB 2004, S. 25.

Wachter, Thomas: Gestaltungsüberlegungen zur steueroptimalen Übertragung von Immobilien in Spanien, in: ZEV 2003, S. 137.

Wacker, Wilhelm (Hrsg.): Lexikon der deutschen und internationalen Besteuerung, 3. Aufl., München, 1994.

Wacker, Wilhelm: Internationale Besteuerung von Schenkungs- und Erbfällen, in: IStR 1998, S. 33.

Wassermeyer, Wolf: Das US-amerikanische Erbschaft- und Schenkungsteuerrecht, Köln, 1996.

Wigand, Klaus: Auslandsimmobilien im Erbfall – Österreich, in: ZSteu 2004, S. 199.

Wilde, Heiko: Das kanadische „Erbschaftsteuerrecht", Köln, 1997.

Wilms, Heinrich: Grundzüge des US-amerikanischen Erbschaft- und Schenkungsteuerrechts, in: UVR 2001, S. 345.

Yost, George (Hrsg.): International Tax Summaries - New York, Chichester, et. al., Stand: 1998.

Übersicht über die Rechtsprechung

Europäischer Gerichtshof (EuGH)
Urteil v. 17.1.2008 – Rs. C-256/06, „Jäger“, ZEV 2008, 87
Urteil v. 11.12.2003 – Rs. C-364/01, „Barbier“, EuGHE I 2003, 15013

Bundesverfassungsgericht (BVerfG)
Urteil v. 26.3.1957 – 2 BvG 1/55, BVerfGE 6, 309
Urteil v. 14.4.1959 – 1 BvL 23, 34/57, BVerfGE 9, 237
Beschluss v. 7.11.2006 – 1 BvL 10/02, BVerfGE 117, 1

Reichsfinanzhof (RFH)
Urteil v. 19.10.1940 – GrS D 3/40, RStBl. 1940, 925
Beschluss v. 3.4.1941 – IV B 1/41, RStBl. 1941, 290
Urteil v. 10.7.1941 – III 70/41, RStBl. 1941, 731

Bundesfinanzhof (BFH)
Urteil v. 18.4.1962 – II 272/60, BStBl. III 1962, 276
Urteile v. 27.7.1962 – VI 156/59 U, BStBl. III 1962, 429
Urteil v. 28.9.1962 – III 242/60 U, BStBl. III 1962, 535
Urteil v. 18.12.1963 – I 230/61 S, BStBl. III 1964, 253
Urteil v. 4.6.1964 – IV 28/64 U, BStBl. III 1964, 535
Urteil v. 12.5.1970 – II 52/64, BStBl. II 1972, 462
Urteil v. 21.7.1972 – III R 44/70, BStBl. II 1973, 3
Urteil v. 3.8.1977 – I R 210/75, BStBl. II 1978, 118
Urteil v. 21.4.1982 – II R 148/79, BStBl. II 1982, 597
Urteil v. 23.10.1985 – I R 274/82, BStBl. II 1986, 133
Urteil v. 16.3.1988 – X R 27/86, BStBl. II 1988, 630
Urteil v. 23.11.1988 – I R 215/85, BStBl. II 1989, 182
Urteil v. 30.8.1989 – I R 215/85, BStBl. II 1989, 956
Urteil v. 23.11.1989 – II R 139/87, BStBl. II 1989, 182
Urteil v. 6.3.1990 – II R 32/86, BStBl. II 1990, 786
Urteil v. 19.3.1991 – II R 134/88, BStBl. II 1991, 521
Urteil v. 24.4.1991 – II R 2/89, BStBl. II 1991, 683
Urteil v. 16.1.1992 – V R 1/91, BStBl. II 1992, 541
Urteil v. 13.10.1993 – II R 92/91, BStBl. II 1994, 128
Urteil v. 22.4.1994 – III R 22/92, BStBl. II 1994, 887
Urteil v. 26.4.1995 – II R 13/92, BStBl. II 1992, 540
Urteil v. 17.5.1995 – I R 8 /95, BStBl. II 1996, 2

Urteil v. 16.1.2008, II R 45/05, BStBl. II 2008, 623
Beschluss v. 2.11.1995 – I B 110/94, BFH/NV 1995, 753
Beschluss v. 20.5.1997 – VIII B 108/96, HFR 1997, 750

Finanzgerichte (FG)
FG Hamburg Urteil v. 18.2.1988 – II 297/85, EFG 1988, S. 424
FG München Urteil v. 23.10.1993 – 4 K 10085/87, UVR 1993, S. 148
FG Düsseldorf Urteil v. 21.8.1998 – 4 K 5740/94 Erb, ZEV 1998, S. 490

Österreichischer Verfassungsgerichtshof
Beschluss v. 7.3.2007 – G 54/06 ua, http://www.vfgh.gv.at
Beschluss v. 15.6.2007 – G 23/07, http://www.vfgh.gv.at

Übersicht weiterer Quellen

BMF-Schreiben

BMF v. 14.5.2004 – IV B 4 – S 1340 – 11/04, Schreiben betr. Grundsätze zur Anwendung des Außensteuergesetzes (AEAStG), BStBl. I Sondernr. 1/2004, S. 3

BMF v. 02.01.02008 – IV A 4-S 0062/07/0001, Schreiben betr. Anwendungserlass zur Abgabenordnung (AEAO), BStBl. I 2008, S. 26

Verwaltungsvorschriften

Allgemeine Verwaltungsvorschrift zur Anwendung des Erbschaftsteuer- und Schenkungsteuerrechts vom 19.12.2011, Erbschaftsteuer-Richtlinien 2011 (ErbStR 2011), BStBl. I 2011 Sondernummer 1, 2

Erbschaftsteuer-Hinweisen 2011 (gleich lautender Ländererlass v. 19.12.2011), BStBl. I 2011 Sondernummer 1, 117

FinMin. Baden-Württemberg, Erl. v. 13.6.2007, 3 – S 3812/27, DStR 2007, 1165

Internetseiten (Stand: 6.5.2012)

Deutsche Bundesbank: http://www.bundesbank.de/statistik/statistik_veroeffentlichungen_beiheft3.php

Florida Estate Tax: http://dor.myflorida.com/dor/taxes/pdf/estate_filing.pdf

Gazzetta Ufficiale (Amtsblatt Italien): http://www.gazzettaufficialeonline.it

Internal Revenue Service, Department of the Treasury: http://ecfr.gpoaccess.gov

Österreichischer Verfassungsgerichtshof: http://www.vfgh.gv.at

Sonstiges

Auslandsimmobilien – ein Markt mit Zukunft, Empirica-Studie im Auftrag der LBS Landesbausparkassen, 1998, unveröffentlicht.

Beyerle, Thomas: Ferienimmobilien-Märkte im Überblick, DEGI Deutsche Gesellschaft für Immobilienfonds mbH (Research & Strategie), Juni 2007, unveröffentlicht.

Kolibri 360 GmbH
Ferdinand-Jühlke-Straße 7
99095 Erfurt, Deutschland
produktsicherheit@kolibri360.de